U0602233

好口才
是设计出来的

思远◎著

海天出版社（中国·深圳）

图书在版编目 (CIP) 数据

好口才是设计出来的 / 思远著.— 深圳 : 海天出版社, 2014.4
ISBN 978-7-5507-0845-7

Ⅰ.①好… Ⅱ.①思… Ⅲ.①口才学—通俗读物
Ⅳ.①H019-49
中国版本图书馆CIP数据核字(2014)第027267号

好 口 才 是 设 计 出 来 的
HAOKOUCAI SHI SHEJI CHULAI DE

出 品 人　陈新亮
责任编辑　顾童乔　张绪华
责任技编　梁立新
封面设计　元明・设计

出版发行　海天出版社
地　　址　深圳市彩田南路海天大厦　(518033)
网　　址　www.htph.com.cn
订购电话　0755-83460293(批发)　83460397(邮购)
设计制作　蒙丹广告0755-82027867
印　　刷　深圳市新联美术印刷有限公司
开　　本　787mm×1092mm　1/16
印　　张　19.25
字　　数　267千
版　　次　2014年4月第1版
印　　次　2014年11月第2次
定　　价　39.00元

海天版图书版权所有，侵权必究。
海天版图书凡有印装质量问题，请随时向承印厂调换。

前言

QIANYAN

中国人在追寻为人之道时，也十分讲究语言的艺术。我国著名散文学家朱自清就说过："人生不外言动，除了动就只有言，所谓人情世故，一半是在说话里。"一个人，不管你生性多么聪颖，接受过多么高深的教育、穿着多么漂亮的衣服、拥有多么雄厚的资产，如果你无法流畅、恰当地表达自己的思想，就无法真正实现自己的价值。因此，能否把握说话的技巧，对其人生成败是至关重要的。

台湾著名节目主持人蔡康永曾说过："贵人不一定能改变人生，外表不一定能决定魅力，但是——说话可以！把说话练好，是最划算的事。"

著名成功学家戴尔•卡耐基也曾说："当今社会，一个人的成功，仅仅有15%取决于专业知识和技术，而其余85%则取决于口才艺术。"口才是思想的外壳，是与人沟通的桥梁。

"一句话能把人说得笑，一句话也能把人说得跳。"我们事业的成功与失败，人际关系的亲疏，都与口才有很大的关系。一个会说话的人，每说一句话都能使人如沐春风，温暖无比；不会说话的人，一句话出口，则使人如坠冰窟，寒彻透骨。同样是说话，效果却有如此大的区别。

好的口才是一门学问，更是一门艺术。一句恰如其分的话，可以改变一个人的命运；一句不合时宜的话，可以毁掉一个人的一生。会说话的人，用语精当、善于辞令，可以流利地表达自己的意图、掌握对方的意图，加强相互间的了解，建立起良好的关系，达到预期的目的，使自己赢得主动、左右逢源。

所谓"一言定邦"、"一言兴邦"、"语惊四座"、"三寸不烂之舌，强于百万之师"、

“铁齿铜牙”、“一语道破天机”等，无一不是在赞叹好口才的神奇功能。

好的口才不是天生的，而是通过不断地练习培养出来的，本书的目的为了帮助读者更快地掌握高超的说话本领，把话说好，说得更具艺术性。

好口才一定会让你拥有好人缘；好口才一定会让你拥有好工作；好口才一定会让你拥有好职位；好口才一定会让你拥有好业绩；好口才一定会让你拥有好前程！

contents 目录

第三章　修炼强大的魅力气场

——魅力口才 /041

第四章　妙趣横生的幽默之道

——幽默口才 /067

第五章　协调疏导的说服话术

——说服口才 /099

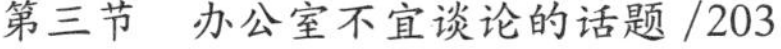

第一章

会说话是一种资本

——口才也是资本

第一节　有口才必定是人才

所谓口才，就是说话的才能。它是在口语交际的过程中，使主题表达得准确、得体、生动、巧妙、有效的口语表达策略；是为了达到特定的交际目的，取得圆满交际效果的口语表达的艺术和技巧。是人才未必有口才，有口才必定是人才。因为有口才，才能够纵横天下，无往而不胜。

美国人类行为科学研究者汤姆士指出："说话的能力是成名的捷径。它能使人显赫，令人鹤立鸡群。能言善辩的人，往往使人尊敬，受人爱戴，得人拥护。它使一个人的才学充分拓展，熠熠生辉，事半功倍，业绩卓著。"他甚至断言："发生在成功人物身上的奇迹，一半是由口才创造的。"

北大才子撒贝宁为了练习口才，在 11 岁那年的暑假里，用一个多星期的时间在家里策划了一台"晚会"。他一人身兼导演、策划、演员三职，从节目创作到会场布置，从开场白到串词，都准备得相当充分。撒贝宁的父母下班回来，一进家门吓了一跳，只见家里的客厅布置得像个晚会现场。撒贝宁和妹妹撒贝娜一人手持一个麦克风对他们说："爸爸、妈妈，你们好！你们辛苦了。"父母就座后，他学着电视里主持人的样子向"观众"——爸爸妈妈报幕……兄妹俩一会儿演小品，一会儿说相声，一会儿朗诵，整个"晚会"持续了近 40 分钟。通过口才的练习，撒贝宁成为了中央电视台（CCTV）著名主持人。

奥普拉·温弗瑞（Oprah Winfrey）是美国著名的脱口秀节目主持人，主持着全美国收视率最高的语言类节目——"奥普拉·温弗里秀"，靠着出众的语言表达能力，她为自己赢得了巨大的成功。在做节目之余，她也利用自己的影响力来做企业，目前她的身家已经超过了 10 亿美元。

《刘墉传》中有个故事，有一天，乾隆皇帝跟刘墉说："朕今年 45 岁，属马的，你呢?"刘墉垂手说："臣也 45 岁，属驴的。"乾隆感到惊奇，又问：

“朕属马，爱卿怎么属驴?”刘墉说:“万岁属马，臣怎能同属?只好属驴了。”皇上抚掌大笑，一脸的阴霾尽失。

很多人都有这种经历，在一个公司待上一段时间，就会发现公司里升迁很快的往往不是那些只懂得埋头苦干而一言不发的人，相反，那种技术能力稍差但是说话能力很强的人通常会受到老板的特别优待，有的甚至连升三级。

口才指南

“说话”这件事看似简单，人人都会，其实很难，不是任何人都能把话说好且能说服他人达到双赢的。所以如何拥有好口才是每个人都要面对的问题。

第二节　好口才，事半功倍

在激烈的商业竞争中，拥有好的口才往往能事半功倍，获得意想不到的成功。阿里巴巴的 CEO 马云对前来投资的孙正义说:“和您这样的聪明人讲话，不需要多讲，所以我没有商业计划书。”他的确没有多讲，他只讲了 6 分钟，而就是这 6 分钟，就让孙正义拿出了 2000 万美元给他，算下来每秒钟值 5 万多美元。

香港著名富豪李嘉诚就非常注意培养他的儿子观察学习别人的说话艺术。每当有重要的会议，会见重要的客人，处理企业的一些问题时，他总是让儿子在一旁观察、倾听、领会。也正因为他对儿子的悉心培养，才使得他的两个儿子在今天从容地支撑并发展他的经济王国。

成功学大师卡耐基曾说过:“是人才未必有口才，有口才者一定是人才!”

北大毕业生，时任西南联大文学院院长的冯友兰因为其好口才，将钱钟书引荐给了清华大学。1938 年，钱钟书将要从巴黎大学回国时，许多地方争着聘他，最后还是清华大学占得上风，聘得才子。促成这件事情的就是冯友兰。冯友兰就此事曾给清华大学校长梅贻琦寄去一信，信中说："钱钟书来一航空信，言可到清华。但其于 9 月半方能离法，又须先到上海，故要求准其于年底来校。经与公超、福田商酌，拟请其于 11 月底或下学年第二学期来。弟前嘱其开在国外学历，此航空信说已有一信来，但尚未接到。弟意或可即将聘书寄去。因现别处约钱者有外交部、中山文化馆之《天下月刊》及上海西童公学，我方须将待遇条件先确定说。弟意名义可与教授，月薪三百，不知近聘王竹溪、华罗庚条件如何？钱之待遇不减于此二人方好……"

杨绛在《记钱钟书与围城》中写道："1938 年，清华大学聘他为教授，据那时候清华的文学院院长冯友兰来函说，这是破例的事，因为按清华旧例，初回国教书只当讲师，由讲师升副教授，然后升为教授。"

"北大为奥运做了哪些贡献？"北大前任校长许智宏院士去年年底来到南京外国语学校和学生对话，王晨舟同学大胆提问。没想到，对话不到 5 分钟，王晨舟就被点名"带走"，直接录取，无须参加北大的保送生笔试和面试。王晨舟凭什么几分钟聊天就能征服考官？王晨舟是学生会体育部长，全国高中数学联赛一等奖获得者，因此取得保送生资格。这个阳光大男生平常学习时善于总结、感悟，课余时间最热衷体育活动。他幸运地作为南京学生代表去了北京观看奥运会，正是由于自己对体育的热爱，才有了后来与许院士的精彩问答。

北京的行程本来没有位于北大的奥运乒乓球馆，但心仪北大的王晨舟特意去参观了一下。当时他就猜想到，北大肯定不只为奥运做一个场馆这么简单，他一直都想寻找答案。这个问题打开了许院士的话匣子，许智宏说，乒乓球馆是北大自筹 2 亿多元建成的，中间过程非常艰辛。更值得一提的是，北大共有 3600 多名学生志愿者为奥运会服务。许院士对这个阳光男孩有了深刻印象，加上看了他出色的简历，当场拍板录取他。

王晨舟事先怎么也没想到自己的保送考试会如此简短。

可以在谈兴正浓时告别，这会让对方留下深刻的印象，这无疑是一种明智的交际手段。

第三节　会说话，好办事

我国著名学者马寅初先生，在担任北京大学校长期间，曾经抽空参加了中文系老师郭良夫的结婚典礼。当贺喜人群发现马校长的到来，情绪顿时高涨了起来，并鼓掌欢迎他即席致词。

马寅初先生并没打算要讲话，只是置身于喜庆环境里又不能有拂众意，于是脑子急速转动。他并没有讲场面话的习惯，而在喜庆的氛围里讲做学问吧，又不合时宜。他忽然灵机一动，来了个一句话演讲：

"我想请新娘放心，因为根据新郎大名，他就一定是位好丈夫。"

刚听到马校长这句话时，大家都莫名其妙。很快，众人联系新郎大名一想，方才恍然大悟：良夫，不就可以理解为好丈夫吗？于是，屋里的人都开怀畅笑起来。

马寅初先生借题发挥，用新郎郭良夫的大名适当地联想，既表达了校长对教师的良好祝愿，希望郭老师人如其名，做一个好丈夫，又风趣地增添了喜庆气氛。

1930 年 2 月 9 日，北大校长蔡元培 70 岁生日。这天，上海各界人士欢聚在国际饭店为他设宴祝寿。他在致答谢辞时笑着对大家说道："诸位来为我祝寿，总不外要我多做几年事。我活了 70 年，就觉得过去 69 年都做错了；要我再活几年，无非要我再做几年错事啦。"此语一出，顿时哄堂大笑，整个宴会便充满了轻松愉悦的气氛。

蔡元培说明读书方法的重要性的话语很风趣，他说："吕洞宾用手指点石成金送给穷人，但这穷人不要。问他为什么不要金子，他说要吕洞宾的指头，因为可点出无数金子。这种想法从道德上来说，固然要不得，但就求学而言，却是最不可少的。"

日常生活中我们常遇到办事不顺或结果不尽如人意的情况，追根溯源，很多时候是因为说话方面的问题造成的。许多人因为拙于言辞总是吃亏，不是失去了朋友，就是耽误了生意。有些人不善言谈，把本来可以抓到的机会和有用的人都轻易地放掉了。

不善言谈和不善表达很容易给人留下能力低下和思维匮乏的印象。这样的人不管处在哪一个社会层面，也不管走到哪里，都不会轻松地走上人际的前台，也不会得到足够的器重和赏识，甚至只能沦为无足轻重的边缘人。

这时如果你还在用"我虽然不会说话，但是会做事"来安慰自己，肯定还会遭受接二连三的打击。

要在大庭广众之下自然、流畅地说话确实不是一件容易的事情，这对每一个人而言，都极具挑战性。其实，这种恐惧经过一定的技巧练习是完全可以克服的。

会说话才好办事，语言是人际交往的关键要素。

第四节　善于说话才会受欢迎

射箭要看靶子，弹琴要看听众，说话一样要看对象，也就是我们常说的“到什么山上唱什么歌”。这句话听起来似乎让人反感，因为这似乎是在教人两面三刀，然而，在人际交往中，这却是与他们建立良好关系的最有用的说话方法。

一个人要善于说话才会受欢迎，要能够根据不同的情况、不同的地点、不同的人物来和人沟通。

一对新人在一家大饭店举行婚礼，正赶上大雨下个不停，新人和客人们觉得很懊丧，婚礼气氛有点不愉快，这时餐厅经理来到新人和诸位客人面前，微笑着高声说：“老天爷作美，好雨兆丰年，这象征着这对新人的未来是十分幸福的。雨过天晴是艳阳天，这说明今天在座的所有客人都将迎来更加灿烂的明天。”话音一落，整个餐厅的气氛发生了 180 度的大转弯。

要有点“变色龙”的本领。生活中，人是各种各样的。他们的心理特点、脾气秉性、语言习惯也各不相同，这些因素决定了他们对语言信息的要求是不同的。所以，不能用统一的、通用的、标准的说话方式来交流。见什么人说什么话，因人而异是非常必要的，否则无异于“对牛弹琴”。

置身于一个环境中，必先搞清人和人的关系，搞清身边每个人的所好所忌，搞清人们喜欢听什么厌恶听什么。人们高兴听什么你就说什么，讨嫌的话绝对不说。

就不同的人物来说：和聪明的人说话，要见识广博；和见闻广博的人说话，要有辨析能力；与地位高的人说话，态度要轩昂；与有钱的人说话，言语要豪爽；与穷人说话，要动之以情；与地位低下的人说话，要有礼；与好斗的人说话，要态度谦逊；与勇敢的人说话，不能稍显怯懦；与愚笨的人说话，可以锋芒毕露；与上司说话，须用奇特的事打动他；与下属说话，要用切身利益说服他。

因人而异的说话方式不仅表现了你的素质修养，更能让对方在与你的谈话中得到尊重与信任。

口才指南

如果你能在谈话前暂停片刻，观察你的谈话对象，因人而异的说话方式会让你大受欢迎。

第五节 突破说话心理障碍

你在当众讲话的时候是否也会觉得自己的心跳加剧、颤抖、流汗，或者是口干舌燥？这些感觉使你产生强烈的不自在感，往往让你苦不堪言。我们之所以会有这样的表现，是因为我们内心缺乏勇气和自信。其实，害怕当众说话并不是个别现象。

美国有一项调查显示，一组被调查者自由选择当众讲话和蹦极运动中的一种，并说明理由，超过半数的被调查者宁愿选择蹦极而不愿意选择当众讲话，理由是，当众讲话不仅有强烈的恐惧感，而且害怕失败后有失尊严。而自由落体的蹦极同样会带来恐惧感，但是极富挑战性，不会有实质性危险，即使不敢跳也不会受人指责。很多职业演讲者都坦白地承认，他们从来都没有彻底消除过登台说话的恐惧。

之所以很多人会有对当众讲话的恐惧，这是因为每个人都会有理想的自我形象，希望别人以赞许的目光来看待自己。当你跟某个陌生人接触、与异性交往、与权威人士交谈或是当众说话的时候，你就会不由自主地意识到自我形象面临着某种威胁，担心自己一说话就错误百出。很多人对说话可能产生的结果的不确定性感到担心，因此不愿意开口。

其实，一个人拥有了这么多顾虑，还怎么大显身手，发挥自己的长处？正像如何提高当众说话的能力一样，日常生活中的任何沟通交流都需要人们克服畏惧、建立自信，这是实现更有效说话的前提。

爱默生说："恐惧较之世上任何事物更能击溃人类。"来到世间的时候，你不会说话，他也不会，更别谈口才，那为什么后来他的口才了得，而你却被恐惧笼罩呢？走出恐惧的樊篱最快的方法就是不断去做那些令你恐惧的事。

口才指南

"知识是医治恐惧的良药"这句话很有道理，如果对可能发生的各种变故都做好了充分的思想准备，就会提高心理承受能力，使恐惧难以侵入。

第六节　创造机会苦练口才

口才不是与生俱来的，也绝不会从天而降。就像庄稼需要施肥、道路需要整修，口才也需要培养。先天不足后天补，是完全做得到的。在实践中磨炼口才，以坚强的意志作为通向成功的基石，用汗水浇灌成功的花朵，勤奋地苦练加上技巧，一定会取得成功。

在任何场合，你都要积极把握和别人交谈的机会，试着与他人闲聊、寒暄，从中学习说话技巧，建立自信。说话的机会随处皆是，如果有可能，你不妨参加一个社会组织，志愿担任需要你讲话的职务。在公众聚会里，你要勇敢地站起身来，使自己出个头，哪怕是附议也好。在参加各种会议时，千万别去敬陪末座，而要洒脱一些。另外，还应当参加相应的团体活动，并活跃地参加各种聚会。我们只要多留心我们周围的事情，便会发现，没有哪种商业、社交、政治，甚至邻里间的活动是你不能举步向前、开口说话的。

美国前总统林肯为了练口才，徒步 30 英里，到一个法院去听律师们的辩护词，看他们如何论辩，如何做手势，他一边倾听，一边模仿。他听到那些云游八方的福音传教士挥舞手臂、声震长空的布道，回来后也学他们的样子。他曾对着树、树桩、成行的玉米练习口才。

我国著名的数学家华罗庚，不仅有超群的数学才华，而且也是一位不可多得的“辩才”。他从小就注意培养自己的口才，学习普通话，他还背了唐诗四五百首，以此来锻炼自己的“口舌”。要想练就一副过硬的口才，就必须像他们那样，一丝不苟，刻苦训练，正如华罗庚先生在总结练“口才”的体会时说的：“勤能补拙是良训，一分辛苦一分才。”

口才指南

如果我们不主动地开口说话，并且不抓住一切机会不停地说，我们永远不会有进步，也永远不知道自己会有怎样的进步。

第七节　“少说话”也是艺术

聪明的人在人多场合少说话。我们常说：“言多必失。”意思是说：如果一个人总是没完没了地讲话，说多了，言语里总是会不自觉地暴露出许多问题。言多必失，祸从口出是应该特别谨记的话语。特别是在人多的场合，说到忘乎所以的时候很容易失言，一旦失言，你的话就可能中伤或伤害到某个人，这自然会让你招惹祸端。由于“言多必失”的教训很多，不少人将“三缄其口”作为处世的座右铭。一言可以兴邦，一言也可以亡国，说话不能不察。人有两只耳朵，一张嘴，要多听，少说。

曾任北大校长的胡适表示："要有话说，方才说话。"

美国艺术家安迪·沃霍尔曾经告诉他的朋友说："我自从学会闭上嘴巴后，获得了更多的威望和影响力。"所以在研究说话这门艺术的时候，第一要先学会"少说话"。你也许会反驳："既然人人要学少说话，那么，说话艺术就不必详细研究了。"其实不然，我们提倡少说、精说，而不是完全不说。

约翰是一家公司的董事长。某年他飞往国外，准备在当地寻找合作伙伴投资建厂。经考察，他对这个工厂非常满意。正准备签约时，这位经理自豪地说："我们公司 2000 多名职员，去年共创利 100 万美元，实力绝对雄厚……"约翰一听，心里想：这么多人一年才赚这么一点儿钱？这离自己的预期利润相差太远了。于是约翰当即终止了合作。

俗话说："言多必失。"又有一个成语叫做"祸从口出"。可见说得太多并不是一件好事。讲话前要动脑，三思后言：一思自己的话对方是否感兴趣，是否爱听；二思自己的话能否帮到对方，解决对方的问题；三思自己的话是否伤害对方，是否给人制造麻烦，给自己带来负面后果。没想好就不要轻易讲话，讲话前要多动脑筋。否则轻则言多必失，重则祸从口出，给自己惹来祸端。

口才指南

言多必失。口才再好的人，说多也令人厌烦。废话太多，影响效果不说，还往往容易出错。君子防口，不议人是非，不多嘴多舌，不信谣传谣。

第八节　口才并不是天生的

要想给别人一杯水，自己要有一桶水。这是一个普通的常识。我们要说给别人听，首先就得自己有。别小看了演讲时的几分钟，论辩时的几句话，就这几分钟、几句话，需要我们有丰厚的知识积累。俗话说“巧妇难为无米之炊”，脑袋里空空如也，自然也无话好说。

总有一些人抱怨自己没有好的口才，和别人在一起总是无话可说，于是总是埋怨自己没有天生的好口才。其实，这种想法是很片面的。口才并不是天生的，或者说只要胆子足够大就可以了，口才是要有足够的底蕴作为基础的。

北大毕业生、中央电视台著名主持人、记者张泉灵说话逻辑性很强。怎么培养的这种逻辑性呢？张泉灵表示：“我想有一些办法，比如复述是一个特别好的办法，试试看你能不能把一个很复杂的故事用三分钟说出来，这是帮助你梳理脉络非常重要的办法。你是否能在众多的表象中找到因果关系，这个很重要。”至于这些办法有刻意去练习过吗？张泉灵表示：“复述，我是小学时候就开始练习的。”

著名演说家福克斯每天都高声朗诵莎士比亚的著作，以使他的演讲风格更加完善；古希腊著名演说家狄摩西尼斯亲笔抄写修昔底德的历史著作达八次之多；林肯是世界著名的演说家，他的优秀口才也是得益于阅读，他能把布朗特、拜伦恩的诗集整本背诵下来。当年诸葛亮在隆中苦读二十七载，一出山便有舌战群儒之功，恐怕当年的诸葛亮并不曾专门去学习过如何辩论，所依靠的是他数十年的苦读。

“腹有诗书气自华”，肚子里没有多少知识的人，说出来的话就没有多少说服力，又怎么能让别人信服呢？如何为练就好口才积累知识呢？

首先，可直接从生活中向人民群众学习语言。老舍说：“在生活中找语言，语言就有了根。学习语言要博采口语。”

其次，对家事、国事、天下事经常关注，从中汲取对我们有用的知识。然后，还要对所见所闻加以思考，认真研究一番。

最后，知识贫乏是造成语言贫乏，特别是词汇贫乏的一个重要原因。生活积累和语言知识，是决定一个人说话水平高低的关键。[1]

对于谈话题材和资料，一方面要不断吸收，另一方面要切实地去运用。

口才指南

想要增加文字的存储量，扩展谈话内容，必须让自己的头脑接受书籍的熏陶。读书可以增长知识、开阔眼界，从而丰富谈资。当你“读书破万卷”的时候，自然能做到“开口如有神”。

第九节　说话难在于不懂方法

英国著名政治家昆特莱曾说过这么一句一度流传甚广的话：“任何题材，说得好还是不好，完全取决于讲那件事的人怎么样去讲，而不在于所讲的是什么。”说话并没有那么难，难就难在说话的方法上。凡是可以想到的事情，都是可以清楚地思考的；凡是可以说出来的东西，都是可以清楚地表达的。

在日常生活中，说话也要尽量讲究方式和方法，但有些人不注意说话的方式，说的话让对方听起来很不舒服。比如：看望病人的时候，你却说“看着气色不太好呀”，病人的心里会是什么滋味？遇到胖的女孩子，你却说“好像又发福了”，像这样的话还不如不说。你会令对方感到难堪，

1　水中鱼．口才大全．新世界出版社，2011（1）．

难以应答，难以接受！

北大老师鲁迅先生有一篇散文《立论》，文章非常生动地揭示了说话应注意场合的特点。

法国大文豪蒙田说："语言是一种工具，通过它，我们的意愿和思想才能得到交流，它是我们灵魂的解释者。"

口才指南

西方人说："话不像话，最好不说；话不投机，最好沉默。"因此，在说话之前，必须考虑到说话的对象、时间、地点和方法，也要思考话语的言辞敏感性，是否会有负面效果，而不是想到什么就说什么。

第十节　说话的魅力在于真诚

社会心理学认为，语言交往有保健作用，可以消除人们的悲伤感、空虚感、孤独感、抑郁感。但不管怎样的交谈，如果缺少"真诚"二字，就会变得索然无味，无法进行。人与人之间存在"互酬互动效应"，即你如果真诚对别人，别人也以同样的方式给予回报。

说话的魅力并不在于你说得多么流畅，滔滔不绝，而在于是否善于表达真诚！最能推销产品的人并不一定是口若悬河的人，而是善于表达真诚的人。当你用得体的话语表达出真诚时，你就赢得了对方的信任，建立起人与人之间的信赖关系，对方也就可能由信赖你这个人而喜欢你说的话，进而喜欢你的产品了。

北大毕业生、新东方创始人俞敏洪就是以真诚的语言赢得学生的热爱的。俞敏洪老师和大家分享了他的大学宿舍故事。"大学里，我的成绩一直不怎么样，但我从小就热爱劳动，我希望通过勤奋的劳动来引起老师和同学的的注意，所以我从小学一年级就一直打扫教室卫生。到了北大以后我养成了一个良好的习惯，每天为宿舍打扫卫生，这一打扫就打扫了四年。所以我们宿舍从来没排过卫生值日表。另外，我每天都拎着宿舍的水壶去给同学打水，把它当做一种体育锻炼。大家看我打水打习惯了，最后还产生这样一种情况，有的时候我忘了打水，同学就说‘俞敏洪怎么还不去打水’。但是我并不觉得打水是一件多么吃亏的事情。因为大家都是同学，互相帮助是理所当然的。”

对待同学的真诚让他在大学里获得了很多令他终身受益的朋友，这些朋友后来纷纷走进他的新东方，开始了共同创业之旅，而今，新东方的成功也从一个角度上验证了他们坚固的友谊。

1952 年，艾森豪威尔竞选美国总统，年轻的参议员尼克松则是他的副总统搭档。正当尼克松为竞选四处奔波时，《纽约时报》突然报道尼克松在竞选中秘密受贿的丑闻。消息一经散布，对共和党的选举带来极为不利的影响。

为了摆脱困境，共和党花了 7.5 万美元让尼克松利用媒体，对全国选民作半个小时的公开声明。当他走进全国广播公司的录音室之前，助选的高级顾问就告诉他，要他在广播结束后提出辞呈。于是，尼克松只好采取一个在政治史上少见的行动：他把自己的财务状况全部公之于民。他详细地说明自己的经济状况，连怎样花掉每一分钱都如实地告诉大众，而这几乎像每天都发生在大家身边的事，一切听来都是那么熟悉与真切可信。

最后他满怀深情地说：“我还应该说一说——就是帕特没有貂皮大衣。但她却有一件体面的共和党人的料子大衣，而我常常对她说，她无论穿上什么，都是好看的。

“还有一件事情，或者也应该告诉你们，因为如果我不说出来，他们也要说我一些闲话。在提名之后，我们确实拿到一件礼物。德克萨斯州有一个人在无线电中听到帕特提到我们两个孩子很想要一只小狗，不管你们信不信，就在我们这次出发作竞选旅行的前一天，从巴尔的摩市的联邦车站送来一个通知说，他们那儿有一件包裹给我们。我们就前去领取。你们知道这是什么东西吗？

“这是一只西班牙长耳小狗，用柳条篓装着，是他们从德克萨斯州一路运来的——带有黑白两色斑点。我们六岁的小女儿特丽西娅给它起名叫‘切克尔斯’。你们知道，我的小孩，像所有的小孩一样，喜爱那只小狗。现在我只要说这一点，不管他们说些什么，我们就是要把它留下来。”

公开谈话结束后，尼克松在更衣室里，他转身避开了他的朋友，“哇”地一声哭起来，他认为“这是一次大失败”。尼克松自己都没有料到，他的演讲竟获得如此大的反响。当他走出录音室时，到处是欢呼声，以后数天还有数百万人通过打电话、电报或寄信来赞扬他。而在事实澄清之后，尼克松最终赢得了大批的选票。

后来，人们评论尼克松这次演讲成功的关键，就在于他的演说具有两大特点：一是真诚，二是纯朴。

说话不是敲击锣鼓，而是敲击人的“心铃”，而敲击人“心铃”的最好方法就是真诚的态度。

第十一节　多给对方说话的机会

很多人都会犯一个错误：当他们想赢得他人的赞同时，对自己谈论得太多了。实际上，这时候应该多给他人展示的舞台。每个人都比其他人更了解自己！所以，你只需要问几个问题，然后让他们自己回答就好！

有时候，你不同意别人的观点，然后你就会试图去打断他们的思路。千万不要这么做！这时候，他们往往不会理睬你，因为他们还有很多的论据没有说出来，他们的论点还没有得到足够的支持。所以，这时候你应该耐心倾听，认真去想，真诚地去面对他们，鼓励他们尽可能全面地论述自己的观点。这是一种以退为进的策略。

要想使他人对你不反感，能够有意愿与你交谈，要善于倾听，从对方的畅所欲言中找出有用的信息。因为你耐心的倾听不但能够受人敬慕，更是鼓励别人说话的最好办法。倾听是一种美德，倾听是一切化干戈为玉帛的前提，倾听是深入别人心灵的通道，倾听能够使别人对你产生敬慕。

交流是一个互动的行为，每个人在交谈中都要分别饰演发言者和倾听者两个角色。如果你在谈话中剥夺了对方发言的权力，那么很容易给人留下浮夸的印象。所以，在人际交往中，应该学会适时制造让别人说话的机会。

古人云“言为心声”。言语之中，往往流露出心理、感情和态度。所以，如果你想迅速了解一个人，就不要自己喋喋不休，多给对方说话的机会，让他露出自己的底牌。记住，言多必失，适用于你，也适用于对方。就如社会心理学中“相互性原则”说的那样，谁喜欢我们，就会赢得我们的喜欢。耐心倾听是对他人尊重、喜欢的一个重要行动，也是实现相互喜欢的重要手段。

口才指南

不要对别人妄加评判，应该多给别人说话的机会。你或许不同意别人的看法，但是不要打断别人的话，坚持听别人说完。

第十二节　会说话，要抓住关键点

《断章》是诗人卞之琳早期的作品，一直流传至今，广为人知，全诗仅仅四句，即："你站在桥上看风景，看风景的人在楼上看你。明月装饰了你的窗，你装饰了别人的梦。"言虽不多，但是情与意已跃然纸上，令读者切身感受到那一分悠远的哲思和缥缈的意境之美。不同的人能够从诗中看出不同的意味来。多情之人，可以看到心心相印而无法长相厮守的苦恋。

同样，最会说话的人，是语言简洁明了的人。语言的精髓，在精而不在多。在与别人交谈时，我们其实只要能抓住关键点不放，将主要的意思说到，就能达到我们所要的效果了。

北大教授辜鸿铭很重视维护儒家学说的传统价值，1893 年他在协助湖广总督张之洞筹备铸币厂时，有一天铸币厂的外国专家联合请辜鸿铭吃饭，大家对辜很尊重，推他坐首席。宴会上，有一个外国人问辜鸿铭："你能否给我们讲讲贵国孔子之道有何好处？"辜鸿铭立即说道："刚才大家推我坐首席，这就是行孔子之道。如果今天大家都像你们西方所提倡的竞争，大家抢坐首席，以优胜劣汰为主，我看这顿饭大家都吃不成了，这就是孔学的好处！"

北大毕业生，新东方董事王强曾这样说道："天无绝人之路。任何目标、任何潜能，如果找不到一切的逻辑的话，是实现不了的。大家羡慕姚明的成功。但是姚明的成功有个最重要的前提是什么啊？（台下：高。）不是。姚明本来就高嘛，对不对？他成功的前提在于篮球，篮球发明在他之前。如果现在篮球不存在，姚明基本是残废。所以任何人的人生目标、技能，大家都要找到匹配的地方。"

美国前总统林肯曾说：在一场官司的辩论过程中，如果第七点议题是关键所在，我宁愿让对方在前六点占上风，而我在最后的第七点获胜，这一点正是我经常打赢官司的主要原因。这里让我们看一下林肯是怎样用他的办法打赢一场著名官司的。

在那个官司审判的最后一天，对方律师整整花了两个小时来总结此案。林肯本来可以针对他所提出的论点加以驳斥，但他并未那样做，而是将论点集中到了关键点上，总共花了不到一分钟的时间。最后，林肯赢得了这场官司。

无论我们平时和什么样的人说话，都要让对方在最短时间内明白自己的意思，要让对方被自己说服，就必须找出问题的关键点。这也叫做“抓住一点，不及其余”。

某单位要精简人员，从两个司机减到一个，但这两个司机开车水平都不错。于是让他们进行一个简单的竞聘演说，第一个司机说了一堆，怎样开好车等。第二个司机就说了两句话：“我过去是这样做的，今后还这样做。这就是听得说不得，吃得喝不得，开得使不得。”第二个司机说得中心突出，语言简洁形象、清楚明白，结果被单位聘用了。

古人云“立片言以居要”。语言简洁，是指语言简明扼要、言简意赅。语言简洁要遵循“言简而意丰，言简而意准，言简而意新”三个原则，即用最精练的语言讲述丰富的内容，把意思表达准确，并且使语言充满新意。

口才指南

涉及某些领域，说得多一些还是需要的，但须“言之有物”、“能短则短”。

第二章

好口才是设计出来的

——好口才的原则

第一节　克服交谈羞怯的处方

一说话就脸红，一笑就捂嘴，一出门就低头，这是许多天性羞怯者的共同表现。虽然屡下决心要改总是不能够大见成效，怎么办呢？这里有一张包治羞怯的社交口才处方，照此治疗吧！

1. 进行想象练习

想象你正处在你最感羞怯的场合，然后设想你该如何应付。这样在脑海里把你害怕的场合先练习一下，有助于临场表现。相信天下人谁都或多或少地有羞怯心理，逐渐接近目标，可以减少你的焦虑。

2. 交谈前要做准备

准备要做得尽可能地详尽。此外，还要做自身的准备，如着装风度，声调语气等。

3. 刻苦练习讲话技巧

羞怯主要发生在与人交谈时、大庭广众下和热闹非凡的聚会中，一个人独自讲话或在父母面前讲话时，不存在这种心理负担。因此，中学生在各种场合的发言，都应事前有所准备，甚至是自言自语地进行不懈的反复练习，这样就能做到临场不惧，应付自如。

4. 增强自信

羞怯的根源部分在于看不到自己的优点，总认为自己无能，害怕不能给别人留下好印象。实际上，任何人都有自己的长处，只要学会欣赏自己，增加交往的勇气，就会表现得更加出色，也会博得更多人的喜爱和肯定。一味地在意别人的看法，往往会限制了自己，使羞怯心理越来越严重。

曾是北大老师，被誉为新东方“三驾马车”之一，“真格”天使投资基金创始人徐小平有过这样的精彩语录，表明了自信的重要性：“我曾参加过加拿大 university of lethbridge（累斯布里奇大学）的十周年庆典。这所大学才建校十周年，说明这个大学实在短暂，没有什么值得炫耀的历史。但就在这个庆典上，校长和老师们一致自豪地宣称：‘我们的大学，有一个加拿大之最——我们是加拿大最年轻的大学，耶！’有一次，在中央电视《对话》栏目，人们问他（注：指潘石屹）毕业于哪个学校，他完全可以理直气壮告诉全中国广大‘名校情结’受害者，他毕业于河北石油职业技术学院，让他的母校狠狠地扬一下名，让他的校友以及所有非名校出身的人大大地出一口气！但可惜，老潘从头至尾，就是不肯说出他母校的名字，搞得我以为他毕业于某个秘密军校。”

5. **难堪练习法**

可以经常有意识地主动与陌生人交谈，锻炼自己的胆量，慢慢地就不会羞怯了。

口才指南

研究表明，一个非常怕羞的人，当他在陌生场合勇敢地讲出第一句话以后，随之而来的将不再是新的羞怯，而很可能会滔滔不绝起来。

第二节 说话得体的表达方式

北大老师鲁迅早年曾写过一篇题目为《立论》的短文，短文说老师在课堂上给学生讲了这样一个关于写作文“立论”的故事：有户人家生了一个男孩，全家高兴得很，满月的时候抱出来给客人看，意思是“想得一点好兆头”。有的说：“这孩子将来是要发财的。”有的说：“这孩子将来是要做官的。”说这些赞美话的人都得到一番感谢和夸奖。有个人突然说：“这孩子将来是要死的！”于是人家给他一顿“合力的痛打”。很明显，在这里，在这个时候，说孩子将来要发财要做官的赞美话是恰当的，得体的。

不管孩子将来是不是真的做官与发财，在他满月的这个喜庆日子里，客人为了表达自己对孩子的美好祝愿，表达自己对这家人的友好感情，都应该说这一类的吉祥话，也只能说这样的话。客人这时候说话的目的是表达感情，增进友谊，而不是在作科学考察，也不是对簿公堂，非要来个实事求是不可。那位说孩子将来要死的客人，尽管讲得百分之百的准确，但这话完全不符合这时的情景和气氛，完全违背大家的情感与意愿。所以，他讲的是一句很不得体的话，讨得大家一顿“合力地痛打”实在是必然的事情。在这个例子中，那些说赞美话的人都是说话得体的，而那个挨打的客人则是一个讲话不得体的典型。

当你用得体的话语表达了真挚的情感，才能赢得对方的好感和信任，才能叩开他们的心门。

自 2004 年走红以来，林志玲面对批评时，总能以软绵又圆融的力道，化解别人做文章的敌意。刚走红时被说是花瓶，她却幽默接受批评，“花瓶吗？很好啊，这也是对外表的一种肯定方式，我会把它看作赞美，再说声谢谢。当然，如果你真的对这只花瓶有兴趣，随着时间的推移，你会看到真实的我。”

得体的表达方式，会让交谈变得更加容易，所以，你在与人沟通时应做到以下两点：

1. 找到对方的谈话兴趣。不同的人有不同的喜好，要想与对方的沟通顺利进行下去，最重要的一点是双方有可交谈的话题。不要以自己为中心，而是要先与对方建立沟通，从对方的兴趣入手。

2. 多赞美他人。每个人都愿意得到他人的称赞，所以，你不妨多用恭维之词，少说教训的话语，拉近与对方的距离，博得对方的好感，为顺利交往打下良好的基础。

口才指南

一般人被称赞时，多半会回答“还好！”或是以笑容带过。与其这样，不如坦率接受并直接跟对方说谢谢。有时候对方称赞我们的服饰或某样东西，如果你说：“这只是便宜货！”反而会让对方尴尬。

第三节　掌握说话的时机

在与人相处中，如果说话的时机把握不好，你的话就很难打动他人，也更难做到愉快地与人交往。既然是交往，那么在语言上就应该与人为善，同时也应该学会维护彼此的尊严和权利。要做到二者兼顾，就必须把握好每一句话说出口的时机。有这么几个时机，我们在说话中应当注意到：

1. 察言观色，把握说话最佳时机

“机不可失，时不再来”是中国的一句俗话。如果不是正式交谈的话，真正很难定个时间进行，这就要求你交谈要善于捕捉时机。美国百货业巨子约翰·甘布斯说，他之所以能发财致富，成为名人，关键在于他不错过任何一个哪怕只有万分之一希望的机会。

2. 讨论会上在两到三个人谈完之后发言

切入话题的时间最好是在两三个人谈完之后，这样可以产生最佳的效果。这时候，会场上已经有了比较活跃的气氛，你所提出的想法也比较容易引起关注。

3. 说话注意时机，把握好火候

交谈时提出话题最好选择对方心平气和、情绪稳定之时。提出和讨论新问题的时机选在就餐时、休息时都是忌讳。一定要控制好说话的时间，有话则长，无话则短。不要用废话占用时间，而要把最重要的信息放在

最重要的时间段来表述，不然会掩盖有价值的信息。

4. 抓住对方隐忍难发之机

人微者能言出具有说服力量的话语，跟把握住说话的时机密切相关。火候到，说出的话自然贴切，能够引起人们的重视。不要以为只有在对方愉悦时的言语才有分量，抓住对方隐忍难发之机，坦诚直言，则别具一番人微言重的风光。

中国第一位现代舞拓荒者裕容龄，年轻时随外交官父母迁居巴黎。由于受旧礼俗困囿，一直不敢进言学舞的愿望。一次日本公使夫人来做客，顺便问其母：“你家小姐怎不学跳舞呢？我们日本女孩都要学的。”裕母不便拒绝，顺水推舟道：“往后让学吧！”裕容龄趁机进言了：“好母亲，我今天就学日本舞跳给你看，好吗？”说罢便换上舞蹈服跳起《鹤龟舞》，公使夫人夸赞不已，母亲也只好认可。这里，裕容龄的进言成功，全在于那抓住时机的“机锋”上。

只有握住说话的最佳时机，才能把话说得恰到好处。不该说时说叫急躁，该说时却不说叫隐瞒，不看对方脸色变化便贸然开口，叫做闭着眼睛瞎说。这三种错误的说话时机都是没有把握住说话时机。

戴尔·卡耐基表示：“说话要注意适当的时间与场合，即是要准确把握大众说话的契机。说话时观察周围的环境，考虑在什么地方说什么话，这是显露一个人口才完善与否的重要条件。在朋友结婚场面上所开的玩笑就不能在另一个场合出现，就是这个道理。”

时机是分寸的调和剂。摸清这种调和剂的真义了，你对说话时机把握的能力也就得心应“口”了。

第四节 寻找对方感兴趣的话题

美国教育学家卡内基曾经说过这样一段话："在去钓鱼的时候，你会选择什么当鱼饵？尽管你自己喜欢吃起司，但将起司放在鱼竿前端也钓不起半条鱼。所以，即使你很不情愿，也不得不用鱼喜欢吃的东西来做鱼饵。"说话也是如此，无论你对某个话题如何感兴趣，有再多的高见，如果对方不想听，你说了也是白说。

每个人都有自己感兴趣的事物或话题，我们不妨去迎合他的兴趣，积极主动地为他人送上"一顿美味大餐"，相信总比漫无目的地乱说一通强过一百倍。

小王结婚后，便居住在岳母家里。虽然他每天都主动干很多活，但却总讨不得岳母的一张笑脸。在某一次偶然的机会中，他发现只要他讲一些新鲜的事情，岳母就非常高兴，而且喜欢刨根问底。于是他每天找机会向岳母说一些外面发生的有意思的事。从此岳母大人见他回来总是笑脸相迎。有时没等他开口，岳母就急着问："今天又有什么新鲜事儿，快讲给我听听。"听完之后还要向来串门的人进行"新闻重播"，并自豪地说："我们家的女婿知道的事情真多，我是天天不出门，便知天下事哟。"

但有些时候，寻找对方感兴趣的话题并不容易，尤其是对对方的了解不是很充分时。如何去发现对方感兴趣的话题呢？一个很好的方法就是换位思考。你可以在谈话时随时观察对方的脸部表情、态度，且必须不断反省"对方对这个话题是否感兴趣"。设身处地为别人着想，了解别人的态度和观点。这样不但能与对方很好的沟通和得到对方的理解，而且更为清楚地了解了对方的思想轨迹及其中的"要害"，从而做到有的放矢，击中"要害"。

把话说到他人的心坎上，是一种高超的语言技巧。与人交谈时要"投其所好”、“避人所忌”。俗话说：酒逢知己千杯少，话不投机半句多。

从对方感兴趣的话题谈起，是一种看似简单却鲜有人运用，功效神奇但却不被人们重视的劝说技巧。如果正确地运用这项技巧，那么就可以使你在一个顺畅的谈话气氛中达到你的劝说目的。在谈话中，只有将话题引到对方感兴趣的话题上去，让对方主导这场谈话，我们才能自如地保持大脑清醒，避免在人际交往中经常会遭遇到的麻烦。这能达到主宾皆欢的效果。这是与素不相识的人交谈的唯一方法。当我们找到了对方感兴趣的话题，而让他不自觉地侃侃而谈时，这是多么值得欣慰的事啊！

卡耐基说，谈论别人感兴趣的事情，是打动人心最高明的办法，是一个不可忽视的处世技巧，它往往能够帮助你达到梦寐以求的目的。

口才指南

假若你的一个话题使对方产生了浓厚的兴趣，那么无论他是一个如何沉默的人，他都会发表一些言论的。因此你在谈话的停滞之中，一定要想法寻找并且不断地激起对方的兴趣，使谈话能够一直持续下去。

第五节　就地取材，觅取话题

何谓就地取材？那就是按照当时的环境而觅取话题。具体来说这种方法非常多，你可以从当时的情景、当日的天气开始说起，或是谈自己的感受，又或者可以把前面一位讲话人的话茬儿接过来往下讲。总之，不论你如何开头，主旨思想应该都是不变的，那就是要抓住听众的心，接着才容易打开局面。千万不要故弄玄虚，或是东拉西扯，不着边际。

就地取材的内容是很多的：像办公室的陈设、墙上挂着的报纸杂志、近来的天气、领导的衣帽服饰等。如正遇上天气特别冷，就可以天气为题；

如桌子上有一只新型的茶杯，可以先观赏一下杯子，然后谈谈它的特点。

也可以先提一些“投石”式的问题，在略有了解后再有目的地交谈，便能谈得略为自如。如在聚会时见到陌生的邻座，便可先“投石”询问：“你和主人是老乡呢还是老同学？”无论问话的前半句对，还是后半句对，都可循着对的一方面谈下去；如果问得都不对，对方回答说是“老同事”，那也可谈下去。

找不出别的话题时，那么中国原有的老办法可以采用，那就是问他的籍贯。“府上是什么地方？”或“贵处？”这在中国的习惯上是一点也不觉得唐突的。知道了籍贯，话题就容易找了。

东北人可以和他谈人参的生产、长城的风貌、工业建设等。

广西人你可以和他谈桂林山水。

四川人可以谈四川的丰富土产。

巧妙地以彼时、彼地、彼人的某些材料为题，借此引发交谈。有人善于借助对方的姓名、籍贯、年龄、服饰、居室等，即兴引出话题，常常收到好的效果。

需要注意的是，如果不知道对方的职业，最好是不要问他。万一他正失业闲居在家，问他职业无异于逼他承认失业，否则他还要随便撒个谎，对于自尊心很重的人是不大好的。

第六节　问话，要懂得适可而止

办公之余，同事们待在一起闲聊是一件很正常的事情。而许多人，特别是男同事在闲聊时，多半是为了在同事面前炫耀自己的知识面广，同时向其他同事传递这样一个信息，那就是：你们熟悉的，我熟悉；你们不熟悉的，我也熟悉！

其实这些自诩什么都知道的人知道的也不过是皮毛而已，大家只是心照不宣罢了。而你，如果想满足自己的好奇心，打破砂锅地追问的话，他很可能就会露馅了。这样，不但会扫了大家的兴趣，也会让喜欢神“侃”的同事难堪。相信以后再闲聊的时候，同事们都会有意无意地避开你的。因此，在任何场合下闲聊时，不求事事明白，问话适可而止，这样同事们才会乐意接纳你。[1]

有些问题，当你得不到满意的答复时，是可以继续问下去的，但有一些问题就不宜再问。

比方说你问对方住哪里，他如果只说地区而不说具体地址，你就不宜再问在哪路哪号。如果他愿意让你知道的话，他一定会主动详细说明的，而且还会补上一句，邀请你去坐坐，否则便是不想让别人知道，你也不必追问了。

凡对方不知道或不愿意让人知道的事情都应避免询问，问话的目的在于引起双方的兴趣，若能令答者起劲，同时也能增加你的见识，那是问话的最高本领。

有时候该问的，要明知故问，比如 ：“你的钻石戒指很贵吧？！”“听说你最近又出了一本新书，一定很畅销吧？！”这些可能都是你知道的，但你故意明知故问，对方会认为你很关心他，所以对你很有好感。他可能会接着你的话题，滔滔不绝地说下去，并且有可能说得心花怒放。明知故问，就是明明知道也要问，这里的明知故问，会令对方高兴。

1　林少波．最佳员工生存手册．中国纺织出版社，2005（11）．

口才指南

每个人的内心深处都有一种天然的、本能的维护自己内心秘密的情绪，遇到别人不得体的询问，就可能自然产生逆反心理。这就造成一种局面：有时问者尚不经意，被问者往往不由心生厌烦。

第七节　提问，也要讲究方式

1. 限制型提问

最让人们津津乐道的限制型提问的例子是：某家小店的顾客中有人喜欢在咖啡中加鸡蛋，因此，服务员总是需要在咖啡的销售中问："加不加鸡蛋？"专家建议侍者把问话改动一下，变为"加一个鸡蛋还是两个？"很快，极大地提高了鸡蛋的销售，商店的收入大幅增加。两个问句虽然都是选择问句，给客户留下自由选择余地，但作用大小却不一样。后一个选择问句跨过了要不要鸡蛋这个大前提，这些具体的问题将直接进入需要多少鸡蛋。这样，就把选择余地放在对卖方有利的范围，无论客户如何选择，卖方的有利面都比原来大得多。

2. 选择型提问

选择型提问方式多用于朋友之间，同时，也表明提问者并不在乎对方的选择。如朋友到你家做客，但不知他的口味，于是问："今天咱们吃什么？鲫鱼还是带鱼？"

3. 婉转型提问

这种提问形式可能是因为有了某种忌讳，或者是表示尊敬对方，抑或担心遭到对方的拒绝作答而出现尴尬场面。因此，不得不绕圈子用另一种方式来问话。一个小伙子爱上了一个姑娘，但他并不知道姑娘是否爱他，此话又不能直说，于是他试探地问：“我可以陪你走走吗？”如女方不愿交往，她的拒绝也不会使双方难堪。

4. 协商性提问

如果你对别人有什么要求，希望他按照你的意思去办事，那你最好用商量的口吻向对方提出，这样显得尊重对方并在对方心理上产生一种友善的感觉，他会对你的提问认真考虑。

口才指南

俗话说：“人上一百，形形色色。”谈话过程中，只有根据不同对象选择恰当的表达方式，才能使言谈得体，获得成功。

第八节　谈话冷场时的处理技巧

如果怕沉默带来的冷场，请不要给自己压力，不要逼自己随时找话题。请优先把事情交给音乐来处理，或者也可以学着享受沉默。看夜景的时候、两人散步的时候、三五好友一起下厨煮菜的时候，“正在做的事”本身就很有趣，沉默反而比喋喋不休更丰富，更值得回味。

当遇到沉默，你需要做的是：

1. 主动引导，谈对方最熟悉的事

面对性格内向而又怕羞的人，你可以在他（她）最为熟悉的事情上寻找话题，以引起他（她）的谈兴。

2. 专心致志，善听妙言巧刺激

在谈话开始的时候，你就要一直把注意力集中在眼前正在交谈着的一切信息上，抓住每一个要点，思考每一句话的意义，从眼前开始去不断扩展谈话的题材，那么你思想的源泉就会不断涌出，谈话的线路也就畅通无阻。

3. 求同存异，谈论大众话题

如果你与他人的志趣不同，当然很容易使人感到“话不投机半句多”，难以产生共鸣。不过，不同中未必就一定找不到任何共同点。比如你爱读书写字，他（她）爱唱歌跳舞，可能共同的话题要少一点，但你们总要看电影、看电视吧。你不谈读书写字，也不谈唱歌跳舞，而是从评价当前国内外的电影、电视节目入手，总可以找到共同语言吧？

4. 推心置腹，解除心理压力

有些人为了表现自己的温文尔雅，喜欢讲一些繁文缛节的客套话，或者张口闭口讲些调门很高的大道理，这很容易加重人的心理压力，出现“冷场”。其实，过多地寒暄和客套，给人的不是恰到好处的彬彬有礼，反而说明了你与他（她）的关系还比较疏，还未达到不拘礼仪的亲密程度。

唯有诚恳、热情、友好、坦率，既反应机敏又不多虑，才能解除人们的心理压力，打破他（她）的沉默，激起他（她）的交谈兴趣。

5. 没话找话也是在传递紧张情绪

如果和人交流中冷场的话，也没必要自责，凭什么下属要为冷场负责任？没话找话也是在传递紧张情绪。紧张的状态下，思维受到抑制，只能让谈话更加难以继续。

6. 转移话题

交谈过程中，由于话不投机或不善表达，常出现冷场的情况，冷场无论对于交谈、聚会，还是议事、谈判，都是令人窘迫的局面。在人际关系中，它无疑是一种“冰块”。打破冷场的技巧，就是转移注意力，另换话题。

在交谈或演讲中，如果出现了冷场、尴尬的局面，或谈话触及他人隐私、隐痛的地方，被誉为20世纪最伟大的心灵导师和成功学大师的卡耐基认为没有必要再继续这个话题了，要立即转换话题。

口才指南

谈论的话题是否有趣、有益和冷场的出现与否有很大的关系。“曲高和寡”、“自命清高”会导致冷场；“淡而无味”、“没有重点”同样会引起冷场。

第九节　善意的谎言是美丽的

善意的谎言是美丽的，这种谎言不是欺骗不是居心叵测。当我们为了他人的幸福和希望而适度地撒一些小谎的时候，谎言即变为理解、尊重和宽容，甚至是给对方一个巨变！它具有一种神奇的力量，没有任何的不纯洁。

当我们遇到不方便说出真相的时候又该如何抉择呢？当面对重症病人时，你忍心将病情如实讲出吗？当同事穿着并不怎么漂亮的衣服向你炫耀时，你能说出自己的真实感觉吗？这时如果你说出真话就是对当事人的一种打击，甚至是一种伤害。

丘吉尔说：“要让一个人有某种优点，你就要说得他好像已经具备了这种优点。”如果有人遇到困难畏首畏尾，或者办起事情来犹豫不决，那么你不妨适时而委婉地对他说：“这样前怕狼后怕虎的状态不是你以前的表现呀”，“你是个很有决断力的人”。先给他戴上他应该具备的优点的帽子，予以鼓励。由于给他一个良好形象的“定位”，所以他会为此而努力奋斗，从而改变目前的不好做法。

生活中，有些事情或有些话不一定真实。但只要能带来积极的意义，激发人们上进，促使团队和谐向上，必要时善意的谎言还是可取的。

20 世纪一架美国的运输机在沙漠里遇到沙尘暴袭击迫降，但飞机已经严重损毁，无法恢复起飞，通信设备也损坏，与外界通信联络中断，9名乘客和一名驾驶员陷于绝望之中，求生的本能使他们为争夺有限的干粮和水而动起干戈。

紧急关头，一个临时搭乘飞机的乘客站了出来说：“大家不要惊慌，我是飞机设计师，只要大家齐心协力听我指挥，就可以修好飞机。”这好比一针强心剂，稳定了大家的情绪，他们自觉节省水和干粮，一切井然有序，大家团结起来和风沙作斗争。

十几天过去了，飞机并没有修好，但有一队往返沙漠里的商人驼队经过这里时搭救了他们。几天后，人们才发现，那个临时乘客根本就不是什么飞机设计师，他是一个对飞机一无所知的小学教师。有人知道真相后就骂他是个骗子，愤怒地责问他：“大家命都快保不住了，你居然还忍心欺骗我们？”老师说：“假如我当时不撒谎，大家能活到现在么？”

口才指南

我们并不否认一点，善意的谎言也是谎言，这种谎言还是少说为好！若是使用不当，善意的谎言也会有碍于诚信。

第十节 批评别人，看透别说透

批评的话说得太直白，就像普通话，谁不懂？大家都看得明白的事情，你偏逞能干来一句，显得一点幽默感都没有，在生活中这样的事情太多。批评就像饲养的鸽子，它们永远会回来的。所以我们变得话藏锋机、世故圆滑，表面上你好我好大家好，实际上背后啐你一口才好，变得玩笑都不是玩笑了。

在“看透别说透”这一方面，周恩来总理为我们做出了典范。他总是抱着与人为善的至诚，对别人犯的错误即使看出来也不会当面说透，直面批评，而是采取一些委婉的说法，将人说得心悦诚服。

1952 年，周恩来率政府代表团访问苏联，谈判我国第一个五年计划期间苏联援建项目问题。抵苏后，他把有关人员集中起来，逐字逐句讨论修改“一五”计划的草案，连标点符号也不放过。定稿付印前，又专门叮嘱一位同志负责最后核实。当周恩来发现核对后的稿子仍有差错时，并未直接批评校对的人。第二天，周恩来到代表团驻地与大家共进午餐，特去和这位校对的同志碰了杯，笑着说：“罚酒一杯吧！”就是这么简单的一句话，在严肃之中又透着亲切，这位同志虽然内疚但却并没有感到难堪，他也明白了自己所犯的错误，却能坦然地面对错误，而不是耿耿于怀，这对他以后的工作是有帮助的。

对别人的错误或不满不要太较真，想要对方明白也不需要当面指责。

第十一节　话要说在点子上

说话要说到点子上，事实上，我们经常见到不少人喜欢点缀文字。比如不少开场白可能会是“在这春暖花开的美好季节，在美丽的黄浦江畔，就在上海这座充满活力的城市，我们……”或许主题是关于某活动的，但过多的修饰真的让人不知所言为哪般。

在一次美苏高级领导人会谈中，肯尼迪说：“判断错误可能引发核战争。”赫鲁晓夫顿时勃然大怒，他大声叫嚷道：“判断错误！判断错误！我总是听到你们欧洲和其他每个地方的朋友都在说这个该死的‘判断错误’！你们应该马上收起这个词，把它藏在冷库中，永远也不要再使用！

我讨厌这个词！”在座的人全部被他这席话骂得局促不安起来。接下来是共进午餐的时间。午餐时，肯尼迪总统伸手摸了一下赫鲁晓夫的一枚勋章，问道：“这是什么勋章？”赫鲁晓夫吃惊地说：“这是列宁和平勋章。”肯尼迪温和地说：“我希望这枚勋章能使您保持和平。”俗话说：“打蛇要打七寸，说话要说到点子上。”肯尼迪的话可谓一下子说到了点子上。

赞美别人的话，也要说在点子上。曾国藩说：“彭玉麟、李鸿章都是大才，为我所不及。我可自许者，只是生平不好谀耳。”这时，一个幕僚说：“他们各有所长：彭公威猛，人不敢欺；李公精敏，人不能欺。”说到这里，他说不下去了。曾国藩问：“你们以为我怎样？”幕僚们不知如何回答，都低下了头。就在这尴尬时分，走出一个管抄写的年轻人来，他轻声说道：“曾帅仁德，人不忍欺。”众人听了齐拍手、喝彩，都认为他的评价中肯而实在。

曾国藩则十分得意地说：“不敢当，不敢当。”年轻人又退到了众人的后面。曾国藩问：“他是哪里的人？”有幕僚告诉他：“此人是扬州人，中过秀才，但家里很穷，不过办事非常谨慎。”曾国藩听完后就说：“此人有大才，不可埋没。”不久，曾国藩升任两江总督，就派这位年轻人去扬州任盐运使。

口才指南

说话人人都会，但要把话说到点子上还真是一门学问。会说话的人能适度真心地给予赞美，面对别人的缺点，会委婉地加以提醒，给别人留足面子。

第十二节　圆满结束你的谈话

在交谈中，人们普遍重视开头，对结束谈话往往不以为然，觉得说话完了，说声“再见”不就结束了吗？其实，结束谈话并非如此简单。比如，一方没说完话，对方就不愿听了，怎么结束？两人在交谈中争得面红耳赤，又各不相让，如何结束？两个谈兴正浓，而客观条件又不容许再谈下去，又应该怎样结束？

1. 假如你只是向对方陈述一件事情，你并不需要对方做出明确的答复，不需要对方采取什么行动，那么当你把事情的原委告诉对方后，你就可以结束这场谈话了。

2. 交谈行将完毕，主谈者根据自己的“谈话使命”综合“交谈情况”——即目的与交谈后的吻合情况向对方征求意见、要求或建设性的忠告、劝诫等等，这就是征询式收尾。“××，随着我们接触的增多和了解的深入，你一定察觉出我有许多缺点，你觉得我最糟糕的‘毛病’是什么？希望你下次开诚布公地提出来。”

3. 如果你同对方谈话，不仅仅是谈某一件事，而是希望对方改变某种看法和行为，希望对方听从你的劝告，那么，讲话就要对方听从了劝告后终止。

4. 如果你仅仅是提出一个问题，并不需要对方立即回答，只是要对方认真思考你的话，那么，你在结束谈话时，就要考虑用不同的结束语，或希望对方在什么时间内做出答复，或说出希望对方深思的话来。

5. 如果是一个简单的谈话，如街头、餐馆的偶遇，或是初识交换联系方式，可以参考以下例子。“有事失陪了”这简单的一句“有事失陪了”就足够了，不用去解释“我得去……”，没有必要去解释你为什么离开。留下深刻的印象：特别是业务上的照面，这非常得体。留下相互的联系方式，离开时说“我明天会找您谈关于 ××× 的事”。不要只是简单地说“我们明天再谈”,或是“期待与您合作”。说清会一起做的一些事，握个手，然后再离开。

口才指南

卡耐基曾经说：“我演讲的次数越多，越觉得想出各种情形都能适用的演讲法则是完全不可能的。大半还得看事情、时候、地方以及听众的情形而变更，大家都应该像圣保罗所说的‘各自去想救出自己的办法’才好。”

第三章

修炼强大的魅力气场

——魅力口才

第一节　跨越陌生感的说话方式

在心理学上有这样一种说法，叫做“门槛效应”。它的意思就是说，陌生人之间由于对彼此毫不了解，所以就很难找到共同的话题，就好像第一次去上门拜访某个人一样，从陌生到熟悉都有一道门槛一样的障碍，很难让人跨越这种陌生感。两个未曾谋面的人在第一次接触时，在感情上必然会有一段距离，但是只要找准感情触发点，双方的距离就会被拉近。

初次见面常见的有这么三种说话方式：

1. 攀认式

赤壁之战中，鲁肃见诸葛亮的开场白是：“我，子瑜友也。”子瑜，就是诸葛亮的哥哥诸葛谨，也是鲁肃的忘年之交，鲁肃这短短的一句话拉近了自己跟诸葛亮之间的关系。

其实，任何两个人，只要彼此留意，就不难发现双方可能存在一些微妙的联系。譬如：“您是湖南人，我是湖北人，两湖一家亲嘛，我们还算是老乡呢！”

当年，中国国民党荣誉主席连战在北京大学的演讲，他的第一句话就是“台湾媒体报道说我今天回母校，母亲的学校。这是一个非常正确的报道。”想想，全中国人民听到这样的话是什么感受？他的话说到了每个人的心里面去了，连战一下子就成为大陆人民心中的“自己人”，他的一切言行举止都自然而然地被大陆人民所接受。

2. 敬慕式或者赞美式

对初次见面者表示敬重、仰慕，这是热情有礼的表现。用这种方式必须注意：掌握分寸，恰到好处，不能胡乱吹捧。表示敬慕的内容应因时因地而异。例如：

您的大作我读过多遍，受益匪浅。想不到今天竟能在这里一睹作者风采!

今天是教师节,在这光辉的节日里,我能见到您这位颇有名望的教师,不胜荣幸。

当我们对他人感兴趣的时候,自然而然就会去关注他的一举一动,那么他的每一个细节都有可能是我们与他交谈的切入点。比如:你在公车上看到有一个人提着一盆特别的盆栽,你就可以说:“哇!您的花真漂亮。它叫什么名字呢?”假如对方愿意说的话,局面就这样打开了,就可以继续同他谈下去。但你要做的准备是,避免产生谈论自己的欲望,鼓励他人多谈论一下他自己。

3. 问候式

与陌生人寒暄,我们一般都会说“您好”、“很高兴认识您”、“认识您很幸运”,如果觉得这样说太呆板,太正式,你也可以说“早听说过您的大名”、“我朋友某某经常提到您”、“我似乎在哪儿见过您”等。寒暄语不一定具有实质性内容,而且可长可短,需要因人、因时、因地而异,但它必须具备简洁、友好与尊重的特征。

口才指南

初次见面的第一句话,是留给对方的第一印象。说好说坏,关系重大。说第一句话的原则是:亲切、贴心、消除陌生感。高尔基曾说过:“最难的是开始,就是第一句话。如同在音乐上一样,全曲的音调,都是它给予的。”

第二节　喊出对方名字是捷径

喊出对方的名字，这是建立人际关系的捷径。人们常常忘记别人的名字，但是，若有谁因为不把自己放在眼里而记不住自己的名字，我们就会感到不痛快。卡耐基说："无法记住别人名字的人，就等于无法记住自己的一项极重要工作。"虽然记住他人的名字并不意味着最终能取得成功，但至少能使你在给予别人尊重的同时也得到了对方的尊重，并能赢得友谊和合作。

在现代管理中，不少公司把熟悉每个职员的名字作为对管理者的一项基本要求。事实上，记住或熟悉别人的名字，往往能起到意想不到的效果。记住别人的姓名，是最直接、最容易获得别人好感的办法，是人际关系的推进器。几乎没有一个人不希望自己的名字被人记住。如何记住别人的名字呢？

1. 问清楚正确的名字

你要听清楚对方准确的姓名，一定要弄清楚。如果你还有一点不清楚的地方，就请他重复一遍，最好还能问一问名字是怎样写的。别担心这样做他不但不会烦你，反而会因为你对他如此有兴趣，感到受宠若惊，这样你就能记住他的姓名，因为你已经在他的姓名上集中了注意力，由此获得了一个清晰而正确的印象。

2. 重复一遍名字

你可以重复一遍他的名字来确认自己是否已经记住和发音是否正确。如果他的名字比较难记，你可以多重复几遍。

3. 多多使用名字

大部分中国人都比较害羞，想跟初次见面的人相处融洽，必须比外国人多花两三倍的时间，其中的原因跟叫人方式有相当大的关系。外国人在谈话时经常会说出对方的姓名，即使在打招呼的时候也一样，中国人只说早安，而外国人则在后面再加上人名。借着不断地呼叫对方的姓名，可让彼此之间的心理距离缩短。

并且当你与对方交谈时，尽量多使用对方的名字，不一会儿你就会记下来了。

4. 将名字对上人

将你记忆的名字与对方的相貌相互对应，心里重复这个联系并且记忆多次。

5. 使用相联系的词语

如果对方名字和你所知道的某些词语或者与你的朋友的名字有着相似之处，那赶快将这个相似点记下来。

6. 写下来

把他们的名字写下来，多翻几次笔记本，久而久之就印入你的脑海了。

与一群人见面时，先记住四五个名字，花点时间写下来。然后会见下一批人，再记四五个人。如此反复，直到所有人的名字都写下来。你可以试着把他们的名字串起来编成顺口溜，牢记在心。当然并不是总能编成顺口溜的，但掌握了这种方法，记别人的名字就不那么困难了。

口才指南

名字作为每个人特有的标识，是非常重要的。所以尝试记住别人的名字，不仅是对他们的尊重和表示你对他们的重视，同时也让别人对你产生更好的印象。

第三节　称呼恰当，让人喜欢你

与人交往，称呼必不可少，尤其在与陌生人交谈时，称呼恰当与否是个十分敏感的问题，有时会因称呼不当使双方发生沟通上的障碍，从而影响交谈的效果。

对男人的称呼，比较单纯，一般都称先生。对女子的称呼，就要兼顾身份了，一般称已婚的女子，用夫姓称太太。如果她的地位高，则称夫人较为妥当，称未婚的女子则为小姐。称老师的太太，一般称师母，这样才能表示尊敬，对老师的太太是不宜称呼太太的。

一般来说以先长后幼、先上后下、先女后男、先疏后亲为宜。在外交场合，宴请外宾时，这种称呼先后有序更为重要。

1972 年，周恩来总理在欢迎美国总统尼克松的招待会上这样称呼："总统先生，尼克松夫人，女士们，先生们，同志们，朋友们！"这种称呼客气、周到又体现了出言有序的外交家风度，给人们留下了深刻的印象，是我们学习的典范。

若有人在旁介绍，则应依介绍人所用的称呼方法，不可自作聪明，擅自更改。"先生"两字是最普通的，甚至可以通用到去称呼一切高级的官员，当你觉得没有称呼他的职衔的必要时，或不知道对方究竟是什么职衔的时候。

对于初入职场的新人来说，总会面临着称呼的尴尬，对每个人的职位不清楚，开口不知道怎么称呼，不知道怎么叫，"老板"、"老大"、"老总"……该选择哪一种来称呼领导呢？而同事之间，又以什么样的方式来称呼最合适呢？

不知道怎么叫，就先叫"老师"。新人进单位，首先应该对自己所在的部门的所有同事有一个大致了解。如果是职位清楚的人，可以直接称呼他们“张经理、王经理”等，对于其他同事，可以先一律称“老师”。三人行，必有我师，叫声老师总没错。

职场“能人居之”的竞争机制早已打破了传统死板的“辈分”排序，“年轻上司、年老下属”的模式在近年来并不罕见。这时年纪大的下属应该用职称来称呼上司。金先生在一家公司工作，一次，为了表示与领导亲热点，把部门经理称作“小王”，结果可想而知，屡次被“穿小鞋”。

昵称外号类的称呼方式在很多文化型或创意型团体的应用颇为广泛。这类团体的工作氛围一般比较宽松，各个成员之间的相处也不太拘泥于小节。但是此种称呼方式只适用于同僚间亲密的日常交往，却绝不能牵扯到领导，更不宜出现在严肃的正式场合。

口才指南

一定要小心自己对别人的称谓，没搞清楚职位的就别乱喊，省得自己到时候吃亏。称呼没那么重要，但是代表着礼貌，还是小心为妙啊。

第四节　谈论对方关心的话题

话总是说给别人听的，至于说得好不好、是否有口才，不仅要看话语是否洽当地表达了自己的思想和情感，也要看别人能不能确实理解并且乐于接受。如果你所说的话让别人听不懂，或者让人没有专心聆听的意愿，那么这样的谈话还有什么意义呢？

春秋时期的鬼谷子曾经在其著述中有过精辟的阐释：“与智慧超群的人说话，凭借的是广博的见闻；与见多识广的人说话，凭借的是精辟的辨析能力；与善辩的人说话，则应该简明扼要；与大人物说话，要用奇妙的事情吸引他的注意力；与臣子说话，就要用好处来说服他；别人不愿意做的事情，绝对不能勉强；对方喜欢的事情，就应该投其所好；对方讨厌的事情，就避免谈论。”

当你在和对方交谈时，尽量使用对方认同的语言，谈论对方熟悉和关心的话题：

1. 谈论对方真正感兴趣的话题

你必须谈论对方真正感兴趣的话题，这是接触对方内心思想的妙方，这样的话你就已经成功了一半。

2. 使用对方所熟悉的事例

你必须使用对方熟悉的事例来说明你的观点。在非洲有个传道的牧师，有一次他在给非洲热带的土著居民宣讲《圣经》时，人们都在聚精会神地听着，当他念到“你们的罪恶虽然是深红色，但也可以变成像雪一样的白”这句话时，他一下子愣住了。这时牧师就想，这些常年生活在热带的土人，他们怎么会知道雪是什么样子和什么颜色呢？而他们经常食用的椰子肉倒是很白的。我何不用椰子肉来比喻呢？于是，机灵的牧师便将《圣经》中的那句话改念为：“你们的罪恶虽然是深红色的，但也可以变成像椰子肉一样的白。”“雪白”虽然很形象，但“椰子肉的白”也很形象。而这位机灵的牧师只用了后者，就把这个信息已经有效地传给了土人。

3. 避免使用专业术语

如果你是一位医生、律师或经济学家，当你打算向外行人介绍一些你的专业知识时，千万要慎用专业术语，即使用了专业术语你也必须极为小心地做详细地解释。

口才指南

鲁迅曾说过：“做一件事，无论大小，倘无恒心，是很不好的。而看一切太难，固然能使人无成，但若看得太容易，也能使事情无结果。”演讲既然是一种能力，是一门艺术，学会它自然要花费一定的时日。

第五节 “套近乎”的寒暄技巧

日常交往并不是总在熟人间进行，很多时候，你需要闯入陌生人的领地。当进入一个陌生的家庭、环境里时，要迅速打开局面，首先要寻找理想的“突破口”。有了“突破口”，便可以以点带面或由此及彼地发挥开来，从而实现让对方在感情上接受你的效果。

寒暄，也就是“套近乎”，是正式交谈的前奏，它的“调子”定得如何，直接影响着整个谈话的过程。因此，对寒暄绝不能轻视之。寒暄的时候有必要注意以下三点：

第一，应有主动热情、诚实友善的态度；

第二，应适可而止，因势利导；

第三，善于选择话题。

可以说，中央电视台名嘴敬一丹说服总理题词就是一个很好的例子。

1998 年 10 月 7 日下午，朱镕基到中央电视台视察。中央电视台的有关领导告诉节目主持人敬一丹，明天总理来视察的时候，你要想办法得到朱总理的题词。白岩松在《中国青年》上撰文透露：当时，对于朱总理能不能给我们题词，我们没抱太大希望，因为知道，朱总理到哪儿都不题词。

第二天，朱总理在中宣部部长丁关根的陪同下，来到中央电视台。演播室里的气氛更加活跃、和谐，敬一丹感觉这是一个好时机，一个很短暂的、稍纵即逝的时机。于是走到朱总理面前说：“总理，今天演播室里聚集在您身边的这二十几个人只是《焦点访谈》节目组的十分之一。”总理听了这话，说：“你们这么多人啊！”敬一丹接着说：“是的，他们大多数都在外地为采访而奔波，非常辛苦，他们也非常想到这里来，想跟您有一个直接的交流，但他们以工作为重，今天没能到这里来，您能不能给他们留句话？”敬一丹说得非常诚恳，而且非常婉转，然后把纸和笔恭恭敬敬地递到朱总理面前。总理看一下敬一丹，笑了，接过纸和笔，欣然命笔，写下“舆论监督，群众喉舌，政府镜鉴，改革尖兵”十六个字。总理写完，全场响起一片掌声，热烈的气氛进入了高潮。[1]

想知道人们最感兴趣的话题，就要做好事前调查。美国前总统富兰克林·罗斯福跟任何一位来访者交谈，不管是牧童还是教授，不管是经理还是政客，他都能用三言两语赢得对方的好感。秘诀就是：罗斯福在接见来访者的前一晚，必花一定时间了解来访者的基本情况，特别是来访者最感兴趣的话题。这样，一交谈就能有的放矢。

一般来讲，在寒暄时可以选择以下的话题作为开始：

(1) 天气。(2) 自己闹过的有些无伤大雅的笑话。(3) 医疗保健。这也是人人都感兴趣的话题。(4)轰动一时的社会新闻。也是闲谈的资料。(5) 家庭问题。(6) 利用老人和小孩。在日常生活中，老人、小孩容易接近，也喜欢你接近，寒暄得好能融洽全家气氛，这样就能达到水到渠成的“套近乎”的目的。人常说：要讨母亲的欢心，莫过于赞扬她的孩子。聪明的人应该利用孩子在交际过程中充当沟通的媒介，一桩看似希望渺茫的事，经过孩子的起承转合，反倒迎刃而解。

当然，除了以上几点，还有许多作为闲谈和寒暄的资料。比如运动、娱乐、政治和宗教等等。

口才指南

孔子说“道不同，不相为谋”。只有志同道合，才能谈得拢。我国有许多“一见如故”的美谈。陌生人要能谈得投机，要在“故”字上做文章，变“生”为“故”。

1　朱镕基的四次“破例题词”惊艳中华．人民网，2009 (3)．

第六节 谈话要注意的礼节

俗话说“礼多人不怪”。做人最怕没有礼貌，除了姿势外表端庄之外，说话有礼貌也是很重要的。一定要注意交谈礼仪，如果不注重礼仪，即使口才再好，也会大打折扣。交谈体现着人的礼仪修养，得体的交谈不仅是语言的流露，也是礼节的显现。因此，与人交谈时应注意文明礼貌。

无论一个人在社会上扮演什么样的角色，充当什么样的身份，礼貌一直是维持人际关系不断互动的规则。礼貌就是一个人的名片，说话有礼貌的人到处都会受到人们的欢迎。礼貌不礼貌，看似小事，可有时会直接影响到大事的成败。

周总理是礼貌待人的楷模。他常说：“衣着整齐是一种礼貌，表示对人家的尊重。”他虽身为国务院总理，却总是谦虚恭敬、彬彬有礼，处处以礼待人。每次服务员给他端茶，他常常是站起来用双手接过去，并微笑点头致谢。外国记者赞美说：“大凡见过他的人都认为他具有一种魅力，精明智慧，人品非凡，而且令人神往。”

下面是与人谈话时应注意的礼节：

在交际场合，自己讲话要给别人发表意见的机会，别人说话，也应适时发表个人看法。要善于聆听对方谈话，不轻易打断别人的发言。

一般不提与谈话内容无关的问题。如对方谈到一些不便谈论的问题，不对此轻易表态，可转移话题。

在相互交谈时，应目光注视对方，以示专心。

对方发言时，不左顾右盼、心不在焉，或注视别处，显出不耐烦的样子，也不要老看手表，或做出伸懒腰、玩东西等漫不经心的动作。

谈话的内容一般不要涉及疾病、死亡等不愉快的事情，不谈一些荒诞离奇、耸人听闻、黄色淫秽的事情。

一般不询问妇女的年龄、婚否，不径直询问对方履历、工资收入、家庭财产、衣饰价格等私人生活方面的问题。

对方不愿回答的问题不要追问，不究根问底。

对方反感的问题应表示歉意，或立即转移话题。

一般谈话不批评长辈、身份高的人员，不议论当事国的内政。

不讥笑、讽刺他人。

也不要随便议论宗教问题。[1]

与人谈话时，要注意距离，既不宜与对方离得太远，也不要离得过近，更不要拉拉扯扯，拍拍打打。

第七节　激起对方的说话欲望

无论谈话对象是否有“戒备”心理，双方都应该尽快缩短彼此的“感情”距离。想方设法真正走近谈话对象。两个陌生人相见，为了不冷场，需要“营造”气氛。自然而然地“激起”对方的说话“欲望”。这种交流最好是即席式、渐进式的，或者类似闲聊的那种形式，让对方在较短的时间里，很自然地进入那种特有的“气氛”里。

“闲聊”就是一种行之有效的方法。其实闲话不“闲”，只要“问”得恰到好处，还是可以聊出内容来的。无论何人，碰上陌生者，不太可能马上切入正题。这样的“闲聊”可以迅速活跃气氛。[2]

假若你的一个话题使对方产生了浓厚的兴趣，那么无论他是一个如何沉默的人，他都会发表一些言论的。因此你在谈话的停滞之中，一定

1　涉外礼仪课堂：和外国人谈话时应注意的礼节．新华网，2008（4）．

2　傅铮铮．激起采访对象的谈话欲望．新闻爱好者，2005（3）．

要想法寻找并且不断地激起对方的兴趣，使谈话能够一直持续下去。当你对做父母的人称赞他们的孩子，甚至表示你对那孩子感兴趣时，那么孩子的父母很快便会成为你的朋友。给他们一个谈论其孩子的机会，则他们就会很自然而又无所顾忌地滔滔不绝。

某公司一名员工正春风得意，对自己的机遇和才能十分满意，所以每天都使劲吹嘘自己在工作中的成绩，同事们听了之后不仅不赞赏，而且还极不高兴。后来还是由当了多年领导的老父亲点拨，他才意识到自己的毛病到底出在哪里。从此以后，他便很少谈自己而多听同事说话，因为他们也需要把自己的成就说出来。后来，每当他与同事闲聊，总是先请对方滔滔不绝地表现自己的优越感，只有在对方停下来问他的时候，才轻描淡写地说一下自己的情况。过了一段时间，有几位同事成了他的朋友，大家在一起过得十分开心。

口才指南

同陌生人说话，由于双方素不相识、互不了解，如果不注意讲话方式，交谈起来就会很困难。因此，找对合适的话题，激起对方的谈话欲望，就能使双方融洽自如。

第八节　有共鸣的“来电”话题

就像收音机有频段一样，在和大家交流时也一样，每一个人也是有相应的频段的，只有进入了他们认可或者喜好的那个频段，进入他们的范围，你才能够和他们“来电”，和他们沟通、交流的时候才会非常流畅或顺畅。

如何找到对方的波段呢？这里有一个例子。

业务员小陈去一家公司销售电子产品，对方经理不太欢迎，答话基本不抬头，而且说话不冷不热的。小陈忽然激动地说："张经理，听口音您是山东人吧？"这时，经理才抬起头来，说："我是山东青岛人。"小陈说："我在青岛读了四年书，一听您的口音，觉得特别亲切。"于是，两个人从青岛的气候聊到城市建筑，从青岛的人文聊到近代历史。两个人越聊越投缘，直到中午下班前，张经理才问小陈是做什么业务的。小陈立刻抓住机会，介绍自己公司的产品，这单生意很容易就做成了。

人与人很难在一开始就产生共鸣，往往你要先诱发对方与你交谈的兴趣，经过一番深入的对话，彼此会更加了解。在你明知道对方一定会反对自己想法的情况下，如果过早地暴露自己的意图，就会遭到对方的抵制。要想达到说服他人的目的，最好的方法就是循循善诱。

孔子《论语 · 卫灵公》云："道不同，不相为谋。"意思是，意见或者志趣不同的人无法共事。在日常的人际交往中也是如此。想让别人对你感兴趣，就必须找到对方感兴趣的事情，再以轻松自然的谈话，引起对方的兴趣。通常人们最关心的是自己的问题，只要问对问题，凝神倾听，对方一定视你为知音，让你有机会表达自己。这样一来，两个人的距离很快就拉近了。

每个人的性格、学历不同，兴趣爱好、成长背景不同，喜欢的话题也不同。我们该如何寻找呢？下面几种方法供你参考：

1. 面对众多的陌生人，要选择众人关心的事件为话题，把话题对准大众的兴奋中心。

2. 巧妙地借用彼时、彼地、彼人的某些材料为题，借此引发交谈。

3. 先提一些"投石"式的问题，在略有了解后再有目的地交谈，便能谈得略为自如。

4. 问明陌生人的兴趣，然后投其所好顺利地进入话题。[1]

另外，在交谈过程中，双方的心理活动是呈渐变态的，这就要求我们在和人交谈中应兼顾对方的心理活动，使谈话内容和听者的心境变化

1 交谈中如何寻找话题．温州都市报，2011（8）．

相适应并同步进行，这样才能让交谈意图达到明朗化，引起共鸣。

口才指南

在谈话时，要做个有心人，只要多加留意，就不难发现彼此对某一问题有相同的观点，或者有共同的爱好和兴趣、共同的关注点，就此可以顺利地展开交谈。

第九节　如何说才能赢得好感

巧妙地应用语言艺术，因人而异地与别人交流，会改变一个人的命运，乃至一生。一国之首能凝聚全国上下的人心，拥有好口才的老师能赢得学生的尊敬，善于说话的小伙子会轻易赢得姑娘的芳心……好口才赢得好人缘。如何说才能赢得好感？

1. 多说“你”

假设你在参加一个会议，一个与会者对你提出了一个问题，他肯定喜欢听到你说“这个问题提得很好”，不过，要是你跟他说“你这个问题提得很好”，想象一下他肯定会感到更高兴的吧。销售人员不要对你的客户说“这个问题很重要……”而要通过这种说法来肯定对方。进行商业谈判的时候，代替“事实将证明……”而使用“你会看到事实将证明……”

2. 学会从别人的角度讲话

同样的话不一样的说法就会有不一样的听法。和人交流沟通的时候，一定要站在对方的角度说话。不同的话，表达的意思虽然一样，但就是有的听着舒服，有的听着刺耳。说话的方式就像候鸟，总会以同样的方式回来的。

3. 交谈中需要反馈

与没有反应的人说话如同对着木偶人谈话一样，使讲话人兴趣索然。适当地做些手势等动作，可提高谈话者的兴致。交谈中的反馈方式，包括眼神的交流，点头示意，手势以及显得轻松而有礼貌的表情、姿势等。

4. 要善于倾听

有人曾向日本的“经营之神”松下幸之助请教经营的诀窍，他说：“首先要细心倾听他人的意见。”一位曾经拜访过他的人这样记叙道：“拜见松下幸之助是一件轻松愉快的事，根本没有感到他就是日本首屈一指的经营大师，反而觉得像是在同中小企业经营主谈话一样随便。他一点也不傲慢，对我提出的问题听得十分仔细，还不时亲切地附和道‘啊，是吗’，毫无不屑一顾的神情。见到他如此的和蔼可亲，我不由得想探寻：松下先生的经营智慧到底蕴藏在哪里呢？调查之后，我终于得出结论：善于倾听。”

口才指南

和初次见面的人谈话时，即使你做不到像新闻主播一样字正腔圆，但应确定自己能用清楚的字句和悦耳的声音表达自己，并将自己内心的真诚通过语气表达出来，以便让对方知道。

第十节　提供一个体面的台阶

在社交场合中，难免会出现一些难堪、尴尬的局面，处于其中的你如果能适时地为陷入尴尬境地的双方提供一个体面的“台阶”，使他们免丢面子，也使难堪的局面得到缓解，那么，你会获得别人的好感，并且树立起良好的社交形象。同时你的处世艺术也大大地前进了一步。

北京饭店有个名叫朱殿华的老理发师，他曾为周恩来理发 20 多年，两人成了好朋友。周恩来多在工作空闲时的夜间，顺便到饭店里来理发，如遇到理发师忙不过来的时候，顾客们都说总理太忙，争着让他先理。每当此时，周恩来总是婉言谢绝，耐心地排队等候。

有时候，由于周恩来工作实在太忙，抽不出时间到饭店里去理发，不得已才请朱师傅到他家里来理发。有一次，朱师傅在给周恩来刮脸时，周恩来突然咳嗽了一声，剃刀把总理的下巴割了一个小口子，血流了出来。朱师傅见状，神情紧张地连忙向周恩来道歉。周恩来和颜悦色地宽慰他说："这怎么能怪你呢！怪我咳嗽没有事先和你打招呼。还幸亏你刀子躲得快呢！"朱师傅听了很感动，也很内疚。周总理为了安慰老朱，还特地派人请他吃了饭。

乐意给人台阶下，让对方下得来台，这不单单有技巧，还要有容人的雅度，凡事总爱冒坏水，见别人落入尴尬局面便幸灾乐祸的人，就不可能成为一个圆场高手。当然，没有圆场的机智，也会使人力不从心。[1]

有一位老师曾遇到过这样一件事：下课了，学生王雅楠向他反映，昨天她爸爸送给她的生日礼物——一支黑色派克钢笔不见了。老师巡视了一下全班同学的表情，发现坐在王雅楠旁边的同学神情惊慌，面色苍白。于是，这位老师明白了一切，但如果当面指出，不仅没有证据，还会伤害这位同学。于是，老师想了想说："别着急，肯定是哪位同学拿错了，黑色的钢笔实在太多了，互相拿来拿去是经常发生的事。只要等会儿他看清楚了，一定会还给你的。"下课以后，王雅楠同学发现自己的钢笔又回来了，不禁感叹老师真是料事如神。

善于给人"台阶"下，是比较有道德修养的表现，具有这样表现的人也是在社会生活中处处受欢迎的人。与人为友而不为敌，将使你获得更多的朋友。

小李和小王在一次旅游途中到一家餐厅去吃饭，桌子对面坐了一位小姐，那位小姐一边吃着东西，一边津津有味地看报纸。也许是沉浸在报纸中，那位小姐竟不知不觉地把筷子伸到了小李和小王的盘子里，这

1　陈小春．处世36计．时事出版社，2011（5）．

时小姐猛然惊觉，不觉脸红了。小李幽默地耸耸肩说："欢迎品尝！"尴尬在一笑之间消失。三人愉快地交谈了起来。原来这位小姐也是出来旅游的，于是三人决定结伴旅游。

面对一些尴尬情况，如何给自己找台阶下呢？

1. 一旦因自己失误而造成不好下台，最聪明的办法是：多些调侃，少些掩饰；多些自嘲，少些自以为是；多些低姿态，少些趾高气扬。

2. 巧妙解释，化解矛盾，是中庸处世的方法之一。

3. 利用对方的虚荣心，恭维他，也是一种办法。

4. 承认错误，诚恳致歉也不失为一种好的中庸办法。

5. 幽默是人际交往的润滑剂，一句幽默语言能使双方在笑声中相互谅解和愉悦。

给人一个台阶，最能显示出一个人的良好修养。只有襟怀坦荡、关心他人的人，才会时刻牢记给人一个台阶。

第十一节　处世中的自贬语

幽默一直被视为只有聪明人才能运用的语言艺术，自嘲又被称为幽默的最高境界。由此可见，能自嘲的必须是智者中的智者，高手中的高手。自嘲是缺乏自信者不敢应用的语言艺术，因为它要你拿自身的失误、不足，甚至生理缺陷来"做文章"。对丑处、羞处不予遮掩、躲避，反而把它放大、夸张、剖析，然后巧妙地引申发挥、自圆其说，博得一笑。

1998 年，九届一次人大闭幕后的记者招待会上，面对如闪电交织般的照相机闪光朱镕基总理开始便说："我长得不好看，但希望你们把我拍得好看一点，因为我的形象代表政府。"

1999 年 4 月 8 日访美期间，朱总理在华盛顿召开记者招待会，台下坐满了两国政府高官和国际传媒记者。朱总理一上场就说："我作为总理，去年 3 月 17 日刚上任，开这样的记者会是第一次，My heart is beating，我正心跳加速。我没有他——克林顿有经验，他对付你们是很有经验的，我没有。因此，如果我说错了话的时候，请你们笔下留情，隐恶扬善。"

1999 年 4 月 10 日，朱总理在美国丹佛出席科罗拉多州州长为他举行的欢迎晚宴时，讲述了当天他在丹佛市十六街步行参观一些商店的情景。他说他看到一些中国产品，但都是劳动密集型的。他买了两顶美国帽子，以帮助消除中美贸易逆差。等听众捧腹大笑后，他又说："不过，是你们州长出的钱。"大家更是笑得前仰后合。

在民间，也有一些利用自贬语获得人们认同的现象。

浙江一位姓毛的商人在杭州某小区附近开了一家小吃店，刚开始的时候生意还不错。可是这种局面并没有维持多久，就被两家大酒店给打破了。在左边，开了一家杭州酒家，右边则开了一家杭州风味小吃的酒店，毛老板的小吃店夹在中间。两家酒店从杭州特色菜到杭州小吃全都有了，至此，小吃店承受着"地不利"、"人不和"的双重压力。毛老板深知，和这两个对手竞争无疑是以卵击石，无论是在规模上还是实力上，差距实在是太悬殊了。周围的人都劝毛老板放弃算了，另外寻找一个地点重新开始。可是毛老板却不这样想，他认为在这里还是可以有所作为的。

首先，毛老板给自己的饭馆取了一个非常有意思的名字——隔壁好小吃店。同时还给自己的餐馆贴了一副对联。这副对联同样有着非常绝妙的创意：上联是"缺山珍少海味唯独便宜"，下联是"无名师非正宗图个方便"，当然，横批就是"隔壁好小吃店"。这副看似"家丑外扬"的对联却赢得了顾客的心。

自嘲自贬，没有豁达、乐观、超脱、调侃的心态和胸怀，是无法做到的。可想而知，自以为是、斤斤计较、尖酸刻薄的人难以望其项背。

口才指南

自嘲谁也不伤害，最为安全。你可用它来活跃谈话气氛，消除紧张；在尴尬中自找台阶，保住面子；在公共场合获得人情味；在特别情形下含沙射影，讽刺一些无理取闹的小人。

第十二节　说话，讲究委婉含蓄

含蓄，是一种巧妙和艺术的表达方式。在生活中，当我们很想表达一种内心的强烈愿望，但又觉得难以启齿时，不妨借助于“含蓄”。含蓄是一种情趣，一种修养，一种韵味。缺少情趣，缺乏修养，没有味道的人，难有含蓄。

一位顾客坐在一家高级餐馆的桌旁，把餐巾系在脖子上。餐馆经理很反感，叫来一个女服务员说：“你让这位绅士懂得，在我们的餐馆里，那样做是不允许的，但话要说得尽量委婉些。”女服务员来到那位顾客的桌旁，很有礼貌地问：“先生，你是刮胡子，还是理发？”话音一落，顾客立即意识到自己的失礼，赶快取下了餐巾。

再如北京市某路电车优秀售票员王桂荣，也非常懂得委婉用语的奥妙。有一次，一个男性乘客要下车，于是她请对方出示月票。结果那男子顿时慌张起来，看到这种情形，其他乘客有的指责，有的嘲笑，而王桂荣此时却温和地问道：“您是不是把月票忘在家里了？”听她这么一说，那男子顿时如释重负，立刻说：“对，对，我补票。”她给那男子补了票，又语重心长地说：“您下次可得注意啊！”那男子连连回答：“一定注意！一定注意！”语音里充满了感激与内疚。

在交际中，如果不是为了某种特殊需要，一般应尽量避免触及对方所避讳的敏感区，避免使对方当众出丑。必要时可委婉地暗示对方你已知道他的错处或隐私，使他产生一种压力。但不可过分，只需点到为止。

做人要拥有一颗宽容的心。“金无足赤，人无完人”不要苛求别人的完美，宽容让你自己不断地完美起来。在别人的某些缺点比较严重时，我们应该以私下谈心的方式委婉指出，急风暴雨不如和风细雨。当场训斥不如私下平心静气，施以爱心。

在待人处世中，直言直语是一把伤人伤己的双面利刃。喜欢直言直语的人通常都具有正义倾向的性格，言语的爆发力和杀伤力都很强，所以有时候这种人会被别人当枪使。

口才指南

在多数情况下，令对方丢面子、伤自尊，都是由于自己言语不慎而造成的。特别是在磋商难度较大的分歧问题时，往往不够冷静，把“问题”与“人”混同起来考虑，进而出现对人的攻击与指责，从而伤害了对方的自尊。

第十三节　“逢人只说三分话”

一个年轻人想到大发明家爱迪生的实验室里工作。爱迪生问他有什么志向，青年人满怀信心地说：“我想发明一种万能溶液，它可以溶解一切物品。”爱迪生听罢惊奇地问：“那么你想用什么器皿放置这种万能溶液呢？”年轻人面红耳赤，哑口无言。如果将“一切”换为“大部分”，爱迪生便不会反诘他了。即使词用对了，修饰程度不同，说起来分寸就不一样。如“好”一词，可以修饰为“很好”、“非常好”、“最好”、“不好”、“很不好”等，这些比较级词语的使用要慎重。

因此，不要骄傲自大，须知“逢人只说三分话”。这是一句收录于清代周希陶重订的《增广贤文》中的话，也是一句被很多中国人奉为与人沟通的黄金准则的话。这和中国国画中惯用的“留白”手法有异曲同工之妙。人们往往不会全盘托出自己的想法，而是给听者留出空间去体会。

首先，人与人之间只有在舍弃了竞争或明知竞争无用的情况下，才有真正的友谊。在竞争关系中交真心动真情，最终只会更加尴尬而自寻烦恼。这是人性的一种弱点，不是我们所能改变的。

其次，世界上充满了斗争与矛盾，社会上到处都是小人，“易退易涨山溪水，易反易覆小人心”。身边充满了陷阱，说话稍有不慎，便有被套进去任人宰割的危险。

因此，说三分话并不是狡猾和不诚实，而是一种修养。我们说话必须看对方是什么人，如果对方不是可以尽言的人，我们说三分话，已经很多了。

还要注意，这三分话不能在重要话之内，重要话是一句都不能说的。这里所指的三分话，应该是天上地下，应该是山海奇观，应该是稗官野史，应该是风花雪月，应该是柴米油盐……虽然说得头头是道，说得惟妙惟肖，说得大家欢喜，但其实我们言之无物，说的都是无关紧要的内容，这样才能防止“交浅言深”。

人际关系在拓展时，多少有点保留，总比什么都照直说好。

第十四节　掌控好交谈的时间

掌握好交谈的时间，在适当的时候告别，会给人留下好印象，达到交谈的目的。如果只是一味地谈话，忘记了时间，也会让自己的魅力打折。这是很多成功人士在人际交往中的秘诀。

我们常常很重视留给别人的第一印象，殊不知给人留下的最后一个印象也很重要。告别是一种需要学习的艺术。聪明的人知道如何适时地告别，他们的告别常常会给对方留下很好的印象，同时又达到交际的目的。和人谈话，要注意把握时间。拜访一般关系的人，时间不宜超过半个小时。如果有重要的事情，就应该约个时间做一次长谈；如果是拜访老相识，对方有空闲，可以多坐一会儿，但是也切忌不要把一件事情反反复复地说，那样会让人觉得非常讨厌。话题结束的时间要适当，太早了，让人感到谈兴正浓，却意犹未尽；结束晚了，会出现对方厌倦、敷衍、冷场等难堪局面。

有时候，即使最有趣味的谈话也会因为客观条件的影响而不得不结束。这时候，你要及时结束你的谈话，让大家高兴而又爽快地分手，别待对方再三看表时才结束，更别忽略对方结束交谈的暗示。否则，无论你的交谈内容多么精彩，对方的心里也只有厌烦与焦急。在兴味淋漓的时候停止，交谈的内容才更令人回味。

另外，在交谈中，视线接触对方脸部的时间应占全部交谈时间的30%～60%。过长会被认为对对方本人比对其谈话的内容更感兴趣；过短则被认为对对方本人及其谈话内容不感兴趣。通常而言，5秒钟是大多数人在与人交谈、眼神接触时感到最舒适的眼神暂停时间。所以，在沟通中，可以以这个为界限，让自己与他人的眼神接触保持在这个时间段内。[1]

1　易东．每天学点好口才：练就超级口才的68个方法．中国纺织出版社，2010（7）．

口才指南

在谈兴正浓时告别，会让对方留下深刻的印象，这无疑是一种明智的交际手段。

第十五节　劝架的说话艺术

赵先生在劝架的过程中好心没有得到好报。某天，赵先生经过江滨公园时，见一对夫妇正在争吵，而且越吵越凶，最后竟在街上大打出手。他出于一片好心便上前规劝两人不要再打了，有什么事好好商量地解决。然而双方根本不听劝，仍然扭打在一起。赵无奈之下只好伸手将女的拉开，这对打架的夫妇竟对着赵一阵大骂，称："我们的家事，关你屁事，哪个让你狗拿耗子多管闲事？"赵一气之下便说了一句："管你们打不打哦，打死活该，不听劝。"扭头离开。然而他刚走不远，从后面追上来三个人，手持砖头朝赵头上拍去，后面还有人喊："叫你以后还多管闲事不？"赵一看，这三人是刚才自己劝架的那对夫妻叫来的。对方打完赵后立即跑掉，赵只好自己捂着流血的头，打车去医院包扎伤口。赵先生就是因为不知道如何劝架，才使自己受伤的。面对要劝架的情况，我们应该怎么办呢？

1. 了解情况

盲目劝架，是很难讲到点子上的。讲不到点子上，会引起当事人的反感："不了解情况，你瞎掺和什么？"对起因复杂的吵架，要从正面、侧面尽可能详尽地把情况摸清，力求把劝架的话说到双方当事人的心坎上。

2. 分清主次

吵架双方其实是有主次之分的，劝架也就不能平均使用力量。对措词激烈、吵得过分的一方，要重点做工作，这样才比较容易平息纠纷。

这也是劝架的上策。[1]

3. 客观公正

要想劝架成功，并不需要太多华丽的语言和太多的智慧，最重要的是公平。让双方相信你是最公平、公正的，能不偏不倚，一碗水端平地看待问题，这样吵架的双方才会觉得你是替他们着想，才能达到化解矛盾的目的，使劝架成功。

4. 风趣幽默

吵架时，双方脸红脖子粗，气氛自然十分紧张。这时，用一两句风趣幽默的话，可以起到“降温”和“放松”的作用，达到缓和紧张气氛的作用。

5. 批评时要婉转

人在吵架时火气大，听不进劝告，因此，劝架时不要纠缠于吵架人的某些过激言辞，要多用委婉语，注意不触及当事人的忌讳。一般情况下尽量不用尖锐的语句，以免火上加油。当然，在特殊情况下，如果吵架双方矛盾白热化，动起武来了，你就有必要高声断喝了，这样才能使当事人稍稍清醒一下。

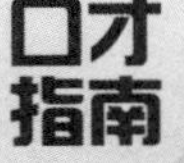

通常，劝架的人容易滑入吵架的泥潭。情势使然，非汝本心。若不愿吵架，还是不去劝架为上。

1 于向勇．交际与口才全集．当代世界出版社，2009（1）．

第四章

妙趣横生的幽默之道

——幽默口才

第一节　幽默，越多越好

幽默大师林语堂一向以童心未泯自况，谈吐诙谐。1924 年 5 月，他在《晨报》副刊发表《征译散文并提倡“幽默”》，第一次将西文中的“humour”译成“幽默”。“幽默”一词始见于《楚辞 · 九章 · 怀沙》，意为寂静无声。林语堂信手拈来，将它用得巧妙。

北大教授林语堂说，humor 既不能译为“笑话”，又不尽同“滑稽”，若必译其意，或可用“风趣”、“谐趣”、“诙谐”，无论如何，总是不如音译的直截了当，也省得引起别人的误会。凡善于幽默的人，其谐趣必愈幽隐。而善于鉴赏幽默的人，其欣赏尤在于内心静默的体会，大有不可与外人道之滋味。

北大教授辜鸿铭也是以幽默见称。有一次，有一个学生在课堂上问辜鸿铭：“老师，您去过不少国家，您认为哪个国家的人最懂得生活呢？”

辜鸿铭回答说：“要说生活，我们中国人最懂生活。”

辜鸿铭非常自豪的回答引起学生们广泛的兴趣，于是又有学生问：“最懂得生活的我们为什么还要学英文呢？”

辜鸿铭掷地有声地说：“我要告诉大家的是，学好了英文，好去教育那些西方的蛮夷！”

北大教授林语堂喜欢演讲，可演讲多了，也会腻。有一次，他到一所大学去参观，校长请他到大餐厅和学生们共餐。校长认为这是一次难得的机会，就临时请他和学生讲几句话。林语堂很为难，无奈之下，就讲了一个笑话。

他说，罗马时代，皇帝残害人民，时常把人投到斗兽场中，给猛兽吃掉。这实在是一件惨不忍睹的事！可是，有一次皇帝又把一个人丢进斗兽场里，让狮子去吃。这个人胆子很大，看到狮子却不害怕，并且走到狮子身边讲了几句话，那狮子掉头就走，也不吃他了。皇帝觉得很奇怪，狮子为什么不吃他呢？于是又让人放一只老虎进去。那人还是毫无惧色，又走到老虎身旁耳语一番。说也奇怪，老虎也悄悄地走了，同样没有吃他。皇帝诧异极了！怎么回事？便把那人叫来，盘问道："你究竟向狮子和老虎说了些什么，它们竟然不吃你呢？"

那人答道："陛下，很简单，我只提醒它们，吃我很容易，可吃了以后，你们得演讲一番！"

说罢就坐下了。"哗"顿时全场雷动，满堂喝彩！

美国心理学家保尔·麦基认为，幽默感对于人的社交能力的发展起着举足轻重的作用。幽默语者可以使我们内心的紧张和重压释放出来，化作轻松的一笑。2006年，心理学家埃里克·布雷斯勒（Eric R. Bressler）和西格·巴尔塞（Sigal Balshine）对幽默感与性吸引力进行了研究。研究中，他们准备了许多男性和女性的照片，并对每张照片进行了性格描述。其中每种性别的照片一半为风趣幽默，另一半为严肃认真。然后，让女性和男性志愿者从两种性格的异性照片中选择自己想约会的对象。

结果发现，女人倾向于选择风趣幽默的男人作为约会的对象，即便他们不是那么聪明和可靠。他们同时也发现，在跟男人约会时，女人的幽默感并不会让她们变得更具性吸引力。然而，其他研究却表明，男人、女人在选择约会对象时都非常看重对方是否具有幽默感。

幽默是必需的吗？林语堂早有先见之明，几十年前说出的话被现在的我们一一印证："我们的生活是过于复杂了，我们的学问是太严肃了，我们的哲学是太消沉了，我们的思想是太纷乱了。这种种严肃和纷乱的复杂性，使现在的世界成为这么一个凄惨的世界。"纷纭变幻的时代，八苦密集的人世，再用严肃消沉的哲学来指导我们的生活，只会使我们哀嚎遍地毫无生机。幽默，犹如喜乐一样，越多越好。

口才指南

1980 年有一则伍迪·艾伦（Woody Allen）的广告："我的魅力，1% 来自我的香水，99% 来自我的幽默。"

第二节　自嘲，拿自己开玩笑

自嘲并不是自我嘲弄，而是自我取笑，它与埋怨自己、灰心失望、自取其辱、自叹自卑、恶意丑化、作践自己是不同的。

幽默的特点是尖锐而刻薄，俏皮而不直露，蕴藏着说话者温厚善良的气度和高超的语言艺术。有人甚至这样区分人的层次：听了别人的话能笑，这个人是正常人；自己能讲笑话让别人笑，此人有幽默感；能够自己拿自己开玩笑，此人有希望成为幽默大师，因为自嘲是幽默的最高境界。自嘲是自己对自己幽默，是消除自己在沟通中胆怯的良方。

某年中央电视台 CCTV—12 在上海举办资源推介会。会议召开之前，音响里一直放着北大才子撒贝宁演唱的《平安钟声》，乍一听，他的嗓音深沉浑厚，充满了磁性。不过，开口唱歌这一行为马上成了他调侃的对象，他在台上说："刚才在台下有客户对我说，我太了不起了，能把刘欢这首歌的口型对得这么好……"台下一阵笑声。完全是即兴的调侃，拿自己开涮，气氛立即活跃了起来。

此次活动的整个现场布置得很隆重，会议室两侧的墙上挂了许多中央电视台 CCTV—12 频道的宣传照，撒贝宁的形象屡屡出现。西装革履的撒贝宁夸现场的一名美女律师："长得好看不是你的错，别回避你的美丽，就像我从来不回避自己长得帅一样！"——《跟央视名嘴学口才》

长篇小说《围城》重版，及《谈艺录》与《管锥编》问世以后，钱钟书的名声日盛，求访者愈来愈多，钱钟书有不愿意接受访问的脾气。

有一天，有一个英国女士打电话给他，要求拜访，钱钟书在电话里说："如果你吃了一个鸡蛋感觉很好，又何必认识那只下蛋的母鸡呢？"在这里钱钟书自比"母鸡"，虽然是有意贬低自己，但却是在说英国女士没有必要来拜访他。正如人们喜欢谈论一些关于别人的笑话一样，在适当的时候，也要拿自己开开玩笑，要善于自嘲。

自嘲是幽默的真正标志，著名作家王小波也不例外。他曾这样说："我们每个人的一生中，都会有那么一两次头头们想提拔我们，后来一看烂泥扶不上墙，就把咱们放下了。"自嘲的语言艺术的一个重要技巧是运用大幅度的夸张，特别是夸大自己的缺点，使别人感到不可信而可笑，同时，使自己去掉自卑感。表达者的自嘲会让人们感到愉快，从而发笑。

俞敏洪是北大著名的学生。在北大，俞敏洪当时的公认形象是土里土气、智商平平。俞敏洪经常以他当年在北大的经历自嘲，以鼓励学生。俞敏洪的高三补习班同学、现任北京新东方校长的周成刚后来调侃，自己苦苦奋斗了二十几年，想不到最后竟要受制于他。俞敏洪自嘲，五年的大学生涯，大家认为他是最没出息的一个，也没有一个女孩正眼看过自己。1988 年起，俞敏洪由"醉里挑灯看三国"，转为夜战 TOEFL、GRE，并终于考过了 TOEFL 和 GRE。虽然分数不算很高，但毕竟撬开了出国的一条门缝。俞敏洪起初以为，自己至少能申请到一两个学校的全额奖学金。"但美国教授一个个鹰眼犀利，一下子就看出来我是个滥竽充数的草包，连太平洋一个小小岛屿上的夏威夷大学，都对我不屑一顾。"俞敏洪自嘲。

俞敏洪后来自己创业，经常要去电线杆上刷广告。谈起这段创业经历时俞敏洪多次这样自嘲："有人说我对电线杆特别有感情，这话说得跟小狗似的，哈哈！""后来自己觉得找到了人生奋斗的道路，干得还不错，我妻子就辞职来帮我，新东方就从个体户变成了夫妻店。"

曾任北大校长的胡适是属兔子的，他的夫人江冬秀是属老虎的，胡适常开玩笑说："兔子怕老虎。"胡适一生惧内也是世人皆知的，但随着时光流逝，十几年后的胡适已不在意别人的讥笑了。1946 年，他任北大校长时，还对学生发表了一番“惧内”的“宏论”：“一个国家怕老婆的故事多，则容易民主；反之则否。德国极少有怕老婆的故事，故不易民主；中国怕老婆的故事特多，故将来必能民主。”

有一次，巴黎的朋友寄给胡适十几个法国的古铜币，因钱上有“PTT”三个字母，读起来谐音正巧为“怕太太”。胡适与几个怕太太的朋友开玩笑说：“如果成立一个‘怕太太协会’，这些铜币正好用来做会员的证章。”

胡适经常到大学里去讲演。有一次，在某大学的讲演中他常引用孔子、孟子、孙中山先生的话。引用时，他就在黑板上写“孔说、孟说、孙说”。

最后，他发表自己的意见时，竟引起了哄堂大笑，原来他写的是“胡说”。

我国台湾著名的主持人凌峰在介绍自己时，有这么一段话：

在下凌峰。这两年，大江南北走了一圈，男观众对我印象特别好，他们在我面前觉得有优越感，因为本人这个样子对他们没有构成什么威胁，他们放心。（观众大笑）

本人的脸长得很中国，（笑声）中国五千年沧桑和苦难全写在我的脸上了。（笑声、掌声）一般说来，女观众对我的印象不太好，有的女观众对我的长相已经到了忍无可忍的地步了。（笑声）她们认为，我是人比黄花瘦，脸比煤球黑。（笑声）但是我要特别声明，这不是本人的过错，实在是父母的错误，他们当初并没有征得我的同意就把我生成这个样子。（笑声、掌声）

但是，时代在变，潮流在变，现在的男人基本上可以分为三种：第一种，你看上去很漂亮，看久了也就那么一回事，这就像我的好朋友刘文正这一种；第二种，你看上去很难看，看久了以后是越看越难看，这就像我的好朋友陈佩斯这一种（笑声）；第三种，你看上去很难看，看久了以后你就会发现，他另有一种男人的味道，这就是在下我这种了。（笑

声、掌声）

好，鼓掌的都表示同意了——鼓掌的都是长得和我差不多的（笑声），真是物以类聚，人以群分啊！（大笑声、掌声）

接下来，按规矩迎接挑战，我带来了一首歌曲，叫做《小丑》。在我的人生观看来，我认为每个人都在扮演许多重的小丑：有的是在爱人面前，有的是在领导面前，有的是在孩子面前，有的是在父母面前。我呢，是在鼓掌面前，给大家带来一首《小丑》——掌声没有就无所谓啦！（笑声、掌声）

（摘自《小作家选刊——格调青春》2005 年第 5 期）

凌峰的自嘲，既轻松又不俗套，观众听起来十分受用，一再引起狂笑。这种自嘲，表达者虽然对自己有所贬低，但不能格调低下，凌峰就做得很好。

自嘲是比较安全的一种幽默，可以表达一种谦卑。通过笑谈自己的缺点和弱点，别人对你产生一种亲切感和同情感。能够嘲笑自己的外貌、缺点、愚昧，被认为是高明的幽默境界。因为它既可以避免自高自大，认清自己的不完美，也可以产生幽默感。

美国第 16 届总统林肯的长相，使人无法恭维，他自己也不避讳这一点。一次，道格拉斯指责他是两面派。林肯说：“现在，请听众来评评看，我如果还有另一副面孔的话，我会戴着现在的这副面孔吗？”结果引起听众大笑，在笑声中显出道格拉斯的荒谬。

奥巴马口才很好，他的每一篇演讲稿都经过反复修改、斟酌，力求朗朗上口，打动人心。但他有一个弱点，即演讲时一定要看提示器，基本上一字不落地照读，极少发表即兴讲话。这与他处事谨慎，怕讲错话有关。在竞选总统时，提示器跟随他周游列国，造势大会上用，筹款餐会上也用。有时提示器出了故障，他就不知道接下去该讲什么，场面非常搞笑。当选总统后，他仍然提示器“傍身”，不仅发表讲话要用，甚至在向记者介绍其振兴经济计划时也照用不误。这一做法被媒体当做笑话。奥巴马后来用提示器开了一个玩笑，表示要在执政的第二个一百天内学会发表讲话不用提示器，而拜登副总统则要学会使用提示器照稿宣读。这句话再次让听众捧腹大笑，因为在华盛顿政界圈子中，拜登以“心直口快”而闻名，很少使用演讲提示器，而且经常脱稿讲出“大实话”。

英国有一个作家，有一次他对朋友说：“我比任何男人都多三倍的仁慈，因为我在公共汽车上只要一站起来让座，就能同时让三位女士坐下。”显然，这位作家有意识地夸大了自己过度肥胖的缺陷。

如果你有风趣的思想，轻松地面对自己，你便会发现自己可以原原本本地接受自己的身高、体重或其他身体特征；你也会发现幽默能帮你以新的眼光去看你对经济的忧虑。也许你无法得到真诚的爱，但是你能使你的人际关系充满温暖和谐——与人分享欢乐，甚至和仅仅有一面之缘的人也会有很好的关系。

幽默的金科玉律是：敢笑自己的人，才有权利开别人的玩笑。不论你想笑别人怎样，先笑自己。自我取笑是以轻松的语言笑谈自己，暴露自己的缺点，取笑自己的弱点，笑自己的观念、遭遇，狼狈处境。自我取笑需要勇气，看起来很傻，其实，是一种大智若愚的幽默，而且它是与人交往的一种很安全的方式。

央视著名主持人白岩松曾这样说过：“我曾经跟朋友开玩笑说，把一条狗牵进中央电视台，每天让它在一套节目黄金时段中露几分钟脸，不出一个月，它就成了一条名狗。我在《东方时空》已经待了七年，如此而已。”谈起他的家庭时，白岩松幽默地“坦白”自己在家地位最低，他说：“我坚决不同意在我们家养宠物，主要原因就是，养了宠物我的排位又会下降一位。”听众大笑！他还说儿子从来不买他的账，“在家里，我儿子几乎不看我节目，经常挤兑我。别人问我儿子：‘你将来做主持人吗？’‘拜托！’——就这俩字，充满蔑视……有一天，我很沮丧，有点生气。因为那天早上火炬传递直播，我跑完之后，给夫人打电话，她跟我儿子还没醒……没看！那一瞬间有点沮丧……”

渥尔夫在演讲时经常用玩笑的方式来表达意思。他在演讲中还用小故事抓住听众，“人家称赞我，在我这年龄居然还保持这等好身材，我把功劳全归功于爱人爱丽丝。二十五年前我们结婚的时候，我告诉她：‘亲爱的，我们永远也不要吵架。每当你让我心烦的时候，我不会跟你吵，我只会到附近去走走。’因此，你们现在看到的这副美妙身材，完全是四分之一世纪以来我每天做户外运动的结果！”

爱因斯坦的二儿子爱德华问：“爸爸，你究竟为什么成了著名人物呢？”爱因斯坦听后，先是哈哈大笑，然后意味深长地说：“你瞧，甲壳虫在一个球面上爬行，可它意识不到它所走的路是弯的，而我却能意识到。”

对于大多数人来说，幽默就像一贴“止痛膏”，它协助我们克服困难、广交朋友、远离疼痛。正如哲学家康德所说：“有三件东西有助于缓解生命的辛劳，那就是希望、睡眠和笑。”

爱迪生健忘闻名。有一天他和新婚妻子坐火车到旧金山。下车时他按老习惯清点一下随身物品，然后走到出站口。检票员很熟悉他，向他打招呼：“爱迪生先生，有没有把什么东西忘在车上。”“没有。”“再想想，你这个人老是丢三落四”。爱迪生突然一拍脑门“不好，把夫人丢在车上了。”

口才指南

如果一个人对古今中外、天南地北、风土人情等各方面都有所了解，再加上有较强的驾驭语言的能力，那么说话就容易生动、活泼和谐趣。

第三节　用幽默化解尴尬

运用笑声代替呵斥就是要求我们在对待工作上的失误时，以建议的方式来代替批评，凭借幽默的口才处理微妙的事情，由此获得成功。

2008 年 3 月，在温家宝总理举行的记者招待会上，一名记者因得不到提问机会而高声抗议，在现场引起一阵小小的骚动。当时有世界众多媒体的记者在场，出现这种局面十分意外。温家宝总理在回答完前一个问题后，很有风度地说："那位记者情绪很激烈，请他提个问题吧。"该记者为自己的鲁莽道歉并提出关于环境污染的问题，温总理微笑说："谢谢您对两会的关心，您用极大的勇气得到了一次发言权。"现场顿时响起一片笑声和掌声。温总理处变不惊，不动声色地扭转了现场的混乱局面，这就是幽默的力量。

2010 年 10 月 5 日，奥巴马在华盛顿的最具权力女性峰会上进行演讲时，讲台正面的总统徽章突然掉到地上，发出"砰"的一声响。这一意外令奥巴马猝不及防，他连忙俯身察看。在弄清事情的原委之后，奥巴马开玩笑说："哦，这没什么大不了的，反正你们都知道我是谁。"奥巴马的随机应变引得台下听众捧腹大笑，他接着问："但我确定现在这个大厅里一定有人正紧张得不得了，他一定是在浑身冒汗，你们觉得呢？"奥巴马当然指的是那个负责把美国总统徽章固定在演讲台上的工作人员。

一次，美国总统里根在白宫钢琴演奏会上讲话时，夫人南希不小心连人带椅跌落在台下的地毯上。正讲话的里根看到夫人并没有受伤，便插入一句说道："亲爱的，我告诉过你，只有在我没有获得掌声的时候，你才应这样表演。"台下响起了一片热烈的掌声。本来是一件令里根很尴尬的事情，在这时如果埋怨或者置之不理都会令人不快，不光是台下的人不快，也包括台上的人。而里根在社交的危难之时，运用幽默化险为夷，出奇制胜地获得了极佳的效果，显露出他的机智、豁达，拉近了和观众的距离，这是运用幽默进行社交的范例。

张姐，40 岁，是办公室里的活宝，哪里有她，哪里就笑声不断。有时候双方本来剑拔弩张，让她说一句话，就能生生给泄了气。一次，小王带儿子来单位玩。这孩子特淘气，把电脑的鼠标摔坏了。小王大怒，抬手照着孩子的头就是一巴掌，那声音比打响鞭还脆。这下手也太狠了，旁人刚想张嘴，只见张姐“噌”地跳起来，指着小王的鼻子大叫：“你为什么打孩子？”这一嗓子，同事们全蒙了，小王这个愣头青更是气得眼睛喷火。又见张姐指着孩子，不依不饶地说：“你知道你这一巴掌起什么作用吗？你这孩子原本可以当大学教授，就这一巴掌，把个好端端的大学教授给打没了。”周围的同事哄堂大笑，小王也乐了：“大学教授，他有那个脑袋，太阳就得打西边出来了！张姐你可真会说话。”一场纠纷，就被张姐给化解了。事后，有同事对张姐说：“今天真够悬的，我当时汗都出来了。”张姐说：“我就见不得打孩子，但话一出口，也觉得冒失了，可又不好意思把话收回去，于是就来了个脑筋急转弯。”[1]

赵本山在《相亲》中一亮相，这老兄就自言自语道：“哎呀来早了，说是 8 点，现在 7 点 60 了。”两人见面后，女方问，老伴在哪工作呀？赵回答：“她那工作谁也没法比，地下工作者。阎王爷给办的，那破地方去了就后悔了，调不回来了！”这比直接说不更有意思吗？

口才指南

工作上出了问题，和你的同事一起笑笑吧。不仅会让你们以轻松的心态来解决问题，而且会让同事能够更加和谐的相处。

1 施淑洪．办公室幽默化解尴尬．新民晚报，2009.10.

第四节　利用幽默说服别人

一般说来，对人进行说服、劝导，应当正面说理，严肃认真。但从人的心理角度考虑，一些固执己见的人，往往不容易接受正面直言劝导。如果同他争辩，更易弄得面红耳赤，不欢而散。这个时候不妨来点幽默，也许能取得一个满意的结果。

幽默意味着心态开放、笑对人生。利用幽默说服别人，将使你获得更多的信服和支持。下面便是一些幽默说服的成功例子：

一位牙痛的男士到某牙医诊所请求治疗，“请医生把发痛的牙拔掉！不知治疗费要多少？”男士听到医生开出的价钱后，很吃惊地说：“拔一颗牙只要几秒钟，也要收这么高的价钱吗？”医生回答他：“如果您觉得不划算，我可以慢慢地拔久一点呀！”

顾客看了药店老板介绍给他的生发剂后，问道：“这……真的有效吗？”药店的老板回答说：“那当然啦！不过这种药在使用上稍微有点麻烦。就是必须要用棉棒擦抹。以前用手直接沾着擦的客人有很多曾来抱怨过，手上的毛该怎样除去，它们太长太多了，猴子毛似的。”

遇上凡事都质问的客人，生意很难做。某餐厅来了一位对菜特别挑剔的客人，对每一道送上来的菜都加以批评。后来又叫来服务生质问菜的原科，“你们这道菜中的鱼排是比目鱼还是鲽鱼？”比目鱼和鲽鱼原是同一种类的鱼，只因为眼睛的位置不同而名称有异而已，看来这位客人是存心给服务生出难题。

可是这位服务生却以反问来代替回答：

“你凭味道就吃得出来吗？”

“我就是感觉不出来所以才问你呀！”

“既然如此，那么不管是哪一种还不都是一样吗？”

一位傻子站在马路中间，拦住所有的人并让他们往一个方向走。谁也无法说服这位傻子，只好找来了阿凡提。阿凡提走过来，把嘴贴近傻子的耳根说道：“我们这条街就像一条大船，如果人们都朝一个方向走的话，船就会倾斜，我们大家统统都会翻进海里。”傻子听后，觉得有理就走掉了。

秦朝的优旃是一个有名的幽默人物。秦始皇曾经计议要扩大射猎的区域，东到函谷关，西到雍县和陈仓。优旃说：“好。多养些禽兽在里面，敌人从东面来侵犯，让麋鹿用角去抵触他们就足以应付了。”秦始皇听了这话，就停止了扩大猎场的计划。优旃之所以成功劝服了秦始皇，主要是使用了幽默的力量。他的话表面上是赞同皇上的主意，而实际意思则是说如果按皇上的主意办事，国力就会空虚，敌人就会趁机进攻，而麋鹿是没有能力用角把敌人顶回去的。这样的正话反说，因为字面上赞同了秦始皇，优旃也保全自己。而真正的含义，又促使秦始皇不得不在笑声中醒悟，从而达到了优旃的说服目的。

秦始皇死后，二世胡亥继位。一天，胡亥突发奇想，又想要把京城咸阳的城墙全部油漆一新。优旃说：“妙极了！皇上即使没有说，我也要请你这么做。油漆城墙，虽然会耗费百姓的劳力，国家的钱财，可这实在是大好事呀！城墙上了油漆，油亮光滑，如果盗贼来了，就休想爬上来了！不过，城墙油漆了可不能曝晒，就还得建一间那么大的房屋来遮盖城墙，让它阴干，这个，要办到恐怕就不那么容易了。”二世听了，不禁笑了起来，这件事也就作罢。

宋太祖曾当面许诺要封张融为司徒长史，但旨意一直未发。一天，张融乘骑一匹瘦马，宋太祖见了，问：“你的马为何这样瘦，每日喂粟多少？”张融答：“一石。”皇帝又问：“喂这么多为何还如此瘦？”张融说：“臣许诺给一石，但并没有给。”宋太祖知他话中有话，第二天就下旨任命他为司徒长史。

口才指南

美国幽默表演大师卓别林说："所谓幽默，就是我们在看来是正常的行为中觉察出来的细微差别。换句话说，通过幽默，我们在貌似正常的现象中看出了不正常的现象，在貌似重要的事物中看出了不重要的现象。"

第五节　反击式幽默的力量

语言是人类交流思想的工具，只要人们存在分歧或矛盾，遭到语言攻击的情况就在所难免，对于他人不友善的语言攻击，有多种多样的反驳方式，其中最佳的方式应该是迅速、有力而不失风度，这就是要迎着对方的锋芒，反戈一击。

返还幽默法或者反唇相讥是现场套用对方的话语来戏谑、反驳对方，是一种语言回归，目的是以其人之道还治其人之身。

北大教授辜鸿铭自幼生活在国外，通晓西方文化，但21岁的他对中国古文化却是门外汉。不过他从来没忘记自己是中国人，凭着少年时代的记忆，每逢年节，总买些酒菜，点上香火，虔诚叩拜一番，虽然难免会引起洋人的侧目，但辜氏年年如此，一点也不想放弃自己的民族信念。有一次，一个英国房东忍不住问他："你的祖先什么时候会来享用你这些鱼肉哇？"辜鸿铭毫不思索地回答："应该在尊祖先闻到我对他孝敬的鲜花香味的那个时候吧！"

诗人歌德的作品总受到某批评家的尖刻指责。一次他在魏玛公园一条只能通过一个人的小径上散步，迎面来了那位批评家，批评家冲他嚷道："我向来没有给傻瓜让路的习惯！"歌德让到一旁，笑容可掬地说："而我恰恰相反。"

苏东坡的妹妹苏小妹，常和苏东坡的好友、僧人佛印开玩笑。有一次，苏小妹对佛印说：“人曾是僧，人弗能成佛？”佛印则以其人之道，还治其人之身，答道：“女卑为婢，女又可称奴。”

隋朝时，有个人很聪明，但说话结巴。趾高气昂的杨素，常常在闲暇无聊的时候，把那人叫来说说笑笑。年底的一天，两人面对面地坐着，杨素开玩笑地说道：“你是很有才能的人，没有事情不懂得。今天我家里有人被蛇咬了脚，你能医治吗？”这个人应声答道：“用五月端午南墙下的雪涂涂涂涂就好了。”杨素道：“五月哪里能有雪？”那人说：“五月既然没没没有雪，那么腊月哪里有有有有蛇咬呢？”杨素笑着打发了他。故事中的人尽管是个结巴，但回答问题却巧妙的运用“善倾听，巧反驳”的幽默技法，他不但没有被杨素难倒，还在谈话中处处显出他的幽默和智慧。

“以其人之道，还治其人之身”是指按照对方的逻辑去理解或推论，由此及彼，最后物归原主，使其搬起石头砸自己的脚，自食其果。

餐馆里一个顾客叫住老板：“老板，这盘牛肉简直没法吃！”

老板：“这关我什么事？你应该到公牛那里去抱怨。”

顾客：“是呀，所以我才叫住了你。”

顾客按照老板的荒谬逻辑，推论出老板应是“公牛”，搞得对方哭笑不得，自食其果。这种方法在谈判中用处极大。抓住对方的话柄，顺着说下去，让其向着有利于自己的方向发展，从而产生强烈的幽默效果。

伊索寓言中讲述了一只野熊在猎人枪口底下急中生智的故事。下面便是野熊和猎人的一段诡辩。野熊：“何必急于马上开枪呢？”猎人：“我想要一件温暖的熊皮大衣来抵挡严寒。”野熊：“行啊，但我也没别的要求，只要能吃饱肚子，死了也无所谓。咱俩是否可以坐下来谈谈具体条件呢？”猎人：“反正你吃饱了我也照样能穿上你的皮大衣，要谈就谈吧！”经过一番喋喋不休地争吵，最后达成了共识，过了一会儿野熊独自离开了，它满足了要求——填饱了肚子，而猎人也如愿以偿，穿上了他想要温暖的熊皮大衣。可想而知，这个结果是野熊急中生智，谈判协定一经签署，野熊就吃掉了猎人。

一对夫妻吵架，丈夫粗鲁地嚷道：“你简直是一头蠢猪！”妻子平静地回答说：“你这么多年一直跟猪睡在一起，你也好不到哪里去！”丈夫骂妻子是猪，这时候，妻子就不能一味退让了，她抓住丈夫言语的荒谬性，又将谩骂返还给丈夫，使他自取其辱，提醒他在骂别人的时候也是在骂自己。妻子有时候也会开丈夫的玩笑，“你说当时向你求婚的人多得数不清？”丈夫生气地责问他妻子。“是呀！很多。”她答道。“那么，你怎么不和第一个向你求婚的笨蛋结婚呢？”“对呀！我正是这么做的呀！”妻子很聪明，从一开始说话就为丈夫设了语言陷阱，丈夫则不知不觉地钻进了妻子设的圈套之中。一天妻子回家，兴奋地对丈夫说：“我今天请人看过手相，他说我的第二任丈夫是个英俊潇洒、学识渊博、又善解人意的人。”“哦！”丈夫半怒半喜地说，“原来你跟我是第二次结婚呀！”妻子拐弯抹角地指责丈夫不够优秀。面对妻子变相指责，丈夫不露声色地进行了反击。

前苏联诗人马雅可夫斯基曾与反对苏维埃政府的人进行论辩。反对者问：“马雅可夫斯基，你和混蛋差多少？”马雅可夫斯基怒而不露，不慌不忙地走到反对者跟前说：“我和混蛋只有一步之差。”在场的人听了都哈哈大笑起来，那位攻击马雅可夫斯基的人只好灰溜溜地跑了。

抗美援朝时，一位外国记者采访周总理，周总理刚批阅完文件，顺手把钢笔放在桌子上。外国记者看见桌子上放的是一支美国生产的“派克”钢笔，便故意问：“请问总理阁下，你们堂堂的中国人，为什么还要用美国生产的钢笔呢？”周总理朗声笑着回答道：“提起这支笔，那可说来话长，这不是支普通的笔，是一位朝鲜朋友抗美的战利品，作为礼物送给我的，我无功不受禄就想谢绝，哪知那位朋友说，留下作个纪念吧！我觉得有意义，便收下了这支美国生产的钢笔。”那记者听完后，一句话也说不出来。周总理针对外国记者企图讽刺、讥笑中国落后的意图，成功地巧借话题，说了这番幽默风趣而又有分量的话。周总理用“战利品”、“作个纪念”和“觉得有意义”等词句暗示，这支笔正是中国人民强大的结果。[1]

反击式幽默。政治家们对于恶意的诘难和无稽之谈往往需要以高雅的方式予以反击，痛快淋漓地把窘迫送还给对方。在一次谈判中，对方因为周总理没有接受他的意见而极不礼貌地说：“真是对牛弹琴！”周总理马上接口说：“对！牛弹琴！”周总理为了反击对方，把不能拆开的成语硬拆开，不仅幽默诙谐，还有力地反击了对方的不礼貌行为。

反击式幽默一般是对方的攻击有多少分量，反击就有多少分量，这个分量可以适当减轻，但不可以加重，在运用这种幽默技巧反击伴侣讽刺的时候，切忌不可忘了这一点。否则，可能会因为反击分量过重而引起新一轮的争吵。

夫妻俩在一起聊天，丈夫对妻子说：“为什么上帝把女人造得那么美丽却又那么愚蠢呢？”妻子回答说：“这个道理很简单，把我们造得美丽，你们才会爱我们，把我们造得愚蠢，我们才会爱你们。”

口才指南

幽默好比软鞭子，抽在身上，皮肤不留痕迹，但可以伤及入骨，刺痛对方心理，使其言辞紊乱、穷于应付，甚至还有可能使对方陷入自相矛盾而不能自拔的尴尬境地。

第六节 随机应变的幽默手法

雷莉·布丝是美国20世纪50年代的著名女演员。在一次重大的颁奖活动中，她急步登台，没想到在台阶上绊了一下，险些跌倒在地，全

1 李国辉．你的口才价值百万．山东美术出版社，2011（7）．

场观众都为她吃了一惊，有些人甚至笑了起来。只见她不慌不忙地稳住了身体，站在舞台中央，平静地说："女士们，先生们，你们刚才看到了，我是经历了什么样的坎坷才站到今天这个台上的。"全场观众顿时掌声如潮。

北大教授辜鸿铭在欧洲留学时，有一天他乘坐从维也纳到柏林的火车，因路途疲劳，他顺手拿起一张报纸盖住脸，闭着眼睛在那里养神。

这时，对面空位上来了三个神气十足的德国青年。他们刚一坐定就对辜鸿铭进行品头论足："瞧那个中国佬，连报纸都拿倒了，自以为还蛮像那么回事！他这到底做给谁看，这儿又不是中国。"他们以为辜鸿铭不懂德语，说完后就忘乎所以地大笑起来。

只见辜鸿铭懒洋洋地抬起头，一张嘴就抛出一串字正腔圆的德语："你们的德国文字这玩意儿太简单了，若不倒过来看，还有什么意思？甭说报纸上这通俗的玩意儿，就是你们圣人歌德的《浮士德》，我也能跟你们背个一字不差。"

末了，辜鸿铭还引用歌德的语录，教训他们该如何尊重人，羞得这三个德国小伙子面红耳赤，一个个趁火车到站赶紧溜了。

在中国人民的老朋友——美国记者安娜·路易斯·斯特朗80周岁的庆祝会上，周恩来就巧妙抓住西方女士喜欢别人说她们年龄小的特点，并与中国特有的计量单位"斤"、"里"都比国际通用的"公斤"、"公里"数值小一半的情况联系起来。他笑着建议大家为斯特朗女士40"公岁"举杯庆贺。满座来宾听到他这幽默的话语，皆捧腹大笑，斯特朗更是笑出了眼泪。

英国作家狄更斯爱钓鱼。有一次，他正在河边钓鱼。来了一个陌生人问他："先生，您在钓鱼？""是啊。"狄更斯回答，"今天钓了半天了，也没一条鱼上钩。可是在昨天，也是在这个地方，我却钓到了15条鱼！""是吗？那你知道我是谁吗？我是这条河的管理人员，这段河面上是严禁钓鱼的！"说着，那个陌生人从口袋里掏出一本发票，要记下眼前这个垂钓者的名字并罚款。

见此情景，狄更斯连忙反问："那么，你知道我是谁吗？"当陌生人惊讶之际，狄更斯直言不讳地说："我是作家狄更斯。你不能罚我的款，因为虚构故事是我的职业。"狄更斯在这里用变而又变的幽默手法，表现出了非凡的灵敏和机智。[1]

一个男人走进一家超市，要求购买半根莴苣。收银的小伙子告诉他，商场只出售整根的莴苣。那个男人坚持只需要半根莴苣。两个人争执不下，小伙子表示，必须请示经理。小伙子走进经理办公室说："经理，外面有个傻瓜坚持要买半根莴苣。"说话时，他回过头，发现那个顾客正站他身后，他立刻接着说："幸好，这位绅士说要买另一半。"经理同意了这笔交易。

幽默中渗透着一种坚强的意志。有幽默感的人往往是一个奋力进取的弄潮儿。他们面对失败的打击，恶劣的环境，能够以幽默的态度自强不息。

第七节　含蓄也是一种幽默

"直道好跑马，曲径可通幽。"含蓄就是一种曲径通幽，不直接表达，用隐语、双关语的方式来幽默。含蓄只是一种铺垫，是一种"衬"，表面上别人不明白，实际上最终还是要让别人明白，不然，幽默含蓄后含混不清，别人不知所云，这种幽默是没有意义的。

20 世纪 30 年代，爱因斯坦有一次在巴黎大学演讲时说："如果我的相对论证实了，德国会宣布我是个德国人，法国会称我是世界公民。但是，

1　歌斐木．你的魅力来自幽默．朝华出版社，2011（4）．

如果我的理论被证明是错的，那么，法国会强调我是个德国人，而德国会说我是个犹太人。”

王小波曾这样说过：“去年秋天在北方一小城市里遇到了一批耍猴子的人。他们说，为了繁荣社会主义文化，满足大家的精神需求等等，现在给大家耍场猴戏。我听了以后几乎要气死——猴戏我当然没看。我怕看到猴子翻跟斗不喜欢，就背上了反对繁荣社会主义文化的罪名。”他就用这样一个小故事，对政治术语被不恰当的泛滥宣传弄得毫无严肃性提出了发人深省的批评。

一个爱说废话而不爱用功的青年，整天缠着大科学家爱因斯坦，要他公开成功的秘诀。爱因斯坦厌烦了，便写了一个公式给他：A = x + y + z 爱因斯坦解释道：“A 代表成功，x 代表艰苦的劳动，y 代表正确的方法……”“z 代表什么？”青年迫不及待地问。“代表少说废话。”爱因斯坦说。

这里还有一个讽刺的幽默笑话。有个真相，必须要告诉大家了：中国男足世界排名第 83 位，远远高于中国在世界上的人均 GDP 排名、人均收入排名、官员清廉指数排名、社会福利排名、医疗体系排名、环境指数排名、人均自然资源排名……你们有什么资格嘲笑中国足球?！这里不仅讽刺了中国的男足，更讽刺了中国目前的一些不良状况。

含蓄语言表达的幽默，就是对其语言进行品味、思考，然后发出会心的微笑，或者是谜底揭晓后的欢笑，它是一种雅而不俗的艺术，是一种洗练的可笑品。而且，这种幽默不易伤害他人，有一种睿智在里面。

口才指南

幽默，是最好的“减压阀”。它不仅能使你心情变得轻松愉快，谈笑风生，而且有助于你在交际中左右逢源、马到成功。

第八节 类比幽默，说服对方

类比幽默术是个反常规的坏孩子，它是借着一丝灵气，将事物不伦不类地加以归类。类比幽默是把风马牛不相及的一些概念，或彼此之间没有历史的或约定俗成联系的事物放在一起对照比较。

北大教授辜鸿铭语言幽默风趣。外国人问他：“为什么中国人留辫子？”他如是答：“为什么外国人留胡子？”当外国佬谴责中国妇女缠足野蛮时，他大加反击道：“那么，你们西洋女子为何要束腰呢？”在北大任教时，许多一流的外国教授见了他都毕恭毕敬，远远地站着。

有一次，群众包围了从德国移居美国的科学家爱因斯坦（1879 ~ 1955年）的住宅，要他用“最简单的话”解释清楚他的“相对论”。当时，据说全世界只有几个高明的科学家看得懂他关于“相对论”的著作。爱因斯坦走出住宅，对大家说：“比方这么说——你同你最亲的人坐在火炉边，一个钟头过去了，你觉得好像只过了五分钟！反过来，你一个人孤孤单单地坐在热气逼人的火炉边，只过了五分钟，但你却像坐了一个小时。唔，这就是相对论！”

至于罗斯福用比喻法幽默来对付记者的难题也堪称一绝。1945 年，罗斯福第四次连任美国总统。美国一家著名报社的记者采访他，请他谈谈连任的感想。罗斯福没有正面回答，而是很客气地请这位记者吃一块三明治。记者觉得这是殊荣，便十分高兴地吃了下去。总统又微笑着请他吃第二块。记者觉得情不可却，又吃了下去。不料总统又请他吃第三块，他的肚子虽已不需要了，但出于礼貌，他还是勉强地吃了下去。谁知总统在他吃完之后又说：“请再吃一块吧！”记者一听啼笑皆非，因为他实在吃不下去了。罗斯福这才微笑着说：“现在你不需要问我对于第四次连任的感想了吧，因为你自己已经感觉到了！”罗斯福就是用记者吃四块三明治的体会，来比喻自己四次连任美国总统的体会。借比喻事例中的道理，来深入浅出地说服对方，真是妙不可言。

口才指南

什么是幽默？爱尔兰作家萧伯纳说："幽默是一种元素，它既不是化合物，更不是成品。"

第九节　比喻是生成幽默的手段

比喻是生成幽默的手段之一。比喻往往都是以程度不同的联想作为心理基础的。没有联想，比喻将无法取得应有的表达效果。一般的比喻以贴切、神似、协调为原则。幽默比喻则相反，它刻意追求反差大，或因对比荒谬所造成的不协调，即追求本体、喻体的差异性，本体、喻体差异愈大，愈能吸引听众的注意，愈能调动听众的丰富联想与想象。

1958 年 11 月，毛泽东到湖北视察。11 月 4 日，专列去武汉途经孝感火车站。毛主席要求专列在孝感作短暂停留，他想找当地的干部群众座谈农业问题。下午，湖北省委以及孝感地委、孝感县委的部分领导登上了专列，孝感县委妇女代表晏桃香是座谈的人员之一。晏桃香当时正患重感冒，外加心情激动，见到毛主席她话还没有来得及说，就控制不住地冲着毛主席的脸打了一个喷嚏。"阿嚏———"一声，唾沫星子喷了毛泽东满脸……顿时，所有的人都被这个"突发事件"吓得目瞪口呆。晏桃香更是不知所措，羞愧得满脸通红，愣在那里，然而，毛主席并没有发火，只是若无其事、风趣地轻轻说了句："雷声大，雨点小。"说完用手帕轻轻擦了脸上的唾沫，一笑了之。大家听到毛泽东幽默的笑语，紧张的心情、尴尬的场面在笑声中消失。毛泽东幽默地将晏桃香打的喷嚏比喻成"雷"、"雨"，加上他若无其事的样子，巧妙地化解了一场大尴尬。假如毛泽东大发雷霆，暴怒训斥，只能是在不高兴的基础上弄得大家更不高兴，哪有这样说话的效果好呢？[1]

人人头痛的人口爆炸问题，谁都没有良策，又都想议论两句，但谁也没有王小波表达得如此让人哭笑不得："这么多的人，还都有随地大小便的毛病。看了这种情景，每个人都有个善良的愿望，就是盼天上掉下个大磨盘，把自己剩在磨眼里，把别人都砸死。"

幽默在引人发笑的同时，竭力引导人们对笑的对象进行深入的思考。当幽默变得非常深刻而又不同于讽刺时，就会超越滑稽的领域，而达到一种悲怆的境界。

白岩松用了一个望远镜的比喻，形容中国和美国在过去的很多年里缺乏相互的了解和沟通。他说这是两个都曾经用望远镜看彼此的国度，只不过中国看到的是放大的美国，而美国则把望远镜拿反了，他们更多看到了一个缩小的错误不断的中国。"我也一直有一个梦想。为什么要用望远镜来看彼此？""希望非常多的美国人，有机会去看看中国。"[2]

钱钟书的《围城》中这样描写道："鲍小姐只穿绯霞色抹胸，海蓝色贴肉短裤，漏空的白皮鞋里露出深红的指甲。有人叫她'熟食铺子'，因为只有熟食店才会把那许多颜色暖熟的肉公开陈列；又有人叫她'真理'，因为据说'真理是赤裸裸的'。鲍小姐并未一丝不挂。所以他们修正为'局部真理'。"先以实喻虚，用"熟食铺子"比鲍小姐，已形象有趣。接着又以虚喻实，比之为"真理"，并"修正"为"局部真理"，出人意料，还以恩格斯的名言为理据。比喻形式上细致奇巧，呈现出幽默诙谐的特点。

钱钟书的《围城》中还有这样一段描写："一个人的缺点正像猴子的尾巴，猴子蹲在地面的时候，尾巴是看不见的，直到它向树上爬，就把后部供大众瞻仰，可是这红臀长尾巴本来就有，并非地位爬高了的新标志。"用猴子的红臀长尾巴比喻官员们本来就有的劣质。比喻蕴涵着深刻

1 黄金旺．巧语化尴尬．公关世界，2007（9）．

2 白岩松耶鲁幽默演讲．中广网，2009（4）．

的哲理，是对官员们入骨的讽刺。

北大教授、文化怪杰辜鸿铭以为中国男人纳妾是没有所谓的不道德的。他说："中国的那些纳妾成群的达官贵人们，比那些摩托装备的欧洲人，从马路上捡回一个无依无靠的妇人，供其消遣一夜之后，次日凌晨又将其重新抛弃在马路上，要更少自私和不道德成分。纳妾的达官贵人或许是自私的，但他至少提供了住房，并承担了他所拥有的妇人维持生计的责任。"

一位英国报纸记者，在北京中央公园（今中山公园——编注）来今雨轩茶座上，见到辜鸿铭在品茗，就上前访问，双方都用英语谈话。记者问："中国人纳妾之风极盛，为大清法律所不禁。但是在我们西方人看来，这是玩弄女性的行为，世界各国都引以为奇谈。不知辜先生的意见如何？"辜鸿铭答道："以全世界人口而论，本来女性多而男性少，要是没有纳妾的话，必然有剩余的女性，怎样能孤单单地度过一生？纳妾之道即可解决剩余妇女的生存问题。"说时，辜鸿铭就指着桌上的茶壶、茶杯说："你看桌上茶壶只得一个，而茶杯则有四个，用一把茶壶，遍倒四杯，对茶壶没有问题，而杯子中杯杯有茶，这是物理之常，何足怪哉？"英国记者听了为之哄然大笑，说："辜先生，你这话作为笑话讲，真是令人绝倒；作伦理讲，未免有些牵强。"辜鸿铭微笑说："照英国的历史来讲，第几世纪某某皇帝虽然只有一后，但是情妇竟有某某几人；下一代的皇帝某某，又有情妇某某几人。还有一个某某伯爵，情妇多到七八人，而且连传五代，没有一代子孙无情妇的。至于平民们，一妻一情妇，更不可胜数，见于某某书……"他说这一段话，所有皇帝的名字、伯爵的名字，全部都有来历，如数家珍。英国记者听了，竟为之目瞪口呆。

据说，一个德籍太太在洋人举办的宴会上，也曾以同样的问题质询辜鸿铭。这次，辜鸿铭先是不断摇头，连说"'一妻多夫'于情不合，论理有亏，对事有悖，于法不容。"然后他话头一转，以亲切的语气问那位太太："敢问夫人代步是用汽车还是用打气筒？"贵妇不知他葫芦里卖的是什么药，只好据实答道："汽车。"辜氏不慌不忙地问："汽车有四只轮胎，府上备用有几副打气筒？"此语一出，哄堂大笑，弄得那样贵妇人也瞠目结舌，啼笑皆非。

辜鸿铭这段分别用茶壶、茶杯来比喻男人、女人的"妙喻"，一时成为笑谈而广为传播，以致后来引出一段爱情佳话，徐志摩和陆小曼结婚后，陆小曼怕徐志摩再和别人有爱意，就对徐志摩说："志摩，你可不能拿辜老的茶壶比喻来做借口而多置茶杯。你要知道，你不是我的茶壶，而是我的牙刷，茶壶可以公用，牙刷可不行。"

口才指南

幽默包含内容和形式两个方面。幽默的形式以风趣潇洒、逗人喜欢为特色；幽默的内容是理性的，蕴涵着不言而喻、而又让人值得回味的哲理。

第十节　"曲解式幽默"

所谓曲解，就是对对象进行"歪曲"、"荒诞"地进行解释，以一种轻松、调侃的态度，将两个表面上毫不沾边的东西联系起来，造成一种不和谐、不合情理、出人意料的效果，从而产生幽默感。曲解式幽默分为"误释"和"巧释"两种。

以春晚小品为例。还是本山、丹丹和小崔《昨天·今天·明天》，主角还叫白云与黑土。

小崔：今天我们的话题是，昨天、今天、明天。

黑土：昨天，在家住了一宿。今天，上这儿来了。明天，回去。谢谢。

此昨天非彼昨天也，这都哪跟哪呀。黑土故意曲解小崔的谈话主题，人们一听，真能扯白，会心一笑，哈哈一乐。

父亲见儿子从学校拿回成绩单，关心地问：“考得怎么样，快念给我听听。”儿子看了父亲一眼，胆怯地打开成绩单念道：“语文 52，数学 48，共计 100 分。”“嗯，你‘共计’这门考得不错。”儿子听了，忍不住“扑哧”笑了。“看，一表扬你就骄傲了。”父亲板起脸来说，“要继续努力。”这是一则题为《共计》的小幽默。儿子稍微耍了点手段，父亲就一本正经地又是批评又是鼓励，令人啼笑皆非。这就是曲解，即有意或无意地对语义做歪曲解释的一种方法。

周总理举行记者招待会，回答“中国人民银行有多少资金”这一难题时，从容答道，中国人民银行的资金嘛，只有元角分 3 种，加起来一共 18 元 8 角 8 分——此乃曲解也。

一个西方记者说：“请问，中国人民银行有多少资金？”周恩来委婉地说：“中国人民银行的货币资金吗？有 18 元 8 角 8 分。”当他看到众人不解的样子，又解释说：“中国人民银行发行的面额为 10 元、5 元、2 元、1 元、5 角、2 角、1 角、5 分、2 分、1 分的 10 种主辅人民币，合计为 18 元 8 角 8 分……”周总理举行记者招待会，介绍我国建设成就。这位记者提出这样的问题，有两种可能性，一个是嘲笑中国穷，实力差，国库空虚；一个是想刺探中国的经济情报。周总理在高级外交场合，显示出机智过人的幽默风度，让人折服。

英国前首相威尔逊曾在一次演讲中受到干扰，当时台下突然有人高声叫骂：“狗屎！垃圾！”威尔逊用幽默化解尴尬，急中生智，不慌不忙地说：“这位先生，请少安毋躁。我马上就会讲到你所提出的关于环保的问题。”威尔逊正是巧妙地把“垃圾”和“狗屎”两词故意曲解成“环保的问题”，以幽默赢得听众的支持，对方气得直咽唾沫也无计可施。

老师：你怎么迟到了？小明：都是因为一个路牌。老师：路牌？什么样的路牌啊？小明：它上面写着前方学校慢行，然后我就放慢脚步进校园。

《共计》和赵本山的小品中的曲解，是误释，它是由于文化水平低者或者自以为是等原因，胡乱地给一些词义进行歪曲的解释。其余的几个是曲解，则是“巧释”，也就是有意设计一个新的含义巧妙地解释某一语句，某一动作。

口才指南

幽默是一种智慧，是一种聪颖，是一种机敏。凡是幽默的人无不具备一种俯瞰茫茫人世的洞察力。

第十一节　荒谬夸张的滑稽

夸张的例子在生活中比较多。古代李白诗句有：“飞流直下三千尺，疑是银河落九天。”

这里幽默的夸张，与修辞格中的夸张有所不同。它主要指讲话的人把自己的经历或能力或所见所闻用令人吃惊的语言渲染、吹嘘到离奇乃至荒唐的程度。运用夸张时，需要一种调侃的态度，可以运用大词小用、小词大用、同词谐用等方法。这种方法常常用在一些吹牛的神侃上，以博一乐。

一般滑稽都离不开夸张，因为夸张会造成变形变态的出奇。在不少民间笑话里，就常用夸张来编笑话的。例如，有一个小懒汉，还想学懒，找到一位懒师傅。两人在一起做饭。懒师傅叫他去拿菜板切菜，小懒汉说：“别麻烦了，用菜板还要去拿，您就在我肚子上切吧！”

明朝冯梦龙编的《笑府》的一则：一官府生辰，吏曹闻其属鼠，醵黄金铸一鼠为寿。官喜曰：“汝知奶奶生辰亦在日下乎？奶奶是属牛的。”（牛比老鼠大几百倍）。

央视春晚，赵本山与宋丹丹、崔永元合作演小品《说事儿》，其中有这么一段。白云（宋丹丹）：“你说就他吧，就好给人出去唱歌，你说就这嗓子能唱吗？那天呢，就上俺们那儿敬老院给人唱歌，总共底下坐着7个老头，他‘啊’地一嗓子喊出来，昏了6个。”小崔：“那不还有一个嘛。”白云：“还有一个是院长，拉着我的手就不松开，那家伙可劲地摇啊：大姐啊，大哥这一嗓子太突然了，受不了哇，快让大哥回家吧，人家唱歌要钱，他唱歌要命啊！”本山大叔唱歌再吓人，至于7个大爷昏倒6个吗？这也是夸张。

《笑林广记》一则教象棋的笑话就属此类：两人对弈象棋，旁观者教不止口。其一大怒，挥拳击之，痛极却步。右手摸脸，左手遥指曰：“还不支士！”下象棋的人很讨厌别人出主意，替他支招儿。在旁教他的那个人脸上挨了他一拳，还不肯住口，忍着痛接着教他动那个“士”。情节写得虽然很夸张，却也合乎实情。

有个人吸烟瘾很大，身体明显受到危害。朋友劝他戒烟，他说，吸烟已经成了毛病，嘴停不住。朋友说，现在正是夏天，嘴停不住，别吸烟，改吃冰棍儿吧，你试试看。过了一个星期，朋友问他试得怎样，改吃冰棍儿，能行吗？他说：“不行。”“为什么不行？”“点不着！”这笑话显然编得俏皮，谁也不会用火柴去点冰棍儿，但这样大幅度的夸张，人也会理解。[1]

口才指南

幽默口才则是具有惠己悦人的神奇功效，在任何场合，拥有良好幽默口才的人总会赢得他人的好感，获得众多的支持和理解。而幽默口才的另一个奇特之处，便是可以毫不留情地反驳他人的攻讦，捍卫自己的尊严。拥有幽默的口才，便拥有了一笔无价的财富，使你终身受益。

1 方成谈幽默——性格的夸张．北京晚报，2007（6）.

第十二节　让谬论不攻自破

归谬法讲白了就是把对手的观点一直往前推，推到一个荒谬到足以嘲笑他自己的地步。对人家的谬论，你直接指出其荒谬所在，对它进行驳斥，这当然是一种办法。这种直接驳斥的方法战斗性是强了一点，但幽默性却嫌少了一点，也很容易得罪人。有的人却不是这样，明明知道你的观点是荒谬的，他也不指出你的荒谬所在，却假定你的观点是正确的，而且顺着你的观点一步步逻辑推演下去，结果得出一个荒谬的结论，让你的谬论不攻自破。这种方法人们称之为归谬法，或叫引申论证。比起直接驳斥的方法，这种归谬法的最大好处就是幽默感强，容易为人家所接受。

古希腊著名学者苏格拉底被认为是古代运用归谬法的典范。他喜欢跟学生展开论辩式的谈话。在谈话中，他常常先假设某一论点是正确的，然后由此向前推演和引申，当引申出荒谬的结论时，原先假设正确的论点也就被否定了。例如，他曾假设“欺骗是非正义的”论点成立，然后据此推断，在战斗中欺骗敌人、为鼓舞士气欺骗士兵、为防止朋友自杀偷走他的枪、为医治孩子的病骗他吃药等等，都成了非正义的行为。而这样的结论明显是荒谬的，因此，“欺骗是非正义的”论点不成立。当然苏格拉底的用意是告诉学生，在思考问题时要全面，不能绝对化，并非所有的欺骗行为都是不正义的。

有个人喜欢谈轮回报应，逢人就劝说要积德，不要杀生。因为佛经上说过，杀什么，来世就会变成什么。杀牛变牛，杀猪变猪，即使杀一只蝼蛄、蚂蚁，也莫不如此。有个姓许的先生说：“那么都不要杀，最好去杀人。他不是说杀什么变什么吗？那么今生杀人，来世还变人，不是好得很吗？”从“杀什么变什么”到“杀人变人”，十分幽默，也十分雄辩。

2000 年 11 月，李瑞环同志考察香港时，有两名女记者问道：“您在讲话中强调了团结的重要，这是不是指香港不够团结？”刁难的问题是从反面提出来的，全场顿时静了下来，目光一并汇聚到李瑞环身上。李瑞环笑了，反过来问：“如果我祝你身体健康，是不是指你的身体就不健康呢？”继而他又转向其他记者，“可不可以这样理解呀？”偌大的厅堂中笑声四起，有的记者甚至禁不住鼓起掌来。

中国古代寓言故事运用归谬法常有佳作。如先秦出现的脍炙人口的自相矛盾的故事——矛与盾。那个卖矛与盾的家伙吹大牛，而旁边的人并不直接驳斥他，而是在承认他的前提下，冷冷地问他：“以子之矛，攻子之盾，何如？”这个问题中包含着这样的推断：假如你的矛什么都戳得穿，你的盾什么都挡得住，那么用的你矛就能戳穿你的盾，用你的盾就能挡住你的矛。这样荒谬绝伦的结论，如何能成立呢？那个卖矛与盾的家伙除了无地自容，还能说什么呢？

在秦始皇嬴政时期，有一个 12 岁就被拜为上卿的少年，名叫甘罗。相传在他七八岁的时候，有一天看见他那在朝为官的外公回家后长吁短叹，闷闷不乐。于是就向外公打听到底发生了什么事。原来皇上听信谗言，给甘罗的外公出了个难题：找一枚公鸡下的蛋。甘罗听了后说：这事情好解决，我替你去办。第二天，甘罗叫外公在家休息，他穿着外公宽大的官服上朝去了。皇上及大臣看到他这身打扮，既感到好笑又觉得好奇。于是问甘罗：你外公怎么不来上朝，他到哪里去了？甘罗不紧不慢地说：外公生小孩子了。皇上听了大笑着说：小家伙骗人也不讲点技术含量，男人会生小孩子吗？甘罗马上接上去说：既然男人不会生小孩子，那么公鸡又怎么会下蛋呢？皇上只好收回成命。就这样，甘罗运用归谬法，在与皇上及大臣的交谈中占了上风。

明代的浮白斋主人写了一部书，叫做《雅谑》。书里面有这么一个故事：有一户人家，母亲刚去世不久，还处于服丧期。有一天，他们家偶然煮了一锅红米饭来吃。这事被一位迂腐的读书人知道了，他特地赶往煮红米饭吃的人家，指责他们在服丧期间不该吃红米饭。有人问读书人：为什么不能吃红米饭？那读书人说：红是表示喜事的颜色，你们难道不知道吗？这时主人接上口说：照你这么说，那些煮白米饭吃的人，他们的家里都有丧事吗？一句话，把读书人说得张口结舌。主人回答读书人的话中，就巧妙地运用了归谬法。[1]

从前，有一户人家，院子中央种了一棵桂花树，每当桂花盛开之时，香气四溢，沁人心脾。一天，儿子放学回家，看到父亲正挥动斧头，准备将桂花树砍掉。儿子大惊，急忙上前制止，问父亲为何砍树？父亲放下手中的斧子，叹息道：“这院子四四方方的，中间长着这么一棵树，看上去好像一个‘困’字,我怕不吉利,所以准备将它砍掉。”听了父亲的话，儿子笑道：“父亲，照您的说法，如果您将这棵桂花树砍掉，此院中就只有人了，那不又成了一个囚犯的‘囚’字，岂不是更不吉利吗？”儿子的回答，驱散了父亲心头的顾忌。

东方朔偷饮了汉武帝求得的据说饮了能够不死的酒，汉武帝要杀他，他说：“如果这酒真能使人不死，那么你就杀不死我；如果这酒不能使人不死（你能杀得死我），那么它就没有什么用处。这酒或者能使人不死，或者不能使人不死。所以你或者杀不死我，或者不必杀我。”这里隐含的前提是，如果酒是假的，那么偷饮了对汉武帝没造成损失，就不必被治罪。其实偷就是偷，与酒是否为假无关，是应该治罪的，但汉武帝被这个隐含的前提给骗了，结果原谅了东方朔。

归谬法运用了充分条件假言推理的否定后件式。“你姐姐是修女，修女富得很，因为她和上帝结婚。”“好，您就把我安排在一等病房吧，以后把账单寄给我姐夫就行了。”如上例就是这样推的：如果我的姐姐和上帝结婚，那么可以将我的账单给上帝。（事实上）不可以将我的账单寄给上帝。所以，并非我的姐姐和上帝结婚。

---

1 http://blog.readnovel.com/article/htm/tid_1101119.html

归谬法在使用时甚至结论都不必直接说出来，就使对方承认自己的论题荒谬。

第五章

协调疏导的说服话术

——说服口才

第一节　说服别人先说服自己

你想要说服别人的时候需要先说服自己，说服自己的时候就要先把自己假设为所有问题的提出者，这样你才能够真正想明白问题的答案。不然也就不必去说“自己永远都是自己最大的敌人”了。

2004 年，有一个词与“电子邮件”、“鼠标”、“蓝牙”、“非典”等 4000 多条新词一起出现在《现代汉语规范词典》里，这个词就是“换位思考”。虽然编入比较晚，但事实上，“换位思考”之前早已家喻户晓，是个热门词汇了。甚至，“换位思考”自古以来，就一直受到东西方圣人们的青睐。孔子有句名言，叫“己所不欲，勿施于人”（自己不想要的东西，切勿强加给别人）。这种“换位思考”已是相当见功底了。

为别人着想，抓住对方喜欢与关心的问题，以此为说服重点，会极大提高说服力。在销售工作过程中，要时常换位思考，站在对方的立场考虑，如果面对当时的情况会是什么心情，从中获得解决的方法和思路。

你企图说服别人，给别人提建议的时候，如果你不站在听众的角度去看问题，别人也无法接受你的任何观点。

心理学家的研究表明，要改变别人的想法，劝说者必须与听众站在一边，两者的关系越融洽，劝说的话便越容易入耳，这是因为人类有一个共同的天性，即喜欢听“自己人”说的话。纽约市立大学，布鲁克林学院的心理学家哈斯也说过：“一个酿酒专家也许能告诉你许多理由为什么某一种牌子的啤酒比另一种牌子的要好。但如果你的朋友，不管他对啤酒是否在行，叫你选购某种啤酒，你很可能听取他的。”

1858 年，林肯在竞选美国上议院议员时，有一天在伊利诺伊州南部进行演说。那时蓄养黑奴的恶霸们平时对废奴主义者就非常仇恨，当然，他们对林肯到此做反对奴隶制的演说是恨之入骨，并发誓只要他来就置他于死地。林肯当然知道他们对自己的态度。在演说之前，林肯说：南伊里诺伊州的同乡们，肯特基的同乡们，听说在场的人群中有些人要和我作对，我实在不明白为什么要这样做，因为我也是一个和你们一样爽直的平民，那我为什么不能和你们一样有着发表意见的权利呢？好朋友，我并不是来干涉你们的，我也是你们中间的一个，我生于肯特基州，长于伊里诺伊州，正和你们一样是从艰苦的环境中挣扎出来的，我认识南伊里诺伊州的人和肯特基州的人，也想认识密苏里的人，因为我是他们中的一个……

林肯的这段开场白很容易地说服了这些群众。主要原因在于他并没有把自己放在与同乡们相对的立场，而是找出与他们共同的语言来打开话题，让他们觉得林肯是与大家站在一起的，有相同的立场。

口才指南

在具体行动上，甚至是微不足道的方面表现出来的在感情上与听众的亲近感与认同感，往往能得到巨大的感情回报和共鸣。而一旦建立了这种感情共鸣，还需要什么苦口婆心地劝诫与说服呢？

第二节　了解要说服的对象

要想说服别人，首先要了解别人。越了解对方的情况，对对方的思想、感觉、看法了解得越清楚，我们的说服力就越强，只有这样才能做到剖析疑难、指点迷津。

苏洵的《谏论》里有一个有趣的例子：

古时候有三个人：一个勇敢，一个一半勇敢一半怯懦，一个怯懦。一个谋士同他们一道走到深谷边，并告诉他们说：“能够跳起跨越这深谷的，就是勇者，不能跨越的就是懦夫。”那个勇敢的人以怯懦为耻，一定会跨过深谷，那一半勇敢一半怯懦的人和怯懦的人就不能。谋士又告诉他们说：“能够跳过去的，给他千两银子，不能跳过去就不给。”那个一半勇敢一半怯懦的人追逐金钱利益，也一定能跳过去，那个怯懦的人还是不能过去。一会儿，怯懦的人回头看见一只凶猛的老虎向他逼来，这个怯懦的人还不等别人告诉他就立即跳起，像走宽阔平坦的大道一样跨过了深谷。

这个小例子，告诉我们，要说服不同的人做同一件事，必须针对他们自身的情况，用不同的理由和方法激励他们。而这一做法的前提条件是，必须对要说服的对象有所了解。

第二次世界大战期间，美国因为参战而必须动员大批青年服兵役，但多数美国青年过惯了舒适的生活，担心自己的生命会骤然消逝，于是纷纷抵制美国五角大楼发出的征召令。其中，俄亥俄州的地方行政长官已经是第五次被参谋长联席会议主席训斥得灰头土脸。

他表示，他已经说得口干舌燥，却仍然无法说服那些懦弱且意见纷杂的青年。正当他焦头烂额之际，有人向他介绍一位大名鼎鼎的心理学家。

这位心理学家经过一番精心准备之后，信心十足地来到募兵现场。当他面对台下东张西望的青年时，先沉默了 5 分钟，然后用浑厚的男中音开始进行演讲：

“亲爱的孩子们，我和你们一样，特别珍惜自己的生命。”

青年们见他颇有学者风度，说话又切合自己的胃口，便开始安静下来聆听。

“首先我要提醒大家，热爱生命是无罪的。因为，我们每个人都只有一次生命。凭良心说，我同样反对战争、恐惧死亡，如果要求我到前线去，我也会和大家一样想逃避这项命令。

“但是，我也存在另外一种侥幸心理：假如我服兵役，可能只有一半的几率会上前线作战，因为也有可能会留在后方；即使上了前线，我作战的可能性同样也只有一半，因为说不定我会成为某长官的左右手而留在安全地区；万一我不幸必须扛起枪，受伤的可能性仍然只有一半；即使不幸挂彩，如只有轻伤也不致受到死神的召唤。因此，我实在没有担忧的理由；如果是重伤，或许在医生的帮助下也有可能逃离地狱的鬼门关；就算真的运气不好，如果我不幸为国捐躯，亲人和朋友也将替我感到骄傲，我的父母不但会受颁一枚最高勋章，还可得到一笔数量可观的抚恤金和保险金，邻居小孩子们会以我为英雄，把我当成偶像来崇拜。而我，一位伟大的战士也进入天堂，来到慈祥的天父身边，说不定还会见到万人敬仰的华盛顿将军。”[1]

听完这段演讲，本来极力抗拒上战场的青年们纷纷表示愿意赌一赌，他们或者是想当英雄，或者是有人家境不好，万一出事可领巨额抚恤金。

就这样，心理学家的一席话，攻下了青年们的心理弱点，让他们成功地被说服。

发生在成功人物身上的奇迹，至少有一半是由口才创造的。

——人类行为学家汤姆士

第三节　把握说服的时机和场合

把握说服的时机、场合。在对方情绪不好时游说，成功的几率必定不高。要找对时机，还必须考虑到场所，找个能坐下来安静交谈的地方，会让说服工作更容易。

在经营过程中，说服时机的适当与否，多少总有些倾向会显示出来。

1　罗毅．让人无法说 NO 的攻心说话术．社会科学文献出版社，2008（4）．

比如当要去拜见某一位要员时，最好是确定在对方乐于接见的时候去。

对对方失当的言行，不当面表达自己的不满，而是等到以后，选择或设置一个适当的情景，向对方做出与之相似的言行，然后再稍加点拨，使对方明白自己的意图。如：妻子坐在缝纫机旁做活，丈夫在一旁不停地发表意见："慢点……小心点……你的针已经断了，把布向左拉……停一下……"

妻子生气地说："你干吗要妨碍我，我会缝！"

"你当然会，亲爱的，我只是想让你体验一下你教导我怎么擦地板时我的那种感觉。"

在这里，丈夫采用的就是设置情景的技巧。当他擦地板时，妻子在一旁指指点点、吆五喝六，俨然一副总指挥的架势。也许是不愿当即拂妻子的面子，丈夫没有表达自己的不满，而是在这之后抓住妻子做缝纫活的机会，设置一个与当时相似的情景，让妻子也体验一下受人驱使、听人吆喝的感觉，巧妙地表达了对妻子好为人师的不满。

当年赵高要陷害李斯，对李斯说秦二世的行为不对，劝李斯进谏，并约定如秦二世有时间，代为通知李斯。有一天李斯应约进宫，二世正与姬妾取乐，看见李斯进来，心中很不高兴，而李斯却茫然不知，正言进谏，二世只好当场敷衍一下。等李斯一退出，二世便开始发牢骚，说丞相瞧不起他，什么时候不好说，偏在这个时候来啰唆！

李斯的杀身之祸也就是因此招致。可见要想说服对方的话，应该注意什么时候最适宜。

说服工作要选对时间。在教育小孩方面，要学会跟孩子说"不"，但不见得在孩子最激动的时候让他完全的服从，承诺本就没想去做的事情，让他激动，激动期总是比较短暂的，等不激动了，目的没达到，他才能听进话去，不要当时就去讲啥大道理，激动的孩子是只知道发泄情绪，你说什么他不一定能听到，但是他会感觉他的做法引起了你的注意，继续下去可能会有更好的效果。

著名的财政顾问罗生 · W · 伯布逊先生曾说过："把握适当时机来说服的问题相当重要。首先我们必须看清楚有希望的顾客，是否真的具有认购的意思。如果你忽略了对方的问题，而大谈自己的观点，那么说明你根本没有把握住重点。譬如我个人过去每次推销产品时，都一再强调，这种产品对对方是如何有助于他解决目前的问题。所以一向恪守的原则就是不要谈论自己的意见。"

即使你以雄辩来压制冲突，对方也不见得能接受。此时，再争论也是无益。只有暂停谈话，等双方恢复冷静、情绪稳定后，再继续交谈。经过一段冷静的思考期后，对方的想法或许有所改变，这么一来，协议就比较容易达成了。

说话，并不是开口那么简单，而是应当懂得什么时候说什么话，同时还要为自己说过的话负责。在工作及事业上，善于抓住时机说话的人，能够充分利用自己的语言交际能力来说服他人，从而使工作顺利进行，事业成功在望，人生左右逢源。

口才指南

说服成功后，不要忘记感谢对方。说服成功后，一定要向对方表示感谢。当说服比自己弱势的人时，更应该再三表示感谢。

第四节　让对方用心地听你讲

人类是好奇心强烈的可爱动物，只要遭遇与平常稍微不同的事物，便会围上去探个究竟。最明显的例子就是，在夜市中，只要有一群人围在一起，你一定也会凑上去看看别人在看什么。难怪有人说你要是在闹市区抬头持续看天空 5 分钟，周围便会有许多人慢慢聚拢过来也跟着抬头看，而且人人都想知道你在看什么，事实上，很可能你只是脖子酸而已。

好奇心人皆有之。通过制造悬念或者新奇的话题勾起对方的好奇心，一方面能够使对方放松心理戒备，另一方面可以吸引对方的注意力，让对方用心地听你讲，这些无疑是成功说服对方的前提。更重要的是，由于勾起了对方的兴趣，说服会变得更加容易。

贝尔是电话机的发明人。后来他又进行了一些新的电气实验，但他需要大量的投资，否则无法使他的实验进行下去。他觉得当务之急必须说服投资者，筹到款子。于是他拜访了大企业家许拜特先生。

许拜特先生是个脾气古怪的人，而且对电气事业又不感兴趣，所以对于这方面的投资采取排斥的态度。贝尔来到许拜特家，见许拜特不怎么热情，就环顾客厅，见显眼的位置上，陈设着一架钢琴，便问道："阁下想必对钢琴很有兴趣。"许拜特一时摸不着头脑，就随意地"嗯"了一声。

贝尔坐下来先弹奏了一曲，然后把话题渐渐纳入自己设计的轨道："您看，随着我手指的弹动，钢琴便会发出各种声音。"

许拜特又是"嗯"了一声，不过神态和语气热情多了。"这是怎么回事？"他好奇地问。

于是贝尔详细地对他解释了和音和复音电信机的原理。接着又说："倘若能把你弹奏的乐曲传到远处。想必你一定乐意的。"

"嗯！"许拜特几乎有些激动了。

"您知道我曾经发明过电话机，通过电话，能传递信息，包括音乐。现在我的电话机向全世界推广了，这将会产生巨大的效益。接下来我将有另一项实验，假如成功，您投资的钱会有很大利润的。"这时贝尔才跟他算了一笔账。许拜特的态度彻底改变了，很高兴地答应承担贝尔新实验的一部分经费。[1]

1 刘元．求人：人生最大的生存和竞争本领．海潮出版社，2004（1）．

新颖的东西，必须要与我们的经验接近，才能够引起我们强烈的注意，才能够引起我们的好奇心。因此，有才干的店员、报纸的编辑、成功的演说家，都是运用秘诀，以达到目的。

第五节　找到双方的共同点

如果你与某人的交流一开始就以争论为起点，那么你们不会有一个愉快的结束。每个人在与别人的交往中都存在“物以类聚，人以群分”的心理，人人都希望得到一种认同，而不是走到哪里都听到别人反驳他。所以你如果可以找到两个人的共同点——你和别人相似的地方，就可以继续进行上面的话题。

“认同”就是人们把自己的说服对象视为与自己相同的人，寻找双方的共同点。寻找共同点可以从以下几个方面入手：

1. 寻找双方工作上的共同点。比如，共同的职业、共同的追求、共同的目标等。

2. 寻找双方在生活方面的共同点。比如，共同的国籍、共同的生活经历、共同的信仰等。

3. 寻找双方兴趣、爱好上的共同点。比如，共同喜欢的电视剧、体育比赛、国内外大事等。

4. 寻找双方共同熟悉的第三者，作为认同的媒介。比如，在同陌生人交往时，想说服他，可以寻找双方共同熟悉的另外一个人，通过各自与另外一个人的熟悉程度和友好关系，相互之间也就有了一定的认同，从而也就便于交谈说服对方了。

一千五百年前的唐朝围棋名手曾创立“围棋十诀”，其中有一诀是“势孤取和”，意思就是当自己力量不够，势弱无力还能和对方抗衡时，最好先与对方和解或先顺对方的意，不要正面和对方起冲突，宁可屈身等待时机。说话或谈判时也是如此。

美国第十六任总统林肯，曾经以一句“为人民而创造的政治”之名言，掌握了民众的心，而为民众所拥戴。林肯总统在面对需要说明的场面时都会说：“我在开始议论时，就会将彼此意见的共同点寻找出来。”林肯在有名的奴隶解放演说中，最初30分钟，只叙述一些持反对态度者所赞同的意见，然后再将反对者，按自己的目标逐渐地拉到自己这边来。

如果从一开始就强调自己的立场，彼此间的鸿沟就会越来越深，而演变成“如果你有那种想法，那我只好和你拼了”的局面。当对方有了这种对抗的心理时，你是绝对无法说服他的。

口才指南

你可以运用“投其所好”的策略，先不去否定或反对他的主张，先和他站在同一边，然后再根据他的看法，加上你的建议，这么一来，对方会把剑收回去，把墙挪开。

第六节　晓之以理，动之以情

晓之以理，就是讲道理。简单的事情，小道理，一两个典型事例，再加上简明、扼要的分析，道理就可以讲清楚。复杂的事情，大道理，涉及多方面的因素，触动一点就牵动全局，必须全方位、多层次、多角度地进行一系列的说服工作，从多方面展开心理攻势，并以严密的逻辑推理，如水到渠成地得出结论。晓之以理，还要结合动之以情，通情才能达理。牧师布道宣传的是唯心主义的宗教，但因以情动人，往往能在催人泪下的同时，不露痕迹地对听众施加思想影响，使人不知不觉地接受其教义。这就是情感的力量。[1]

“晓之以理，动之以情”这是劝导说服别人最根本的两条原则。以理服人就是摆事实，讲道理，让人从所讲的道理中领悟到正确性，从而接受你的意见，按照你的建议行事。需要注意的是，劝导说服要切中要害。大凡被劝者往往对某一问题想不开，挽上了疙瘩，怀有成见。要说服他，非切中这个要害不可，否则，喋喋不休，磨破嘴皮，也是“隔靴搔痒”，不能解决问题。再就是劝导说服要具体实在，既不能讲空话、套话、大话，也不能像某些报告那样“宽正面，大纵深”，需要的是实在的论证说理。

后汉皇帝刘聪立贵妃刘娥为皇后，刘聪十分宠爱她，决定大兴土木，为之建造凤仪殿。廷尉陈元达认为如此劳民伤财，极力劝谏。刘聪大怒，说：“我身为天子，营造一殿，何用问你们这些鼠辈，你竟敢口出狂言，涣散人心，不杀了这鼠辈，我的宫殿修不成。”于是命左右，“拉出去杀了，连同他的妻子儿女一起枭首东市，让这些老鼠埋在同一墓穴中！”

群臣无奈，有人想出一计，让刘皇后出面劝谏。这位皇后倒是个明事理的人，她一边密令武士停刑，一边亲手写奏章劝谏，称：“现今宫室已经齐备，无须再建。况四海尚未统一，应该爱惜民力。廷尉直言劝谏，这是社稷的洪福，陛下应加倍封赏才是，现在反而要杀他，如此天下会把陛下看成什么样的人呢？陛下为我营造宫殿而杀功臣，这样就使忠良以后不敢吭声，这是由于我；远近的人怨恨，这是由于我；国家百姓疲惫，也是由于我；社稷濒临危亡，也是由于我。

“天下人将罪都集中到我身上，我怎么担当得起啊！”

“纵观历史，自古以来，国破家亡，没有不是由于女人，我内心十分痛恨这种女人，不料今天我也成了这样的人，后世之人看我，就像我看历史上的女子一样，我实在没脸再侍奉陛下，请陛下恩赐我死于殿堂上，以堵塞陛下之过！”

1 郑悦素．口才全书．哈尔滨出版社，2005（4）．

刘聪看毕奏章脸色都变了，大司徒任凯等人也为陈元达求情而叩头流泪不已。刘聪只得说：“我近些年来，微得头风症，喜怒无常，不能控制自己。廷尉元达是忠臣啊……”于是叫人把陈元达带上殿，把刘氏的奏章给他看，说：“朝廷上有您这样的忠臣，内宫有这样的皇后，我还忧虑什么呢？”

刘皇后的一番话，使陈元达一家人免去了杀身之祸，足见劝说有术，言之有理，这正是以理攻心的威力。

口才指南

知名的“说服力”大师、美国亚利桑那州立大学心理系教授罗伯特·席尔迪尼却不断强调：“说服是一种科学，可以传授，也可以学习。”他认为，即使是自认为“说服力”薄弱的人，也可以通过掌握说服心理，运用有效的说服策略，让别人无法向你说不。

第七节　迂回说服，声东击西

战国时，公输盘替楚国制造云梯，准备攻打宋国。墨子为了阻止战争，“行十日十夜”，见到了公输盘，他早已料定“造云梯之械”的公输盘会用“道义”来粉饰自己，于是先提出了一个不正当的要求——“北方有辱臣者，愿借子杀之”，见公输盘不高兴，墨子来一个火上加油，“请献十金”，这就意味着拿金钱收买公输盘去杀人，在墨子的步步诱导和激将下，公输盘果然上当，脱口说出“我义固不杀人”，墨子然后结合公输盘的行为，雄辩地指明公输盘的不智、不仁、不忠、不强、不知类，连用五个比喻，以排山倒海之势，全盘批判了公输盘的行为，义正词严地指出公输盘的“义”，实质是“义不杀少而杀众”，令他难以招架，无从辩驳。

日本人在第二次世界大战中不知上演了多少杀身成仁的武士道悲剧，但有一位美国兵用一句玩笑话，却曾使十几个拼死顽抗的日本兵乖乖地投降。

那是在第二次世界大战末期，美军付出很大代价攻占了太平洋上的一座日本岛屿。最后的十几名日本士兵退到一个山洞里，无论洞外美军怎么喊话，他们都拒不缴枪，并拼命朝外射击。美军无可奈何。有位美国兵灵机一动，半开玩笑式地向洞里的日本兵做出了一个许诺：如果投降，就让他们去好莱坞一游，看一看影星们的风采。

出乎意料的是，这句开玩笑的话居然打动了那些日本兵。枪声停了，他们全部爬出洞穴，缴枪投降。为了维护信誉，美军司令部为这些俘虏安排了一架军用飞机，让他们飞抵好莱坞，大饱了一次眼福。能打动人心的往往是最有魅力的许诺。日本人对美国所知不多，但美国电影却使好莱坞成为这些日本兵非常熟悉而又向往的地方，甚至能诱使他们最后放弃武士道精神。

西方人有个习俗：男子戴帽，入室必摘下。而女士戴大檐帽，在室内可以不摘。某电影院常有戴帽的女观众，坐在她们后排的人，十分反感，便向经理建议，请其通行禁令。经理不以为然，说："公开禁令不妥，只有提倡戴帽才行。"提建议者听罢大失所望。

第二天，影片放映前，银幕上果然打出一则启事："本院为了照顾衰老高龄的女客，允许她们照常戴帽，不必摘下。"通告既出，所有戴帽者"唰"一声全都摘下，无一例外，因为西方人忌讳别人说自己老，尤其是女性。[1]

有个人在朋友家做客，天天喝酒，住了很久还没有启程之意，主人实在感到讨厌，但又不好当面驱逐。

一次两人面对面坐着喝酒，主人讲了这么一个故事："在偏僻的路上，常有老虎出来伤人。有个商人贩卖瓷器，忽然遇见一只猛虎，张着血盆大口，扑了过来。说时迟，那时快，商人慌忙拿起一个瓷瓶投了过去，

1 剑东．口才的故事．海潮出版社，2012（1）．

老虎不离开，又拿一个瓷瓶投了过去。老虎依然不动。一担瓷瓶快投完了，只留下一只，于是他手指老虎高声骂道：‘畜生畜生！你走也只有这一瓶，你不走也只有这一瓶！’”客人一听，拔腿就走了。主人明说虎暗指客，达到了逐客的目的。对于那些不自觉的客人，我们不妨使用这样的逐客法，避免正面交锋。

口才指南

很多时候我们期待别人听进自己的意见，或是要别人照自己的意思去做、去改变时，也常常会用一些比较激烈的手段与言语。然而，当你要别人照你的意思去做，去改变时，不要用攻击、批评……的方式，而要给他关怀与温暖，这样的方法反而更有效。

第八节　巧妙地运用数字

单纯地看数字，那是枯燥无味的，不给人任何美感，也不能引发人任何联想。但是，有经验的说话人却会巧妙地运用数字，使之产生非同一般的说服力。

语言中的数字运用，具有一种画龙点睛的作用，其对比的效果比一大筐啰嗦语言还有用处，更具震撼力和说服力。

与苹果创始人乔布斯相比，平庸的演讲者会将数字强塞给听众，而不提供任何情境和背景的提示。他们假定听众能够像他们一样理解数字中暗藏的玄机，并能分享他们的激情。这无疑是异想天开。而乔布斯知道，纯粹的数字只能吸引最热情的粉丝，而对于潜在客户来说却毫无意义。只有结合一定的情境和背景将数字进行直观化呈现，数据才会更容易被人理解、与听众的相关程度更高，也更能点燃听众的激情。

人们对于乔布斯制造“数字奇迹”的最初印象来自于第一款 iPod 的新品发布会。2001 年 10 月 23 日,苹果公司推出了 iPod 数字音乐播放器,彻底颠覆了整个音乐行业。但是,这一小玩意儿标价 399 美元,对大多数美国人来说比较昂贵。iPod 的存储空间为 5GB,这个数字对普通音乐爱好者而言,非常小。在 iPod 的新品发布会上,乔布斯在主题演讲中赋予了“5GB”这个数字深长的意味。他解释说,5GB 足够存储 1000 首歌曲。虽然这听起来令人印象深刻,但仍然不能让人相信其物超所值。因为竞争者们提供了相对而言更加物美价廉的产品——存储空间更大,价位更低。先别着急,乔布斯还有他的杀手锏。他向他的听众解释说,新的 iPod 重量不到 0.19 千克,如此娇小,完全可以“放进你的口袋里”。当乔布斯从自己的口袋里掏出一枚 iPod 时,观众立刻被他变戏法一般的举动征服了。iPod 的口号说明了一切“把 1000 首歌曲装进你的口袋里。”还有人能用比他更简洁的语言来准确地描述这款产品的诱人气质吗? 乔布斯注重修饰数字,赋予其实际意义,使它们更加有趣。[1]

在出色营销的冲击之下,苹果的产品投入市场之后总会引起消费者激烈的反应。2007 年 6 月 29 日 iPhone 上市,上市后前两天的销量就高达 50 万部。在上市 200 天之后,iPhone 销量已达到 400 万部。也就是说,苹果平均每天售出 2 万部 iPhone 手机。为此,乔布斯举行了“发布 200 天”的庆祝活动。

“这对于市场意味着什么呢?”他说道。接着,他展示了一张幻灯片,上面反映了美国智能手机市场竞争状况。通过和 iPhone 手机既定的竞争对手进行比较,乔布斯成功地说明了销售业绩——在第一季度销售了 400 万部,收效显著。乔布斯的魔幻数字处理方式已成为其最受称道的营销技巧之一,已被众多品牌所效仿。

要设法为枯燥的数字注入生命,这即是说,要让数字所代表的事实,能成为一般人生活经验中的一部分。只有这样,人们对数字才感到亲切,

1 卡迈恩·加洛(著)徐臻真(译). 乔布斯的魔力演讲 中信出版社, 2010(7).

也才能产生兴趣。

一个统计数字有时胜过千言万语。举个最简单的例子，当我们强调抽烟对身体健康的危害时，如果只是一直强调“千万不要抽烟，抽烟容易得肺癌!”这种说法就很难说服别人。但是如果我们换一种说法：“根据调查，抽烟者得肺癌的概率，是不抽烟者的十倍。”抽烟的危害就不言而喻。

日本语言学大师宇川先生说过：“语言抽象程度的高低并不重要，关键在于能否化抽象为具体。如果介绍美国的烹调技术，最好将美国的饮食习惯、食物保存法及一般的家庭主妇烹调用具都详细介绍到，因为方法是抽象的，而烹调用具和实际操作是具体的。”

口才指南

和数字一样，具体的事物和比喻才有说服力。因此，当你要说服一个非专业人士时，记得要用具体的比喻和数字，才会有好的效果。

第九节　激将法：事半功倍

卡耐基认为，激将语言可使我们收到事半功倍的效果，它是人际交往特别是朋友之间的一剂交谈良方。

三国时期，为了贯彻联吴抗曹的战略，说服周瑜与曹操决死一战，诸葛亮只身来到吴国同周瑜进行谈判。周瑜系江东主战派的核心。但是，他在与诸葛亮相见时，却故意反说宜降不宜战。鲁肃不知是诈，与周瑜当面争辩起来。诸葛亮装作主张投降的样子，然后说：“我有一计，既不必牵羊担酒，纳土献印，也不必亲自渡江。只要派一名使者，送两个人到江北给曹操，百万大军就会卷旗卸甲而退。”他不说明究竟是哪两个人，只将两个人看得对江东无关紧要，此举正是为了让周瑜再次问自己，为激励周瑜造声势。周瑜果然又问："这两个人究竟是谁？烦请先生真言相告。"周瑜连连发问，将诱使诸葛亮前来求助自己的打算搁置一旁，渐渐地陷入被动地位。

诸葛亮说："我在隆中时，就听说曹操在漳河新建了一座十分壮丽的楼台，称之为'铜雀台'，并且广选天下美女置于其中。曹操原本就是个好色之徒，他很早就听说江东乔公有两个女儿，长曰大乔，次曰小乔，都有沉鱼落雁之容，闭月羞花之貌。曹操曾经发誓说：'我一愿扫平四海，以成帝业；一愿得江东二乔，置之于铜雀台，以乐晚年。如此，虽死也没有什么可恨的了。'可见，他率百万雄兵，虎视江南，其实不过是为得到这两个女子。将军何不去找那乔公，用千金买下这两个女子，派人送给曹操。曹操得到她们之后，心满意足，必然班师回朝。"

周瑜大怒道："先生有所不知，大乔是孙策将军之妻，小乔也已下嫁了公瑾，曹贼欺我太甚！我东吴必将与老贼势不两立！"至此，诸葛亮的激将法已经取得了成功。经过双方进一步谈判，达成了共同抵抗曹操的协议，诸葛亮联吴抗曹的战略得到了实施。

合理使用激将法，可以减少客户的异议，缩短整个成交过程的时间。但必须选择好对象，这样才更容易完成成交工作。合理地使用激将法，不但不会伤害到对方的自尊心，反而会让对方在购买行为中获得心理上的满足。

一位女士在挑选衣服时，对一件套装表现得较有兴趣，但却一直犹豫不决。这时，销售员对她说："你看好这套了吧，现在不买也没有关系，我可以帮你留着。等你回去征求一下您先生的意见再做决定。"这位女士立刻回答："这事不用和他商量。"然后立即做出了购买决定。

口才指南

激将法用于己方的时候，目的在于调动己方将士的杀敌激情。激将法用于盟友时，多半是由于盟友共同抗敌的决心不够坚定。

第十节　正话反说更有说服力

有些话绝对不允许你说出来，为了避免尴尬，不妨从其反面说起。须知真理再向前一步就可能变成谬误，反面的话稍加引申，就可能走到反面的反面。

正话反说往往比正话直说更有说服力和感染力。正话反说，就是指口头讲出来的话语与内心想表达的意思相反，如话语上肯定，而意义上否定；或话语上否定，而意义上肯定。恰到好处地正话反讲，往往能出奇制胜，赢得非同一般的效果。

楚庄王非常喜爱他的一匹马，这匹马穿的是华丽的锦缎，住的是华丽的房屋，睡的是床铺，吃的是切好的干枣。马死了，楚庄王打算用棺椁装殓它，以大夫的礼仪来替它风光大葬。大臣们议论纷纷，都认为楚庄王的做法很过分。楚庄王不听众人的劝解，说谁敢再为葬马的事情劝说他，就要杀头，群臣都不知该怎么办。楚国田的乐官优孟听说了这件事，就大哭着走进皇宫。楚庄王奇怪他为什么哭，优孟回答说："这匹马是大王最喜欢的，就凭楚国这样大的国家，有什么事情办不到？大王却只用大夫的礼仪来安葬宝马，太不够档次了，大王应该改用人君的礼仪来葬马。"楚庄王问："怎么样用人君的礼仪葬马呢？"优孟说："臣请求大王用雕饰过的玉做棺材，派甲士挖穴，让老人和孩子背土。齐、赵两国陪侍在前面，韩、魏两国护卫在后面。庙堂祭祀用太牢为祭品，封给万户大的地方作为它的奉邑。”说到这里，楚庄王已经觉得很不像话了，优孟见时机已经成熟，便下结论说：“诸侯听到了这件事，都知道大王您轻视人而重视马。”楚庄王一听，马上说：“寡人的过错竟到了这种地步吗？太不可思议了，我该怎么办呢？”优孟笑着说：“请大王将这匹马当做一匹普通的牲畜来埋葬吧，在地上挖个土灶，用铜铸的大鼎作为棺材，赏赐给它姜枣，再用木兰树的皮铺在棺材里，用粳米做祭品，用大火炖煮，将它埋葬在人的肠胃里。”楚庄王觉得优孟说的话在理，于是叫人把马交给了宫里主管膳食的官员。

以优孟地位之微，如果直陈利弊，凛然赴义，固然令人肃然起敬。然而他正话反说，力挽狂澜，所作所言则更令人敬佩。反语是口才艺术中的迂回术，是更为极端的迂回术。正话反说便是以彻底的委婉，欲擒故纵，取得合适的发话角度，达到比直言陈说更为有效的说服效果。

齐景公让养马人饲养他心爱的马，这匹马突然死了。景公很生气，就命令手下的人拿着刀去肢解养马人。这时，晏子正陪坐在景公跟前。景公手下的人拿着刀走上前去，晏子阻止了他们，并问景公，说：“尧舜肢解人体，从身体的什么地方开始？”景公惊惶地说：“从我开始。”于是下令不再肢解养马人。

景公又说：“把它交给狱官处理。”晏子说：“这个人还不知道自己的罪过就要被处死，请让我为您历数他的罪过，也让他明白自己犯了什么罪，然后再把他交给法官。”景公说：“可以。”晏子数落道：“你的罪过有三条：君王让你养马，你却让马死掉了，判处你死罪，这是第一条；你让君王最好的马死掉了，判处你死罪，这是第二条；你让君王因为一匹马的缘故而杀人，百姓听到后必定会怨恨我们的国君，诸侯们听到后必定会轻视我们的国家。你让君王的马死掉，使怨愤在百姓中积聚，军威在邻国中减弱，你应被判处死罪，这是第三条。现在就把你交给法官。”景公叹息说：“您放了他！您放了他！不要损伤我的仁义名声啊！”

齐景公因一匹马杀人显然是错误的。可晏婴没有直谏，而正话反说，在逻辑上把齐景公的做法归谬极端，让他省悟并改正自己的错误。

口才指南

有时正话反说的曲折手法，可使人们在轻松的情境中相互沟通，使处于紧张的局面得到缓解。

第十一节　以利诱人的说服技巧

在早期开发直流电机时，麦克·法拉第曾经向英国首相威廉·格莱斯顿请求资助研究经费。在法拉第展示了他的原始的直流电机后，首相问道："那有什么好处呢？"法拉第回答说："某一天，你将能够从它身上获取税收。"法拉第因此获得了经费。这里要注意的是，法拉第并没有详细地解释电机将如何减轻工人的负担，相反，他向与他谈话的人——英国首相解释了将获得何种利益。

钢铁大王卡耐基从小就很会说服别人。他在小的时候，抓到两只兔子，但却发现没有给兔子吃的食物，因此他想到了一个妙计，把邻居小孩找来，如果他们能为兔子找到食物，就以他们的名字来为兔子命名。

第二次世界大战期间，美国一位科学家去请求总统罗斯福拨款研制原子弹。这位科学家百般陈述利害，罗斯福仍然不为所动。临走时，那位科学家发现罗斯福的办公室墙壁上挂着一幅画，上面画着一艘潜艇，顿时计上心来，"19 世纪，曾有人向拿破仑提出制造潜水艇的建议，拿破仑觉得很可笑，没采纳。如果拿破仑采纳了这个建议，今天欧洲的历史就要重写了。"罗斯福听罢，立刻改变了态度，同意研制原子弹。

日本古代名人丰臣秀吉有一次想没收所有农民的刀枪铁器等，但遭到了农民们的激烈反对，由于他们受过太多的欺骗，对那些统治者也早已恨透了，此时若以强压手段必引起农民的反感。于是他便灵机一动说：

“这次我要将这些没收的武器用来制造寺庙用的器材、铁钉等，使民众得以供奉。并且为了国家、为了全民，更需要百姓专注于耕作上。”于是农民们便都心甘情愿地将武器交出。

基辛格退休后，不轻易接受采访，而且即使接受也是收费的。一次，中央电视台节目主持人水均益去采访基辛格，一见面，水均益说：“我们的节目有十分钟长，是中央电视台黄金时段节目之一，收看我们节目的观众有四亿。基辛格博士是中国人民的老朋友，很多中国观众都非常希望了解博士您的近况。”结果基辛格愉快地接受了采访，而且免费。

在说服过程中，如果对说服对象的利益把握正确，就会事半功倍。

第十二节　理由是说服人的关键

我们在要求（说服）别人帮忙时，要是能给出一个理由，成功的几率就会更大，因为人类就是喜欢“做事有个理由”。

有人做过这样的实验，在繁忙的办公室里，影印机前等待影印的人已排起了长龙，突然一个人拿着一份资料冲到最前面，大声地说：“可以让我先吗？因为这份文件很急。”结果95%的人都会让他先用。后来，甚至只要说：“我可以先用吗？因为我需要影印。”这样居然也可以，也有95%的人给他先用。

这个小小的故事告诉我们“因为”的力量。在与人交谈的过程中你可千万不要小看因为的力量，它可以代替许多的解释，“因为”的后面相当于事实。要知道乞求是没有用的，给他一个理由，不要问“可不可以”、“行不行”，只说“因为”，当然要注意语气的配合，着重的语气。

有一个女士夜间遇到歹徒图谋不轨，她于是大声喊“救火！”而没有喊“救命”。为什么？因为夜间“救命”恐怕无人敢来，可是到了白天，明明家里失火，她却大喊“救命！”因为白天只有“救命”才更紧急。

不过，在职场上，有效的说服，需要持续的毅力与精力，而且理由必须充分。“越是重要的事，大家越会详细追问理由。”英国管理顾问麦克布莱说。所以“理由要面面俱到，提出的论点越多，别人愈能在其中找到一个可以信服的”。

理由是说服人的关键，也是根本，因此我们在说服别人的过程中最具说服力的方法，就是强调最大最关键的理由。

有一个小伙子固执地爱上了一个商人的女儿，但姑娘始终拒绝正眼看他，因为他是个古怪可笑的驼子。

这天，小伙子找到姑娘，鼓足勇气问：“你相信姻缘天注定吗？”姑娘眼睛盯着天花板答了一句：“相信。”然后反问他：“你相信吗？”他回答：“我听说，每个男孩出生之前，上帝便会告诉他，将来要娶的是哪一个女孩。我出生的时候，未来的新娘便已经配给我了。上帝还告诉我，我的新娘是个驼子。我当时向上帝恳求：‘上帝啊，一个驼背的妇女将是个悲剧，求你把驼背赐给我，再将美貌留给我的新娘。’”当时姑娘看着小伙子的眼睛，并被内心深处的某些记忆搅乱了。她把手伸向他，之后成了他最挚爱的妻子。

口才指南

在说服中，我们一定要牢记把握对方的动机，以给对方制造合适的理由。

第六章

打好拒绝式的“太极拳”

——拒绝口才

第一节　拒绝态度一定要明朗

很多人在想要拒绝对方的时候，会产生一种“不好意思”的心理。这种心理阻碍了人们把拒绝的话说出口。由于这种矛盾的心情，态度上就不那么热心，说话吞吞吐吐，欲言又止欲藏又露。在这种心理的制约下，最终往往是依照对方的意图行事。

小刘这个人平时很爱面子，朋友找他办事他总是义不容辞地应承下来，即使有些事他办不到，他还是要说“让我试一试”、“我再想想办法”之类的话。

有一次，他的朋友小王求他帮忙联系一家装修公司，好为自己的新房子装修一番。小刘原本对这方面行情了解得很少，再加上最近工作比较忙，因而打算拒绝这位朋友。可是他怕这样做会给对方留下一个不好的印象，于是在说明自己的难处之后补充了一句：“我先试一试吧！”小王以为小刘真的能够做到这件事，于是就很高兴地离开了。

过了几天，小王打来电话问事情办得怎么样了，这时小刘大吃一惊，他没想到一句推托的话竟然被人当了真，于是叫苦不迭。可是为了面子，他不得不说：“我打听了两家，水平都很一般，今天我再联系一家，明天给你消息。”然后他就四处找人咨询装修的事，耽误了一整天的工作时间才把这件事解决掉。

由此可见，拒绝朋友时态度一定要明朗，不要给对方错觉，否则必然会给你带来麻烦。当然，态度明朗并不意味着绝对严肃，说话的语气一定要柔和，这样才不会伤害对方。

一些人在相亲的时候，认为自己拒绝态度很坚定了，实则不然。有一位女士曾这样叙述道：“第一次约我，我说没空。第二次约我，我说有事。第三次约我，我直接拒绝。第四次约我，我都已经很明确地说我在相亲了。他老人家竟然还有第五次。我知道，为防女孩子矜持，男人就该主动多追求几次，可我都已经说得那么明显了，他这是哪里来的自信呢。打这以后，我就怕了，完全不敢再相亲，被一个纠缠已经够了。”

事实上，这位女士可以说她在相亲，为何就不敢直接说“我对你没感觉”呢？这位女士模糊不清的拒绝，就给了男人暧昧的朦胧感，以为这位女士拒绝他是在拿乔，是在享受被追求的快感。所以，他不纠缠这位女士纠缠谁？有些话直接说，比委婉拒绝要好。

在服装店，你在挑选一件衬衣，样式和做工都令人满意，但在价钱上你却觉得不够理想，但看到售货员的热情服务，使你不好意思不买它。售货员就是利用你的这种心理，越是看到你在犹豫，就服务得越热情越周到，帮你量好尺寸、试大小，甚至动手包装好，放进你的购物袋里，造成既定事实。

因此，我们需要做的就是礼貌，但要坚决。很多人容易犯的就是这个犹豫不决，他们可能虽然拒绝了别人但是他们的拒绝听上去有些动摇，如果你这样回应别人的话，会有更强的人来向你施压，直到你点头答应为止，这是因为他们觉得事情还有商量的余地。因此如果你要拒绝的话，你就得让别人清楚地知道你不会再改变主意了。

口才指南

拒绝别人时，别表现得粗鲁，一句简单的“不，我现在实在无能为力”就够了。

第二节　寻找合适的拒绝理由

找好合适的理由，不但是为别人找台阶下，而且也会使我们赢得别人的信赖和支持。一个善于拒绝别人的人必定是一个善于维护自身利益的人。所以，要学会和别人相处，也要学会保护好自己的生活，不要因为一些所谓的人际应酬而使自己受到很大的影响。

比如一个宾馆服务员，一位客人请求替他换个房间，服务员则可以说："对不起，这得值班经理决定，他现在不在。"在日常生活中，我们可以经常用到这种方法。比如说你在服装店里遇到了一位熟人。他想要请你吃饭，可是你又不想去。为了维护对方的面子，你可以说自己是在为一个好朋友买衣服，必须尽快送过去，因为人家晚上要参加一个派对。你也可以假装掏出记事本查看当天的日程安排，不管你看到了什么，你都可以惊叫道："哦！我差点忘了今天有一个重要的约会！看来今天我无法与你共进午餐了，不过还是很感谢你的邀请！"这样一来，你就可以堂而皇之地拒绝对方了。

由此可见，我们身边的事物也可以为我们的交际提供许多便利条件。只要我们细心观察、深入挖掘，就一定能够找到适合自己的"工具"。

刘涛这几天遇到一件很郁闷的事情。其实，要说这件事情也不是一件很大的事情，但确实让刘涛辗转反侧。刘涛的妻子小娟是一个既漂亮又能干的女人，在公司里人缘极好。这些本是很好的事情。但这几天，小娟的领导一直想带小娟到外地出差，而且只有两个人。所以，这让刘涛多少有点放心不下。小娟也是愁眉苦脸，如果说不去吧，怕丢了领导的面子；去吧，似乎看上去不那么安全。这个时候，小娟突然想出一个非常好的方法。在办公室，小娟开始一脸悲苦地对领导说，刚接到妈妈的电话，爸爸的老毛病又犯了。这次很严重，妈妈要自己和丈夫回老家看看他们。小娟声情并茂地演出，并且还表现出万分不得已的样子。小娟一直向领导道歉，并且恳求领导给自己几天假期。领导感觉到了小娟的诚意，很高兴地给了小娟假期，又找了一个员工和自己一起出差。刘涛和小娟悬着的心终于落下来了。[1]

1 聂凌风．我的第一本人情世故书．华中科技大学出版社，2009.

口才指南

你和朋友去看了一部拙劣的武打片，出影院后，朋友问：“你觉得这部片子怎么样？”你可以回答：“我更喜欢抒情点的片子。”

第三节　倾听后，要委婉拒绝

当你仔细倾听了同事的要求，并认为自己应该拒绝的时候，说“不”的态度必须是温和而坚定的。好比同样是药丸，外面裹上糖衣的药，就比较让人容易入口。同样，委婉表达拒绝，也比直接说“不”让人容易接受。

人都是有自尊心的，一个人有求于别人时，往往都带着惴惴不安的心理。如果一开始就说“不行”，势必会伤害对方的自尊心，使对方不安的心理急剧增加，失去平衡，引起强烈的反感，从而产生不良后果。

当遇到敏感的问题或难做出承诺的要求时，首先应向对方诚恳地表示尊重、理解和同情，其次绝对不要焦躁，要沉着冷静。对于无理的要求或挑衅的问题，既可采取主动出击的攻势，也可采取以防卫为主的守势。也就是局势由我们所主导，进可攻，退可守。

我们“委婉”的目的，无非就是为了减轻双方，尤其是对方的心理负担，并非玩弄“技巧”来捉弄对方。因此，在你委婉拒绝对方时，态度一定要诚恳、真挚。特别是领导拒绝下属、长辈拒绝晚辈的要求时，更不能盛气凌人，要以同情的态度、关切的口吻讲述理由，争取他们的谅解。如对方是你的上级、长辈，与其让他一再催促你做出答复，不如你主动登门拜访说明原因，委婉拒绝，以免有失礼貌。如对方对拒绝的理由仍存疑惑，还想纠缠你，不妨再加上一些“证据”，让你拒绝他的理由更有可信度。

当拒绝别人时，不但要考虑到对方可能产生的反应，还要注意准确恰当的措辞。譬如一位先生送衬衣给一位关系普通的小姐。假如这位小姐反唇相讥："这是给您妈买的吧？"那就成为悍妇了。还不如婉言相拒，说："它很漂亮。只可惜这种样式的我男朋友给我买过好几件了，留着送你女朋友吧。"恁地说，既暗中示意了自个儿已经"名花有主"，又提示对方注意分寸。

人都是有自尊心的。当你在拒绝别人时，一定要先考虑到对方可能产生的反应，所以要注意选择准确恰当的词语。

第四节　降低对方对你的期望

大凡来求你办事的人，都是相信你能解决这个问题，且抱有很高的期望值。一般地说，对你抱有的期望越高，越是难以拒绝。

很多老师都碰到过让学生起来回答问题学生却沉默以对的情况，大多数老师在排除了学生不专心听讲之后会认为自己的问题存在难度或指向性不明确，于是一再为这个学生降低难度，事实上结局仍然可能是这个学生的沉默和其他学生的不耐烦。霍特先生认为这类学生根本不在思考问题，"把自己伪装得不才、无能，不但可以降低别人对你的期望和要求，也能降低你对自我的期望和要求，如果你准备失败，那么你一定不会失望。有一句俗话说：'如果你睡在地板上，你一定没有机会从床上摔下来。'"

如果适当地讲一讲自己的短处，就降低了对方的期望，在此基础上，抓住适当的机会多讲别人的长处，就能把对方求助目标自然地转移过去。这样不仅可以达到拒绝的目的，而且使被拒绝者因此得到一个更好的归宿。

另外，在拒绝别人的时候，要越早越好。因为及早拒绝，可让对方抓住时机争取其他出路。无目的地拖拉，对他人是不够负责的。至于地点，拒绝时一般将对方请到自己办公室比较好。

如果你觉得有人将会有求于你，你可以在别人向你请求之前告诉他们你很忙。如果你与那人碰面，你可以说"话说在前头，我得让你知道我的日程表在这一个月里都排得满满的，所以我们别谈关于30天内的什么新计划。"这相当于对那个将有求于你的人做了一次警告，因此事后他们也无法怪罪你拒绝他们的请求。

口才指南

在拒绝别人的要求时，倘若多讲自己的长处，或过分夸耀自己，就会在无意中抬高了对方的期望，增大了拒绝的难度。

第五节　让对方理解你的苦衷

拒绝别人的请求，尤其是拒绝那些脾气刁钻古怪、仗势欺人或心胸狭窄、沉默寡言这一类性格执拗的人，可是件很麻烦的事。因为他们在求人办事之前会有他们自己想当然的念头，很难全面地考虑你的处境以及此事会给你造成怎样的影响。因此，你需要了解提供拒绝的原因是一个非常聪明的让他们真正地体谅你的办法。

直接向对方陈述拒绝对方的客观理由，包括自己的状况不允许、社会条件限制等。通常这些状况是对方也能认同的，因此较能理解你的苦衷，自然会自动放弃说服你，并觉得你拒绝的不无道理。

对对方的请求不要一开口就说"不行"，而要先表示理解、同情，然后再据实陈述无法接受的理由，以此获得对方的理解，使对方自动放弃请求。李刚和王静是大学同学，李刚这几年做生意虽说挣了些钱，但也有不少的外债。两人毕业后一直无来往，忽一日王静向李刚提出借钱的请求，李刚很犯难，借吧，怕担风险；不借吧，同学一回，又不好拒绝。思忖再三，最后李刚说："你在困难时找到我，是信任我，瞧得起我，但不巧的是我刚刚买了房子，手头一时没有积蓄，你先等几天，等我过几天账结回来，一定借给你。"[1]

在拒绝时，最忌讳的就是马上说"不"。

第六节　敷衍含糊，哼哈拒绝

敷衍式的拒绝是最常见最常用的一种拒绝方法，敷衍是在不便明言回绝的情况下，用打哈哈应付请求人。敷衍是一种艺术，运用好了会取得良好的效果。

如果你讨厌说话的对方，又不想得罪他，你可以说一些含有"反正""但是"等这样词语的话，或在对方说话时不表示兴趣，仅仅以"嗯，是吗？"作回答，或在对方极有兴趣地问你问题时回答"也许吧！""可能吧！？"这些建议会令对方感觉出你对他的反感而退避三舍，更不会提出什么要求了。

外交官们在遇到他们不想回答或不愿回答的问题时，总是用一句话来搪塞："无可奉告。"生活中，当我们暂时无法说"是"与"不是"时，也可用这句话。还有一些话可以用做搪塞，如"天知道。""事实会告诉你的。""这个嘛……难说。"等等。

有一次庄子向监河侯借贷，监河侯敷衍他，说道："好！过一段时间，去收房租，收齐了，就借你三百两金子。"监河侯的敷衍很有水平，不说

1　问道．把话说得滴水不漏，把事办得漂亮成功大全集．中国华侨出版社，2010（10）．

不借，也不说马上借，而是说过一段时间收租后再借。这话有几层意思：一是我目前没有，现在也不能借给你；二是我也不是富人；三是过一段时间不是确指，到时借不借再说。庄子听后已经很明白了，但他不会怨恨什么，因为监河侯并没有说不借，只是过一段时间再说而已，好像还是有希望的。

口才指南

如果由于某种原因不愿意或不便于把自己的真实想法说给对方听，这时可以用模糊语言来应对。

第七节　装糊涂的拒绝术

每个人都有自己的生活，都会遇到求人帮忙的时候。人人都需要尊重和别人的重视。遇到别人来找我们帮忙时，如果我们不能帮别人，就需要找一种最合适的方式来拒绝别人。为拒绝别人找好理由，其实就像生活中的善意的谎言一样，是属于一种社交手段。这种社交手段往往能够维护别人的尊严和我们自身的利益，

曾有位女士对林肯说：“总统先生，你必须给我一张授衔令，委任我为我儿子为上校。”林肯看了她一下，女士继续说：“我提出这一要求并不是在求你开恩，而是我有权力这样做。因为我祖父在列克星敦打过仗，我叔父是布斯堡战中唯一没有逃跑的士兵，我父亲在新奥斯卡良作过战，我丈夫战死在蒙特雷。”林肯仔细听过后说：“夫人，我想你一家为报效国家，已经做得够多了，现在是把这样的机会让给别人的时候了。”这位女士本意是恳求林肯看在她家人功劳的份上，为其儿子授衔。林肯当然明白对方的意思，他以装糊涂而予以拒绝。

1945年7月，苏、美、英三国领袖在波茨坦举行会谈。一次在会议休息期间，美国总统杜鲁门对斯大林说，美国已研制成功一种威力强大的炸弹。这是用暗示的方式来试探斯大林对原子弹所持的态度。斯大林却像没有听见一样，未露出丝毫的惊讶，也没有做出任何回答，以致许多人回忆说，斯大林好像有点聋，没有听清楚。其实，斯大林听得清清楚楚，会后他告诉莫洛托夫说："应该加快我们研发工作的进展。"两年后，苏联成功地爆炸了第一颗原子弹，打破了美国对世界的核垄断局面。在对方提出问题时佯装没有听见，当然就用不着回答。[1]

口才指南

在谈判过程中，谈判对手是提供给你某种利益的人，一旦遭到了否定，他们就会产生不快，从而产生一种抗拒的心理。

第八节　"先肯定，后否定"

拒绝别人，又不得罪人，有时候甚至是一种奢求。不善于拒绝的人，一次拒绝就有可能得罪了多年的深交，而善于周旋的人，即使天天都在拒绝，却始终能广结人缘，游刃有余。拒绝的语言是有讲究的，一句话可以说得人笑，也可以说得人跳，这就需要掌握语言的分寸。

拒绝他人不必那么生硬，我们可以先肯定，后否定，说明原因，得到谅解。很多时候直言拒绝对方的请求可能会令对方难堪，但如果表示对对方所谈话题不感兴趣可能会免去不必要的麻烦。例如，当某人请你帮他介绍一位你很熟识的企业家认识（有功利性企图时），你可以说："我与他纯粹是私交，不涉及他的事业。"当有人向你诉说股市风云如何看好，

1　丁慧中．我就是口才高手．蓝天出版社，2012（11）．

企图向你借钱时，你可以说：“我不在股市，兴趣也不太大。”这样既能使对方明白你拒绝他的意思，又可以不用直言拒绝。

当对方提出了一个要求或看法而你不能同意的时候，你可以先找出其中合理的部分予以肯定，然后委婉地表示你不能确定其他的部分。

对上司或主管交办的工作，出于责任心需要反对或拒绝，这时，既要坚持主见又要维护上司的体面，该选择什么样的拒绝方式呢？可以选择上司或主管意见中某一方面被你认同的地方加以肯定，而后提出相反意见，即先通过恭维打消上司或主管意见被拒绝的不悦，让其不失体面。“总的来说，你的看法有一定的道理。”以这样的开场答复对方，对方会更加容易接受你的意见。之后提出自己的观点，通过举例说明，让上司意识到你的观点比他的观点更切实可行。不要因为看到上司或主管脸色不好而附和上司或主管。这样非但解决不了问题，还暴露出自己胆怯无主见的平庸一面。

心理学研究表明：当一个人听别人说“是”的时候，他的机体就呈现开放状态，使他在轻松的心理感受中继续接受信息。尽管最终是转折了，但这样柔和地叙述反对意见，对方较易接受。

尽量不要使用否定性的词语，即使你需要表达出来，也应该用一种更加有技巧的方式。对每个人都应如此。

第九节　岔开话题，预防式拒绝

一个人在将欲求人的时候，内心是敏感的。正因为人们在求人时是如此敏感，所以我们可以巧妙地利用其特点：当我们探查到了对方的意图，而对方又还没有正式提出要求之前，我们不妨有意识地释放出一些含有拒绝意味的信息信号，对方那么敏感，自然不会错过这些信息信号，他们由此也能判断出我们的意思。

这种预防式拒绝的最典型一个技巧就是岔开话题，也就是说，当对方即将提出要求的时候，我们及时地截断对方的话，避而不谈正题，而是将话题岔到别的话题上去。

谈话总是要围绕一个中心内容来谈，如果你对此不感兴趣，或不想多谈，你可采用节外生枝的方法，转移活题。如：谈论某个人的是非，可你不想谈，那么你可先听对方说，然后说些和被谈论人无关紧要的事，说自己的事，说说话人的事，说近来发生在身边的有趣的事。

《左传·昭公二十年》中有一句话："献其可，替其否"。"献可替否"已成为一句成语，意思是建议可行的而替代不该做的。别人所托之事，可能会千奇百怪，对于那些违背原则之事应在讲明道理之后，一般的人都有一种补偿心理，你想的办法也许不很理想，但你已经尽力了，对方的情感便得到了满足，这在一定程度上减少了他的失望感。如果你的办法帮助别人圆满地解决了问题，那别人会更满意。

口才指南

当别人向你提出某种要求时，他们往往通过迂回婉转的方式，绕个大弯子再说出原意，如果你在他谈到一半时就知道了他的意图，并清楚自己不能满足他的愿望时，不妨把话题岔开，说些别的，让他知道这样做只会给你为难，他也就会知难而退了。

第十节　幽默拒绝的技巧

所谓幽默拒绝法，是指无法满足对方提出的不合理要求，在轻松诙谐的话语中设一个否定之间或讲述一个精彩的故事让对方听出弦外之音，既避免了对方的难堪，又转移了对方被拒绝的不快。

意大利音乐家罗西尼生于1792年2月29日。因为每四年才有一个闰年，所以等他过第18个生日时，他已经72岁了。在他过生日的前一天，一些朋友告诉他，他们集了两万法郎，准备为他立一座纪念碑。罗西尼听完后说：“浪费钱财！给我这笔钱，我自己站在那里好了！”罗西尼本不同意朋友们的做法，但又不好直接拒绝，于是提出了一个不切实际的想法，含蓄地拒绝了朋友们的要求，又不会伤害朋友的好意。

在人际交往中，我们会经常遇到一些意想不到的事情，或是自己失言失态，或是对方的反应不如我们事先预料得好，或是周围的环境出现了我们没有考虑到的因素等等。总之，这些猝不及防的情境往往会令我们狼狈不堪。这个时候，最有效的解决方法，就是用幽默来摆脱尴尬。

一位诗人与一位将军同时出席宴会，女主人一味地向别人炫耀自己：“我这位诗人朋友要马上作一首诗来赞美我。”诗人感到很尴尬，但又不好直接拒绝，只好说：“还是请将军先做一门大炮吧！”一句幽默话，化解了自己的尴尬，高明至极！[1]

马克·吐温有一次在邻居的图书室里浏览书籍时，发现有一本书深深吸引他。他问邻居可否借阅。“欢迎你随时来读，只要你在这里看。”邻居说，并解释道：“你知道，我有个规矩，我的书不能离开这栋房子。”几个星期以后，这位邻居到马克·吐温家，向他借用锄草机。“当然可以。”马克·吐温说，“但是依我的规矩，你得在这栋房子里用它。”

1　成钢．金口玉言：话原来可以说得更金贵．万卷出版公司，2007（11）．

芬兰一建筑师说话很慢，当记者访问他时，一直担心时间不够。万般无奈只好说："沙先生，时间不多了，能否请您说快点？"沙先生听后，慢慢掏出烟斗，点上，能多慢就多慢，懒懒地说："不行，先生，不过，我可以少说点。"

因为张大千留有一口长胡子，在一次吃饭时，一位朋友以他的长胡子为理由，连连不断地开玩笑，甚至消遣他。可是，张大千却不烦恼，不慌不忙地说："我也奉献诸位一个有关胡子的故事。刘备在关羽、张飞两弟亡故后，特意兴师伐吴为弟报仇。关羽之子关兴与张飞之子张苞复仇心切，争做先锋。为公平起见，刘备说：'你们分别讲述父亲的战功，谁讲得多，谁就当先锋。'张苞抢先发话：'先父喝断长板桥，夜战马超，智取瓦口，义释严颜。'关兴口吃，但也不甘落后，说：'先父须长数尺，先帝当面称为美髯公，所以先锋一职理当归我。'这时，关公立于云端，听完禁不住大骂道：'不肖子，为父当年斩颜良，诛文丑，过五关，斩六将，单刀赴会，这些光荣的战绩都不讲，光讲你老子的一口胡子又有何用？'"听完张大千讲的这个故事，众人哑口，从此再也不扯胡子的事了。[1]

用幽默化解困境，回答难题，维护自己的利益，捍卫自己的尊严，而又不伤对方的感情，达到良好的效果，这是别的手段难以媲美的。

一个省议员有一次参加会议，主席台上某议员在做一篇很漫长的演讲，他觉得对方占用的时间太长，就走到对方跟前低声说："先生，请你能不能快点……"话未说完，那个正在演讲的议员回过头来，用严厉的口气低声呵斥他："你最好出去。"然后继续其演讲。这个省议员觉得受到了侮辱，他顿时怒气冲天。他迫不及待地想报复，但一时又找不到什么方法。于是，他就去当时任麻省省议员的主席柯立芝那里申诉："柯立芝先生，你听见某某刚刚对我说的话了吗？""听见了。"柯立芝不动声色地答道，"但是，我已经看过了有关的法律条文，你不必出去。"

这种回答实在是太聪明了。柯立芝把那位议员的愤怒当成了玩笑。

1　名人"拒绝"也幽默．中国学考频道，2010（2）．

他不让自己卷入这种儿童式争吵的旋涡中去，就是因为他能看出这种无聊的争吵的幽默之处。机智的人不仅善于以局外者的身份化解他人的争吵，而且更善于化解自己在与人交往发生矛盾时而出现的僵局。

用幽默，我们可以回答自己不愿听的问题。

第十一节 拒绝后，要补偿安慰

如果你不想因为拒绝而引起对方的不快，但是又不得不拒绝，你必须想办法对对方进行补偿和安慰。不论你的拒绝策略有多么巧妙，都终究掩盖不了拒绝了对方这样一个基本的事实。在某种程度上，对方也可能会因为被拒绝而产生消极的情绪。这时候，你必须想办法进行补偿和安慰。

当不能满足对方提出的要求或请求，我们可以提供另一个可能性的选择来代替直接拒绝，使被拒绝者更容易接受，从而达到保全双方面子的目的。

例如，A：你好，可不可以用一下你的钢笔？ B：油笔行吗？

如果一位同事想把他的任务交给你去做，也许你会本能地回答：“你的事我可不在行。”这不是很好的拒绝方法。为了不伤和气，你试着这样对他说：“我很愿意帮您的忙，但不凑巧得很，我自己的那份工作还没干完。其实以你的能力和素质是完全可以做好那件事的，您不妨先干起来，也许我能帮你干点别的什么。”如此既有拒绝，又有相反的建议，建议他先干起来，对方还能有什么话说呢？

提出你可以满足对方某一个对你来说无关紧要的要求，或者对你的拒绝表示遗憾。这样，对方的心情可能会好一点儿。充分地表达你的谈判诚意，这一点对你来说很重要。

有这么一个例子，有一个时期，市场上钢材特别紧张。有个专门经营成批钢材的公司生意非常好。一天，公司经理的好朋友来找他，说急需一吨钢材，而且希望价格特别优惠，要求比市场上的批发价还低百分之十。公司经理因为过去的亲密友谊，实在无法毫不留情地加以拒绝，所以就巧妙地用补偿法来对付这位朋友。他对朋友说，本公司经营钢材是以千吨为单位的，无法拆开一吨来给他。不过，总不能让老朋友白跑一趟。所以他提议这位朋友去找一个专门经营小额钢材的公司。这家小公司和他们有业务往来。他可以给这家小公司打招呼，以最优惠的价格（毫无疑问，这一“最优惠”的含义是模糊语言。因为再优惠，也不会比市场批发价低百分之十）卖给他一吨。这位朋友虽然遭到了拒绝，但因为得到了“补偿”。所以拿着他写的条子，高高兴兴地去找那家小公司，最后以批发价买了一吨钢材。

20 世纪 50 年代，季羡林曾在北京大学讲授语言学。一天，一个学生来向他借一本语言学方面的书籍。季羡林一下子犯了难，学生要借的这本书是极其珍贵的孤本古籍，如果在翻阅的时候稍有污损，都将是不可估量的损失。但面对学生渴求的目光，季羡林又不忍心拒绝，便对他说：“你过一个礼拜后再过来取，行吗？”学生欢欢喜喜地走了。

一个礼拜后，学生如约来到季羡林的办公室。当他接过季羡林递过来的书时，感到非常意外，这根本不是一本书，而是一叠厚达几百页的装订得整整齐齐的信纸，上面密密麻麻写满了蝇头小楷。季羡林歉疚地笑道：“很对不起！我没能将原本借给你，是因为原本太珍贵了，我打算以后将它捐给国家。现在这本书我概不外借，我怕万一被人损坏，以后对国家就不好交代了，我想你一定能理解我的做法。今天给你的是我的手抄本，尽管看起来有些麻烦，但基本上一字不错、一字不落，是可以一用的……”

学生一听，异常震惊，连连向季羡林鞠躬致谢。对于一本十几万字的书籍，要将它完完整整地抄录下来，要有多大的耐心、该有多大的工作量啊！整整一个星期，季羡林日夜伏案，才完成了抄录任务。

其实，当初学生来借书的时候，季羡林完全可以向他说清实情，当场婉言拒绝，学生也是一定能够理解的，但季羡林却以这样一种出人意料的方式满足了学生的要求，实在令人感动、感叹！季羡林在学术上堪称一代大师，同样在做人处世方面也是令人崇敬的一世楷模。[1]

口才指南

拒绝的同时，如果能提供其他的方法，帮他想出另外一条出路，实际上还是帮了他的忙。

1 蒋骁飞．季羡林“抄书”．意林，2012（5）．

第七章

卓尔不凡的演讲技巧

——演讲口才

第一节 克服害怕当众说话

你是否有过在上演讲台前内心惴惴不安的经历？你是否在与人交流时曾经将几句话放在心里翻来覆去说不出口？

演员表演前紧张，音乐家演奏前紧张，运动员在重大比赛前也会紧张。在 1993 年由布拉斯金 · 戈德林调查公司所做的研究表明，在接受调查的人中，有 45% 的人说他们害怕当众讲话，而只有 30% 的人说他们害怕死亡。亚特兰大行为研究院的罗纳德 · 塞弗特所做的类似研究表明 ："4000 万美国人不喜欢多说话，他们宁愿做任何事情也不愿意当众讲话。而且，多达 4000 万经常当众讲话的人感到焦虑，不想讲话！"有调查显示 76% 的演讲者上台前都会怯场。

人们害怕当众说话的主要原因，是他们不习惯于当众说话。其实，这些情况都在于担心、顾虑得太多。顾虑越多，心理负担越沉重，精力越分散，在这样的状态下，语言表达当然会受到影响。罗宾生教授曾说 ："恐惧皆衍生于无知与不确定。"这话说得很有道理。因为对于大多数初登讲台的演讲者来说，当众说话是一个未知数，他们并不了解当众演讲是怎样一回事，就不免心里感到焦虑和恐惧。惧怕听众的另一个原因是因为听众乃是演讲成败的评判者。当然，说到底还是惧怕演讲在众人面前失败。其实，这种恐惧心理，乃是每一个初学演讲的人，甚至是每一个当着众人面讲话的人的正常的生理和心理反应。要想让演讲发挥正常，就必须学会在众人面前控制自己。

有几种方法可以帮你控制怯场情绪，更加自信地演讲。

第一，积累公众演讲的经验。对于大多初级演讲者来说，怯场情绪主要来自于对未知的恐惧。你对演讲了解得越多，这种恐惧的威胁力也就越小。

第二，为你的演讲做好充分的准备，使你不得不成功。就像演员需要反复排练一个角色直到满意为止，你演讲的信心也会随着你所做准备的充分性而提升。

第三，告诉自己“没什么大不了的，我豁出去了。”

只要抱定豁出去的心态，整个人也便放开了。尤其是在第一次当众讲话时，一定要有良好的心态。

第四，要保持积极的心态。当你坚信自己能做成某事，你通常就会成功。从另一个角度讲，如果你总是预测注定的失败和灾难，你几乎永远会得到这样的结果。对于演讲来说这尤其是事实。举例来说，发言前你可能会想自己犯语法错误，或讲到中途某处突然停顿，这些都是失败的想象，它可能在你开始演讲之前就摧毁了你的信心。所以，不要在上台之前，想象可能会出现的不利局面。

第五，利用视觉化的力量——在脑海中想象你成功演讲的画面。

视觉化是运动员、音乐家、演员以及演讲者们都在使用的，在压力下提高表现水平的有效方法。视觉化的关键是在脑海中创造一个自己成功演讲的生动形象。想象你站在礼堂里即将演讲，看到自己镇定、自信地站在讲台之后，注视着观众，用坚定、清晰的声音开始你的演讲。观众逐渐被你演讲的内容深深吸引，而你的自信也随之提升。演讲结束的时刻到来了，你自认已将最佳表现呈现给观众，想象此时此刻你的心中充满了成就感。

口才指南

关于克服当众怕羞的心理，卡耐基先生最有经验，而在他的众多经验中最基本的经验就是：“你要假设听众都欠你的钱，正要求你多宽限几天，你是神气的债主，根本不用怕他们。”

第二节 精心准备确保演讲成功

立屋要有梁柱，说话要有根据。你提出的观点或论点也必须有充分的材料支持，这样演讲才会血肉丰满，言之有物，令人信服，否则，就容易变成痴人说梦。

适当地花点时间准备可使你的成功概率大增。戴尔·卡耐基在他的自传中写道 :“不论是大、是小的演讲，我都会做精心的、长时间的准备，以确保演讲的成功。”充分的准备对于演讲是否成功起着至关重要的作用。

1. 与演讲的组织者交流

如果你为某个组织或团体进行演讲，那么你必须弄清楚他们想通过这场演讲达到什么效应。他们的期望是什么？对于他们来说什么样的演讲才代表成功。

2. 搜集与演讲内容有关的不同材料

搜集不同的观点、故事、引例、笑话（可能的话）来丰富你的演讲内容。你可以把他们记在不同的纸上面或者写在 powerpoint 中，不过，最好记在脑子里。把它们联系起来并让它们为你的演讲主题服务。

3. 演讲中的例证要多

鲁多夫·弗烈区在《畅达的写作艺术》一书中说过这样一句话 :“只有故事才是能真正畅达可读的。”接着，他就以《时代》与《读者文摘》为例来说明。他说，这是两份雄踞畅销排行榜前列的杂志。两本杂志里的任何一篇文章都不是纯粹的记叙，而是慷慨地缀满了趣闻轶事。当众说话要具有一种驾驭听众注意的力量，就像这两本杂志一样。

4. 亲身体验或最熟悉的事情

到底什么样的材料、内容或话题能够吸引听众的注意呢？卡耐基曾对此做过一番调查，那些亲身体验或最熟悉的事情往往是最有发言权的话题。其中有儿时的经历，早年的奋斗，自己的嗜好、信仰、愿望以及自己的事业和家庭等。

5. 练习、练习、练习

用最佳的方式把你的材料组织到一起，然后开始尝试练习演讲——用你最大的声音！把有用的材料放在身旁，把不重要的东西拿走，这样演讲材料才能有机的组织到一起，使得演讲观点能被有效地传达给观众。让你的朋友来听听你的演讲，他们的建议会让你发挥得更好。

有一位已经辞世的卡内基讲师摩高，他曾经分享了一个宝贵的经验。他说，自己在年轻、刚当讲师时，每次上完课，学员离开了，他就立刻跑去问坐在教室后端的资深讲师："我今天表现如何？"问了几次，这位资深的讲师就对他说："当你什么时候开始问，今天晚上学员得到了多少益处？学员有什么改变？而不只关心自己表现得好不好，你才能真正算得上是一个有经验的讲师。"[1]

演说成功有两大秘诀——准备与练习。

第三节 练习、练习、再练习

美国的戴尔·卡耐基在他的《雄辩有术》一书中就说："发展演说的第一个方法，也是最末的方法，而且是永远不会失败的方法，就是第一要练习，第二仍是要练习，第三还是要练习。"必须用习惯和反复的练习来克服困难，使自己的脑子，可以完全受自己的统治。

北大教授林语堂从小便有了登上讲台的愿望。很小的时候有人问他长大之后要入哪一种行业，他的回答是：一，做一个英文教员；二，做

1 什么是精彩的演讲．中国演讲与口才网，2013（3）．

一个物理教员；三，开一个“辩论商店”。所谓开一个“辩论商店”是漳州当地的一种说法，而不是指一个真正的行业。通常说你开一个商店，参加论战的一边，向对方挑战，像称一件白东西为黑，或称一件黑东西为白，这样向人挑战，同人辩论。林语堂从小便以辩才著称，兄弟姊妹都称他为“论争顾客”，退避三舍。林语堂的口才在读大学的时候终于发展成熟。在上海圣约翰大学读二年级的时候，他领导了一支演讲队参加比赛，击败了不少对手而获得银杯。他登台领奖，令全校轰动。那一次他一人独得了三种奖章，还有演讲队的银杯。

应该承认这个事实，一位初学演讲的人临场时的紧张、恐惧总要比那些久经讲台考验的演讲者厉害得多。什么道理呢？因为经验太少。我们平时总是评论某人比某人老练，什么叫“老练”呢？“老练”就是富有某种经验。怎么才能老练呢？顾名思义，老练老练老是练才会老练。

美国人“老练”到什么程度呢？从上幼儿园开始，每个小朋友就要到台上去和别人分享自己的观点、想法，或向别人展示和讲解自己的物品，还会像模像样地要求大家提问，别的小朋友也不会客气，五花八门的问题都会提出来。老师会予以鼓励赞扬，给小朋友以无比的勇气和自信。到了小学和初中，则都有演讲练习课。在高中阶段，演讲是美国学生的必修课。

就像表演家练习他的乐器或者歌曲一样，你需要去练习你的表达。如果你要去参加一个团体活动，大声地演讲出来，这样不仅有利于你熟悉材料，还让你习惯于听到从自己嘴里说出来的语言表达。

要想临场控制住自己，就必须多登讲台，不断增强自己的心理承受能力。当萧伯纳被问及他是如何学得声势夺人地当众演说时，他答道：“我是以自己学会溜冰的方法来做的——我固执地、一个劲儿地让自己出丑，直到我习以为常为止。”结果，他成了二十世纪上半叶最具信心、最出色的演说家之一。

在练习演讲的诸多方法中，最绝的一招莫过于“录像”。为每次的演讲录制一盘影像资料。然后，根据录像资料，进行多方面的学习提高。

再次，根据建议进行改进。

有这样一则故事，说的是吴道子从小喜爱画画，但一次、两次、三次……却总画不好，后来连自己也没信心了，认为自己不是画画的材料。有一天，他没精打采地出外散心，在一个古庙里看到两个妇女烙饼。年老的妇女褂完薄饼用擀面杖一挑，那饼就像长眼睛一样飞到殿西头，正好落在那年轻女子面前的鏊子上。吴道子很纳闷，于是走到老妇人身边问：“您连看都没看，饼就丝毫不差地飞落到西头的鏊子上，这么难的事，您是怎么学会的呢？”老年妇女和气地告诉他：“这没有什么诀窍，不过是天天烙，功夫练得久，熟能生巧罢了！”吴道子一下子明白了一个深奥的道理。从此以后，日日勤学苦练，终于成为一个誉满九州的大画家。

口才指南

单单进行一次练习，不管练习多长时间，都是不够的。至少要让自己提前几天练习，提前的时间越长越好，使自己对演讲和演讲的表达方式有绝对的把握。不管你有多么聪明，也不管你的准备提纲做得多么好，真正起作用的是演讲的时候效果如何。让自己有足够多的时间确保演讲成功。

第四节　演讲要有明确主题

演讲首先要明确为什么说，有明确的目的，说话要说到点子上。演讲要有一个明确的中心，主题集中、观点鲜明，方能给听众留下清晰而深刻的印象。主题是演讲的中心思想或基本观点，体现着演讲者对所阐述问题的总体性看法，是整个演讲的“灵魂”和“统帅”。

因此，必须注意从思考过的众多观点中选择出最能体现讲话宗旨的观点作为中心话题，而后围绕这一中心展开阐述，所有的论点和材料都必须为这个中心议题服务，决不能急于表现自己而不分主次、面面俱到。否则，听众就不会有清楚的认识。

1. **内容要环环相扣，层层深入**

怎样才能使演讲稿结构的层次清晰明了呢？根据听众以听觉把握层次的特点，演讲者在演讲中反复设问，并根据设问来阐述自己的观点，就能在结构上环环相扣，层层深入。此外，演讲稿用过渡句，或用“首先”、“其次”、“然后”等语词来区别层次，也是使层次清晰的有效方法。

2. **主题集中**

一般说来，一篇演讲稿只能有一个主题，一个中心，不能多主题，多中心，这就要求演讲的主题必须凝练和集中。如果贪多求全，这儿也想讲，那儿也想说，势必使主题分散，形成多中心，造成演讲的头绪纷繁，缺少一根贯穿整个演讲的主线，结构松散，话说得不少，听众却不知道到底要讲什么。

3. **内容安排要围绕主题**

在演讲内容安排上，要围绕演讲的目的和主题，在开头、过渡、展开、收束等各个环节上有意识地运用铺垫和呼应等方法。比如，适当设置悬念以期引人入胜，说到关键处有意识地发问或说些题外话，运用步步深入的手法，逐步将听众导向情绪的高潮。

建议大家在选择题目时，一定要跟自己的理念相吻合。如果你强迫自己去谈一个没有感觉，甚至是持负面评价的题目，“硬搬”一些理由和资料，这样的演讲连自己都无法说服，更不要说去说服其他人了。

口才指南

演讲要有中心、有条理，结构要比较完整。演讲不是漫无目的的闲谈，是一种有目的的活动。为了达到演讲的目的，必须有一个中心论点，并围绕这个论点，有层次、有条理的展开，使演讲有一个比较完整的结构。

第五节　精心设计演讲开场白

每一次演讲，都最好精心设计演讲的开场白，时间控制在 5 ~ 10 分钟内，因为这可能决定听众是否听您讲，决定您演讲是否成功。大家都知道第一印象很重要，演讲的开场白就像我们给人的第一印象。开场白能不能马上抓住听众，往往决定着整个讲话的成败。好的开场白就像一个出色的导游，一下子就可以把听众带入讲话者为他们拟设的胜境。

开场白的种类非常多，只要妥善运用，都能发挥很好的功能。

第一种开场白，是“赞美”。人们是喜欢听赞美的，如果在演讲一开始，你先对台下的观众做一番赞美，也不失为引发他们共鸣的好方式。

第二种吸引听众注意。演讲开头成败的关键在于能否吸引并集中听众的注意力。演讲时获取听众注意力的方式随题材、听众和场景的不同而改变，一般可以运用事例、逸闻、经历、反诘、引言、幽默等手段达到此目的。

北大教授胡适应政治大学校长顾毓秀邀请，给政大学生做了一场“大学即研究院”的演讲。国民政府考试院院长戴季陶听说后，立即发出邀请，希望胡适在回北京前能作一场关于《考试与教育》的报告。胡适兴致勃勃地登上讲台。那天，他穿的不是西装，而是长袍，所以一开口就说：“诸位，看我今天的穿着，就有人知道我是来讲中国文学的，如果我穿着西服来研究‘国粹’，总是有点身心不符，说我胡适又在‘胡说’了。”开场白引来底下一片笑声，会场气氛立马活跃起来。

北大旁听生沈从文在中国公学第一次授课时，慕名前来的学生很多，竟然让他紧张得一句话都说不出口，先在讲堂上呆站了十分钟，才径自念起讲稿来，仅用十分钟便“讲”完了原先预备讲一个多小时的内容，然后望着大家，又一次陷入沉默，最后只好在黑板上写道：“今天是我第一次登台上课，人很多，我害怕了。”学生因此大笑不已。

第三种开场白的方式，就是说一个故事。故事，可以来自我们平时看过的报章杂志、电影、电视，也可以来自我们的亲身经验。

开场白所需要的小故事，不要太长，也不要太复杂，最好在两分钟说完，而且能衔接你所要讲的主题。龟兔赛跑可以用来讲坚持，也可用来讲人际关系。看你怎么用有关系，找关系。没有关系，强迫它发生关系。

请你看看英国文学家纪伯伦在开始演讲时，是怎样逗引听众大笑的。他所讲的并不是编造出来的故事，而是他自己真实的经历，并且用戏谑的口吻，指出他的矛盾。他说：“诸位，我年轻的时候，一直住在印度，我常常为某家报馆采访刑事新闻，这工作是非常有趣的，因为它使我有机会认识一些伪造货币、盗窃、杀人犯等等这一类富有冒险精神的天才（听众大笑）。有时我采访到他们被审判的情形后，还要到监狱里去，拜访一下我那些正在受罪的朋友（听众又发出笑声）。我记得，有一位因为杀人而被判无期徒刑的人，是个很聪明且善于说话的年轻人，他告诉我他的高见：‘我觉得一个人如果一失足跌入罪恶的深渊里，就非得从此为非作歹不可，最后他会以为只有把其他人都挤到邪路上，才可表现自己的正直。’这句话，正好可以贴切比喻当时的内阁！”（听众的笑声和鼓掌同时并起）

第四种说明演讲的目的。在大多数情况下，演讲的开头应揭示出演讲的目的。如果做不到这一点，那么听众要么会对演讲失去兴趣，要么会误解演讲的目的，或者甚至于会怀疑演讲者的动机。

第五种开场白的方式，先让听众紧张怀疑然后往下解释。

有一位老师举办讲座，当时会场秩序比较混乱，学生们对讲座不感兴趣。老师转身在黑板上写下了一首诗，写完后，他说：“问题在哪里呢？今天，我要讲的题目就是‘读书与质疑’。”全场顿时鸦雀无声，学生们的胃口被吊起来了。在演讲即将结束时，老师说：“这位老师制造悬念开场，以揭开悬念结束，首尾呼应，强化了演讲内容，令人回味无穷。”

第六种提供背景知识。演讲时，大多数情况下，演讲者都是某项领域的专家或权威。因此，如果听众对演讲的主题不熟悉或是知之甚少，那么很有必要在开头部分对听众讲述与主题有关的背景知识，它们不仅是听众理解演讲所必需的，而且还可以体现出主题的重要性。

开场白交代演讲的中心和主题，务必简短，一两句话即可。

当年美国威尔逊总统在国会演讲，就潜水艇战争发出最后通牒的事件发表他的意见："我国的对外关系已到了关键时刻，我的责任唯有极坦白地把状况报告给各位。"一句话把主题明确交代，使听众集中了注意力。

希腊哲学家亚里士多德曾说："思考时，要像一个智者。讲话时，要像一位普通人。"

第六节　照着稿子念会很生硬

所谓备有演讲稿的专题演讲，也并非只是机械地照本宣科或背诵讲稿，即使是十分严肃郑重的会议上非照稿宣读不可的，也应该是边看讲稿边看听众的。马克·吐温说过这样的话："用笔写出来的东西不是为演讲准备的，因为它具有文学的形式，生硬而缺乏灵活性。在这种情况下，其中的意境和种种感觉也就无法再通过嘴愉悦而有效地传达。演讲不是说教，而是让观众感到快乐。因此，我们需要借助温和、简洁的口语化语言，将其中的意思表达给观众。这也就决定了演讲应采用脱口而出的语言表达方式。如果你并不是依此而做的，那么，一屋子的观众会感觉到厌烦，而不会有任何快乐的感觉。这样的演讲是失败的。"

写出讲稿并背诵记忆，不但浪费时间和精力，而且容易招致失败。面对听众时很容易遗忘，即使没忘，讲起来也会显得机械生硬。因为它不是演讲者发自内心的言辞，而只是在应付记忆。演讲大厅就像运动场一样，是一个剧烈变化的动态系统，听众情绪，会场气氛都有变化的可能，有时还会发生意外的事件，这就要演讲者有即席调整的应变能力，如果一切都照预先固定的程式，按部就班地“背诵”，就难免会手足失措，碰壁失败。

如果是稿子，照着念会显得很生硬，背诵又记不住。可能很多人有过这样的经历，手中拿着演讲稿上台，忘词时想找到下面一句，却翻来翻去半天都找不到。如果纸上字少，就几行，七八个词，看起来就容易多了，只要随便一瞅，就能看清所有的“关键词”。

口才指南

人在一生中说话都是自然的，一般不用费心细想言辞。我们随时都在思考着，等到思想明澈时，言语就会如同我们呼吸的空气一样，不知不觉地自然流出。

第七节　确认听众，让听众受益

当众说话时，要注意分析听众的特征，灵活转变说话内容和风格。只有有人听到我们讲话且有能力理解我们的话时，沟通才会发生。有时演讲者认为他们的话会被复制到听者的脑子里，但是事实并不总是这样。你必须正视自己的沟通能力，要明白信息是被接收的信息。你希望你的信息是什么样子是你的事，而接收信息是听者的事。

当众讲话时面对的听众身份十分复杂，这就要求讲话者有强烈的对象意识，以便区别对待。如果不看对象，效果是肯定好不了的。日本社会心理学家古烟和孝说：“即使是最有效的发送者传播最有效的信息内容，如果不考虑接受者方面的态度及其条件，也不能指望获得最大效果。”

北大著名毕业生李彦宏在一次讲话中这样说道："我刚才注意到怀校长讲的时候，大家在认真听，我听了他讲的内容，还是有一点技术含量的（笑）。我也注意到我们的观众都在仰着头认真看、认真听，这说明讲一点技术大家可能也是有兴趣听的。我原来以为大家来这里只是听一些有意思的东西、听一些笑话。但是实际上我感觉现场观众素质还是很高，对技术问题也非常感兴趣，所以我也想稍微讲一讲。"确认了观众是懂技术之后，他进一步解释了什么是"云计算"，他这样说道："云计算这个东西，不客气一点讲它是新瓶装旧酒，没有新东西。早期的时候，15 年前大家讲客户端跟服务器这个关系，再往后大家讲基于互联网 web 界面的服务，现在讲云计算，实际上本身都是一样，主要工作都是在服务器这端来做，客户端所需要做的事情越来越简单。这样一种理念对不对呢？"

确认你的听众是完成一次成功演讲的第一步。如果你是在一次内部会议上面对一群同事讲话，那么你在这一过程中就已经有了良好的开端。如果你是在一次行业集会上演讲，听众的组成就没那么确定了。而如果你应邀对另一个行业的人做客座演讲的话，你就需要进行调查，以了解听众的需求、观点和价值观。

做演说是要使听众受益而不是使演说人受益。故而一定要懂得如何理解听众的反响，如何应付他们的响应。要尽量早到演说场地便于估计听众情绪。听众是否冒着倾盆大雨赶来？他们是否容易对你将要向他们讲的事情产生敌意？前一位演说人是否已令他们开怀大笑？

要判断听众的情绪。例如，你可用评估他们对前一位演说人的反应来进行判断。然后便能定下一系列策略有效传递讯息。如果听众中有人显得厌倦疲乏，你可用向他们提问，要他们举手回答的方式进行刺激。

口才指南

一名演讲者需要做的不应该是“下载”或是“思维灌输”，而应该估计一下听众对他提出的每个想法有什么样的反应。

第八节　口语化，听起来很亲切

初次演讲者通常倾尽全力在“写”上下功夫，成语、典故、格言连篇累牍，忽略了从演讲稿到演讲之间语体上的有机转换，失去口头语言应有的通俗、朴素、简短、流畅等特点，失去了演讲的可听性。

一个善于演讲的人的语言总是大家所熟悉的，听起来很亲切。如果演讲的语言过于书面化，就很难让听众理解，或者还需要一个过程才能明白演讲者所要表达的意思，那这个演讲就不能算成功。

口语是指用语音表达的、以说和听为形式的、与书面语言表达相对应的一种语言表达方式。口语往往通过口说耳听，借助于声音和各种辅助手段表情达意。口语的特征是，多用简洁明快的短句，少用冗繁复杂的长句和倒装句；多用通俗易懂的常用词，少用专业术语；多用章节清晰、语调铿锵的词汇，并适当运用一些社会流行的、富有生气和活力的新词语。演讲运用的口语，主要指那些多数人能听懂的口语，而不是那些多数人听不懂的方言土语。要用浅显易懂的语言表达深刻的道理，这并非“信口开河”能办得到的，而需要付出较大的努力，平时要认真学习和积累，经过一次次认真地实践锤炼，方能达到“平易之处见功力”的演讲水平。

20 世纪 30 年代初徐志摩到北大上课，他不拘一格，有时干脆把学生带出教室，到郊外青草坡上杂乱坐着或躺着，听着小桥流水，望着群莺乱飞，让学生和他一起畅游诗国。即使在教室上课，也颇潇洒随意，有人曾描述：“先生常口衔纸烟进教室，放脚于椅上或坐于书桌上讲书，在其蔼善面孔与疏朗音调中时时流露诗意之灵感，刹那间，和谐而宁静浑圆的空气，充满教室。有时使人感觉似在明月下花园中听老者讲美丽故事之神情。”“他有说、有笑、有表情、有动作。时而用带浙江音的普通话，时而用流利的英语，真像是一团火，把每个同学的心都照亮了。我们这批青年就好像跟着他去遨游天上人间，从而启发我们闯入文学艺术的广阔园地。”

与书面语相比，口语具有以下特点：

1. 句式短小

口语的句式短小简单，容易理解。

2. 通俗易懂，贴近生活

要使用常用词语和一些较流行的口头词语，使语言富有生气和活力。

3. 善于使用表明个人倾向的词语

诸如“我们知道”、“依我看来”等，并且常常运用“但是”、“除了”等连接词，使讲话显得活泼、生动、有气势。

4. 口语交流信息快，表达效果强

书面语交往是间接表达，单向传递，传递知识信息是抽象的、静态的；口语交往是直接表达，双向传递，传递知识信息是具体的、动态的，有声、有形、有情，表达的效果比书面语更直接、更形象、更生动。

演讲语言固然要求通俗易懂，但并不拒绝文采。相反，演讲的语言一定要有文采。演讲的语言讲求生动形象，必须调动一切语言技巧，如逻辑技巧、修辞技巧，以增强语言的生动性和形象性。

口才指南

我们知道，口语与书面语之间有比较明显的差别。有人说，书面语是最后被理解的，而口语则需立即被听懂。演讲者演讲时的语言要简洁、通俗易懂。

第九节　通俗易懂，灵活掌握

弹琴看听众，说话看对象。演讲时心中要有听众，意识到自己是讲给他们听的。台下听众水平尽管不一，但是都要在短时间内迅速弄懂讲话人的每一句话，全面理解话里的观点，这并不是一件很简单的事。

如果他们是普通的工人、农民、市民，就必须使用浅显、平易、朴实的语言，尽量少用专业术语，更不可咬文嚼字，故作高深，否则别人不易接受。如果听众是具有较高文化素养的人，语言就可文雅些，让自己的谈吐适应他们的水平。

古人曰“君子善譬”。成功的演讲者都善用比喻来说明问题和道理。例如朝鲜问题六方会谈。第四轮计划五天，实际却超出很多天，到第七天的时候记者追问韩国外交部长宋旻淳为什么谈了这么长的时间时，宋旻淳巧妙地运用了一个比喻，说明谈判的难点和复杂性。他说，在过去的一个星期里，如果用开车来打比方的话，就是沿着国道已经开到了市中心的入口。但是要到达目的地，还要等红绿灯和通过堵车的路段，虽然离目的地已经不远，很难预测还要过多少时间才能到达。用形象的比喻把谈话的难点，会话的希望及谈判的时间将会无限延长清晰的表述出来。

修瑞娟是我国医学界的一位女博士，又是全国政协委员，她在一次与记者谈话中妙喻连珠，为她的说理倍添光彩。当提到我们的一些行政机关办事拖拉，效率很低的官僚主义作风时，她十分感慨而形象地比喻说：“好比我种了一块西瓜地，瓜成熟了，谁都想到这块地上来摘瓜。美国、联邦德国、瑞典、瑞士的人都订了‘抢瓜’的方案，外国专家都争着与我协作，利用我的科研成果。可是回国来呢，像是遇到个八十多岁的老奶奶，嘀嘀咕咕，还怀疑你种的不是西瓜，是红瓤的还是白瓤的？你先给我把瓜切开，我要尝尝你那瓜才决定是否去摘瓜。”修瑞娟同志说的理是在一连串妙喻中实现，比喻尖锐泼辣又非常中肯。

曾任北大校长的胡适用比喻的方式来说明中国人的性格，他这样说道："一个人捉到一只雁，把它养在楼上半阁里，每天给它一桶水，让它在水里打滚游戏。那雁本是一个海阔天空逍遥自得的飞鸟，如今在半阁里关久了，也会生活，也会长得胖胖的，后来竟完全忘记了它从前那种海阔天空来去自由的快乐了！一个人在中国社会里，就同这雁在人家半阁上一般，起初未必满意，久而久之，也就惯了，也渐渐地把黑暗世界当作安乐窝了。"

口才指南

有时一个精彩贴切的比喻，可以使一个复杂的道理，显得十分简捷明确，这也是人们常常感到某些讲话乍听起来平淡朴素，但是却耐人回味，而且越琢磨越感到真切清新、寓意深刻的原因。

第十节　以情动人的演讲技巧

真正的演讲不仅要晓之以事、明之以理，而且要动之以情，尤其是叙事、言志、抒情的演讲更要有感情传递。

1966 年春，河北省邢台地区发生强烈地震。余震未消，周恩来总理就代表党中央、国务院来到地震中心视察灾情，组织动员抗震救灾。

那天，北风呼啸，寒气袭人。群众怕总理讲话时受冷而主动面朝北坐在一个打谷场上。该县县委书记命令卡车司机把车开到场的北头做讲台用。总理见此景对这位县委书记说："风沙这么大，怎能让老乡们冲着风坐呀？""一个人跟几千群众相比，哪一个更应该照顾？""共产党员哪有让群众吃苦在前，而自己吃苦在后的道理呢？"说罢，总理高声向在座的同志们下达口令："向后——转！"接着总理又让司机把汽车开到了打谷场南头。就这样，总理面对着群众迎风伫立进行演讲。[1]当总理号召灾区人民"自力更生，奋发图强，发展生产，重建家园"时，群众激动得热泪盈眶，总理讲一句，大家齐声响应一句。当总理讲到"一方有难，八方支援，等你们恢复了生产，重建了家园，我再来看望你们"时，几千名群众一齐站了起来，口号声此起彼伏，连成一片。周总理讲话的魅力就在于他善于把关心人民疾苦的诚挚感情注入自己的讲话之中。这样的讲话当然能够深深地打动灾区群众的心。

以情动人，往往能在催人泪下的同时，让听众不知不觉地接受其教义，这就是情感的力量。少说干巴巴的事理，多抒发感情，用感情去打动人，在感情中让别人接受你的道理，再漂亮的语言都不及真情实感打动人。

以情动人一般用于比较大的或较为重要的事情上。把对人的请求融入动情的叙述中，或申述自己的处境，以表示求助于对方是不得已之举；或充分阐明自己所请求之事并非与被请求者无关，以使对方不忍无动于衷、袖手旁观。

口才指南

演讲要有真挚的感情，用真情打动人、感染人。因此，在表达上要注意感情色彩，把说理和抒情结合起来。既有冷静的分析，又有热情的鼓动。喜怒哀乐，运用自如；爱憎分明，挥洒适度。

第十一节　演讲太长会让人生厌

据说，美国作家马克·吐温听一个教士布道。他觉得这个教士的演

1　王允恭．"向后——转"中见真情．济南日报，1990（4）．

讲很不错，他便准备给教士50元钱作为报酬。但当教士讲到10分钟时，他便决定只给他10元钱，当教士说了20分钟还没有结束时，他决定只给他1元钱。到了1个钟头，教士还没有结束的意思，他不但不想给他钱了，还从他的盘子里取了10元钱走了。这当然只是一个不一定真实的轶事，但这却告诉我们这样一个道理，如果演讲太长了，必然会让听众生厌。

二战时期的英国首相丘吉尔是一个著名的演讲家。他生命中的最后一次演讲是在一所大学的毕业典礼上，这是世界演讲史上最简单的一次演讲。也许是当时丘吉尔太过年迈，也许是丘吉尔故意要这样做，当他颤颤巍巍上得台来，坐在讲台前，拿起话筒，半天没说话，可张嘴说话了："坚持到底，永不放弃！"就这一句话，没声了。好长时间，又说话了："坚持到底，永不放弃！"又没声了。又好长时间，说话了："坚持到底，永不放弃！"就这样，在整整20分钟的演讲过程中，他只讲了这样一句话："坚持到底，永不放弃！"然后，丘吉尔站起来，颤颤巍巍下台了。场上响起暴风雨般的掌声。

台下的学生们都被他这句简单而有力的话深深地震撼了，因为这些英国的年轻人，他们清楚地知道，在二次世界大战最惨烈的时候，如果不是丘吉尔首相凭借着这种"坚持到底，永不放弃！"的精神去激励英国人民奋勇抗敌，大不列颠早已成为纳粹铁蹄下的一片焦土。

如果演讲太长了，必然会让听众生厌。

第十二节　酌情予以机变处理

任何演讲都既是演讲者与听众之间直接的信息传播过程，又是在特定的环境里进行的社交活动。一般而言，尽管演讲者在演讲前都有较为充分的准备，但由于受演讲中主观和客观诸方面因素的影响，难免会发生一些出乎意料的事。在这种情况下，演讲者就应酌情予以机变处理，调整内容和时限就是一种重要方式。

1. **精练内容，缩短时间**

一位演说者，是位医生，有天晚上，在一个大学俱乐部演讲，那次集会，时间拖得很长，已有很多人上台说过这类话了，轮到他演讲时，已是凌晨 1 点钟了。他要是机智灵活一点，或是善解人意一点，应该上台简单说上 10 分钟完事，但他反而展开了一场长达 45 分钟的长篇演说，内容和前面讲得差不多，他还没讲到一半时，听众就开始不耐烦，到最后，则忍无可忍地把他轰下了台。

可见，控制好演讲的时间，使演讲内容精练起来是很重要的。一般来说，演讲要短，要精粹，长了没人听。精练，是所有演说家的共同特色，虽然他们的一些演讲内容博大精深，却大多以短小精悍取胜。

1863 年 7 月初，林肯领导的北方军队与南方奴隶主的军队在葛底斯堡展开了三天激战，北方军队取得了历史性的胜利。为了纪念在这次战役中牺牲的勇士，国会决定在这里建立烈士公墓。11 月 19 日，林肯作为总统被邀请在公墓落成典礼上发表了演讲。

在林肯演讲之前，埃弗雷特已做了长达两个小时的演讲。林肯结合实际，对其长篇大论做了高度概括，全篇演讲只有 10 个句子，译文不到 600 字，却把自己的政治主张“奉行自由和平等原则”，以及这次集会的目的“要把这里奉献给他们作为最后安息之所”，对烈士的缅怀“勇士们在这里做过的事，全世界永远不会忘记”，对今人的激励“要使国家在上帝福佑下得到自由的新生，要使这个民有、民治、民享的政府永世长存”四层含义作了精辟的阐述，所讲内容如此博大，所用语言如此精练，真可谓惜言如金。

据史料记载，这篇著名的演讲共用时两分十五秒，期间五次被热烈的掌声打断。演说结束，全场爆发出经久不息的掌声。第二天《斯普森菲尔德共和党人报》立即发表了评论说："这篇短小精悍的演说是无价之宝，感情深厚，思想集中，措词精练，字字句句都朴实优雅。"美国人把这篇演讲词作为中学生的必读课文，牛津大学则把这篇演说用金字铸在校园里。

2. 增添内容、延长时限

如，班主任在班会上原本打算就考风考纪问题发表简短的讲话，但在讲话过程中却发现有些同学心不在焉，没有引起足够的重视，这时候就可以在影响整个工作进程的前提下增加信息量，适当延长时限，通过生动举例等方法较为详细地予以说明，以达到讲话的预期目的。

口才指南

受听众可接受性的制约，面对听众的独白式发言，演讲往往有一定的时间限制，所以修改时还须考虑篇幅长短是否符合规定的时限。

第十三节　演讲气氛营造技巧

民国时期，许多知名教授的讲课别具一格，给人留下了深刻印象。他们大致可归为两类：善讲者与口拙者。前者最突出的代表无疑是北大教授胡适。他在美留学期间就曾着意于演讲技巧的培养，甚至注意到演说前不要吃太饱，最好喝杯茶或小睡这样的细节。执教北大后，他更是声誉日隆，很快成为最叫座的教授之一。对其成功之道，有人曾分析："胡先生在大庭广众间讲演之好，不在其讲演纲要的清楚，而在他能够尽量地发挥演说家的神态、姿势，和能够以安徽绩溪化的国语尽量地抑扬顿挫。并因为他是具有纯正的学者气息的一个人，他说话时的语气总是十分的真挚诚恳，带有一股自然的气息，所以特别能够感动人。”

至于如何为演讲营造气氛，有以下这几个技巧：

1. 制造悬念

精心选择既能扣住演讲主题，又不为听众所共知的东西设置悬念，可以有效地激发听众的兴趣，调动听众的情绪，同时又要在听众听兴正浓时戛然而止，使悬念最大限度地发挥作用。人们都有好奇的天性，一旦有了疑虑，非得探明究竟不可。为了激发起听众的强烈兴趣，可以使用悬念手法。在开场白中制造悬念，往往会收到奇效。

一位刑警队长向群众报告破获盗匪的经过，他开始就说：“盗匪们真的都有组织吗？是的，他们大都是有组织的，但是他们怎样组织的呢……”这位刑警队长所用的开场白，就是先告诉听众一个事实，引起听众的好奇心，使听众有兴趣听下去，希望听一听盗匪组织的真实内幕。

2. 幽默

制造悬念的开场白已经特别能够吸引听众的注意了，如果再在所制造的悬念中加入幽默的成分，相信会使演讲如虎添翼。所以，每一个预备当众演说的人，都应该学习立刻抓住听众兴趣的技巧！你可以像下面这样开头。

我国著名作家老舍先生是好幽默的。他在某市的一次演讲中，开头即说“我今天给大家谈六个问题”，接着，他第一、第二、第三、第四、第五，井井有条地谈下去。谈完第五个问题时，他发现离散会的时间不多了，于是他提高嗓门，一本正经地说：“第六，散会。”听众起初一愣，不久就欢快地鼓起掌来。

3. 人人都有好奇心，大多数人都爱听故事，一般人尤其爱听演说者述说他自己亲身经历的故事

在演讲中，幽默而又带有悬念的开场白是能够抓住听众注意力的好开端，而且这种开端，十分简单明白，失败的可能性也小。它可以被演讲者灵活轻松地运用，它能使听众不知不觉地追随着它前进，因为作为

一个听众，谁都想知道后来发生了些什么事，因此，谁都会平心静气地听他讲下去。

口才指南

打破了常规的演讲内容，从而出乎听众的意料，收到了幽默的效果。

第十四节　机智风趣，巧妙救场

演讲，不是拍电影，它无法叫停，不能“从头再来”，所以演讲者在演讲前就要有救场的准备，防患于未然。在演讲过程中，一旦真有意外情况发生就要求演讲者能从容面对，巧妙“救场”。可以说，演讲者的机智风趣不但可以巧妙“救场”，更可以激活听众的思想和情绪，活跃会场气氛，形成演讲者与现场观众的互动和交流，引起听众的共鸣。

1. 随机应变，将“错”就“错”

演讲过程中，有些意外，可能是无法预料的。这就需要演讲者运用自己的智慧化不利为有利，巧借“插曲”随机应变，将“错”就“错”，这样一来，不但能为自己救场解围，还会收到令人叹服的现场效果。

一次，里根总统在白宫钢琴演奏会上讲话时，夫人南希不小心连人带椅跌落在台下的地毯上。观众发出惊叫声，但是南希却灵活地爬起来，在 200 多名宾客的热烈掌声中回到自己的座位上。正在讲话的里根看到夫人并没受伤，便插入一句俏皮话 ：“亲爱的，我告诉过你，只有在我没有获得掌声的时候，你才应这样表演。”

一位演讲者演讲的时候，突然停电了，演讲大厅里一片黑暗，这时候只听到演讲者的声音清晰地传到听众的耳朵里 ：“看样子，现在我们不得不在谈论的主题上发一些光。”这句话十分精彩，立即赢得了听众的热烈掌声。

2. 意外卡壳，巧妙过渡

演讲“卡壳”是常有的事．有的演讲者一上场，面对台下黑压压的听众就紧张，一紧张就容易卡壳，一卡壳就着急，越着急，卡壳现象越严重，很多演讲者因为卡壳而措手不及，最后只好尴尬地退下场。有的因卡壳引起尴尬，发誓以后不再登台演讲，卡壳已成为制约演讲者获得成功的拦路虎。

演讲中，一旦出现“卡壳”不要急，不要做出任何有损形象的怪动作，如吐舌头，抓脑袋，抬肩膀等，而要稳住，平静，尽量控制自己的情绪，赢得时间，搜索枯肠，寻找“断接点”。可以重复一下上面的语句，如果无效，可以重复有一定整体意义段的开头部分，以求贯通。可以放慢速度，把临近的语句平稳地、有感情地表达出来，好像你正陶醉在演讲中，一时融进在演讲的情绪里，然后下面就容易接通了。一旦接起来，不要太激动，应采取与刚才同样的语速进行，逐步恢复正常。或者可以丢掉卡住的部分，而把下面的意思迅速接上去。

3. 将计就计，巧妙回击

在某些场合演讲，演讲者可能会碰到某些人的故意刁难，对于这种刁难，反击时更需要演讲者的机敏睿智，既不可长篇大论地反击，也不可一本正经地斥责，一定要讲究方法技巧，巧妙回击。

2009 年 2 月 2 日，温家宝在剑桥大学演讲时，礼堂后方一名西方人模样的男子突然起身叫嚷，并向讲台投掷鞋子。温家宝等现场安静下来后，沉着冷静地说 ：“这种卑鄙伎俩阻挡不了中英两国人民的友谊。”现场立即爆发了长时间的热烈掌声，温家宝一挥手示意，现场立即又安静下来，温家宝以坚定的语气说道 ：“现在人类的进步、世界的和谐是历史潮流，是任何力量都阻挡不了的。”现场掌声更热烈、时间更长。温家宝此刻想到的依然是自己的使命、人类共同追求的目标。那个向温家宝扔鞋子的“西方人模样的男子”在现场引起全场听众的强烈愤慨，大家齐声高喊“可耻”、

“滚出去”。此人在一片斥责声中被安保人员带离现场。

4. 从容答题，妙语解脱

演讲时，常有听众提出较尖锐的问题，欲“将你一军”，这时候该怎么办呢？要学会从容地回答听众提出的问题，特别是那些乍看起来十分棘手的问题。

口才指南

如果你在那个时刻出现大脑一片空白，尽量不要惊慌失措。精力集中放松身体，进行深呼吸，参阅你的演讲稿或者幻灯片演示文稿的陈述，如此你应该就能恢复状态。

第十五节　语言精炼才有分量

莎士比亚认为：“哪里的语言精炼，哪里的语言就有分量。”自信心强、办事果敢的人一般都说话干脆，不拖泥带水；思维和认识能力突出的人说话简洁精致，不长篇大论。在现代交往中，社会节奏快，时间观念强，说话简洁会给人一种生机勃勃的感觉，说出的话自然就有力度，而演讲因其特殊的存在形式，更是如此。

1967 年 6 月，台北某学院举行毕业典礼，特邀北大教授林语堂参加，并请他即席演讲。安排在林语堂之前的几位颇有身份的演讲者，似乎为了炫耀和卖弄自己的口才，演讲冗长乏味，轮到林语堂发言时，他快步走到讲台前，仅讲了一句话：“绅士的演说应该像女人穿的‘迷你裙’，越短越好。”

话一出口，大家先是一愣，几秒钟后，会场上“哄”地爆发出一阵哄笑声，而刚才还在台上口若悬河的那几位演说者，此刻却是面红耳赤如坐针毡。林博士不愧为语言大师，他的演讲非常精辟，用打比方的方式，选择通俗而形象的喻体，来说明自己的观点，婉转地批评了贪图冗长的演讲习气。

有人曾问林肯，写一篇演讲稿要多长时间，林肯说：“那要看多长的演讲。”问：“两个小时以上的演讲呢？”林肯：“那不要准备，我开口就能说。”又问：“半个小时的演讲呢？”答：“要准备两三天。”问：“三五分钟的演讲呢？”林肯说：“那要准备半个月以上。”所以有人说：林肯演讲的成功就在于，三分钟的演讲，半个月的准备。

你有没有这样的经历，听某专家喋喋不休地讲了几个小时，稍稍回味、梳理却发现他要说的其实很简单，只用几句话就可以表达清楚。演讲或报告的目的是让人清楚、明白你所表达的是什么，过多的铺垫与解说除了浪费别人的时间，还让简单的事情变得难以理解。

如何做到语言的简洁：

1. 对于自己要讲的内容要认真思考，弄清道理，抓住要点，明确中心

2. 对词句反复推敲，并做到精益求精，一字不多，一字不少。这样，才能做到语言的简洁

3. 语言要准确，少用口头禅

语言尽量要规范，每个词、每个句子都必须让听众听清楚、弄明白，这样才能完成演讲的重任。如果说一些赘词或口头禅之类的话，不但分散了听者的注意力，而且，会使听众产生烦躁、疲惫的情绪，甚至对演讲者产生反感的心态。

4. 避免不必要的重复

还有的演讲者一句话已经说完，又要重复几遍，以为这是强调重点，相反，这种强调不但不会收到加深印象的效果，反而会冲淡要点。

伟大的导师马克思说过：“言简意赅的句子，一经了解就能牢牢记住，变成口语，而这是冗长的论述绝对做不到的。”莎士比亚认为：“哪里的语言精练，哪里的语言就有分量”。演讲有语言简洁化的要求，就是用最

少的字句，准确、简明地表达出所要陈述的思想内容。任何讲话都贵在少而精，言多必失。用千言万语讲明一个道理不算本事，而用几句话甚至几个字就阐述清了一个真理，那才是真正的本事和口才。演讲更是如此，一次成功的演讲是不允许有空话、废话、套话的。

口才指南

演讲有语言简洁化的要求，就是用最少的字句，准确、简明地表达出所要陈述的思想内容。任何讲话都贵在少而精，言多必失。用千言万语讲明一个道理不算本事，而用几句话甚至几个字就阐述清了一个真理，那才是真正的本事和口才。

第八章

彰显智慧的辩论话术

——辩论口才

第一节　反诘进攻的技巧

所谓反诘，就是从反面提出问题，用否定的疑问句来表示肯定的语气，或者是用肯定的疑问句来表示否定的语气。

反诘进攻，是论辩说服的基本语言技巧之一，它是修辞学上的反问在论辩中的运用。

一青工上班常迟到，车间主任教育他："你怎么总爱迟到？"青工："睡觉睡过了头。"主任："哦，为了睡个舒服觉就可以耽误工作时间呀？"青工（窃笑）："列宁不是说过嘛，不会好好休息就不会好好工作，我多睡一会正是为了更好地工作呀。"主任（沉着反击）："列宁好像说过那样的话，但他难道说过为了休息好可以耽搁工作时间的话吗？"

约翰·威克斯是英国18世纪的一位作家和政治活动家。有一天，上议员桑得韦奇当众辱骂他说："你将来不是死于梅毒，就是死于绞刑。"

威克斯答道："那就要看我是拥抱阁下的情妇，还是阁下的理论了。"

威克斯使用的是"反诘"的方法，他没有直接否定桑得韦奇恶毒的诅咒，似乎与他建立起一个"假"的共识，但是马上指出产生两种恶果的根源统统来自于桑得韦奇本人，暗示出由于人品及思想的低下，他将来才应该死于非命。从容回答中虽不露锋芒，但回击有力，而且寓意深刻。

美国记者问：中国是否接受美国的道歉？中国外交官：如果这次是中国飞机轰炸了美国大使馆，炸死伤多人，试问美国会作何反应？是否道歉就够了？

美国记者问：你认为中国学生包围美国使馆，向使馆扔石头和鸡蛋是过激行为吗？中国外交官：至少是比美国向中国使馆扔炸弹来得温和多了。

口才指南

反诘进攻，往往能比正面提问更有说服力，更能表达爱憎之情，更具有强烈的批判和讽刺作用。很多时候，还可以用反诘转守为攻，造成心理上的优势和咄咄逼人的气势，置对方于被动的地位。

第二节 偷换概念的诡辩

偷换概念是将一些看起来是一样的概念进行偷换，实际上改变了概念的修饰语、适用范围、所指对象等具体内涵。在概念上玩弄游戏，这是诡辩者惯用的手段。

举个例子：

想象一下，当你向老板请假的时候，他这样回答你：

你想请一天假？看看你在向公司要求什么？

一年里有 365 天你可以工作。

一年 52 个星期，你已经每星期休息 2 天，剩下 261 天工作。

你每天有 16 小时不在工作，去掉 170 天，剩下 91 天。

每天你花 30 分钟时间喝咖啡，加起来每年 23 天，剩下 68 天。

每天午饭时间你花掉 1 小时，又用掉 46 天，还有 22 天。

通常你每年请 2 天病假，这样你的工作时间只有 20 天。

每年有 5 个节假日公司休息不上班，你只干 15 天。

每年公司还慷慨地给你 14 天假期，算下来你就工作 1 天，而你还要请这一天假？！

这种类型的诡辩就属于偷换概念，它是利用所归纳出时间的重复性来达到目的的，数学上称为“套袋式原理”。

日常生活中的小辩论，如果能掌握巧换概念的技巧，可获得幽默的效果。

两位农民在给玉米施肥时，以猪粪离庄稼远近为题争执起来。

甲：“猪粪离庄稼近，便于庄稼吸收，庄稼肯定爱长！”

乙：“让你这么一说，应该把庄稼种到猪圈里，庄稼一定更爱长！”

甲：“你这是不讲理！”

乙：“怎么不讲理？你不是说离粪近庄稼爱长吗？”

这时，一位老农民凑过去说：“我看你们俩谁说得也不对，猪尾巴离猪粪最近，没见到猪尾长得多长……”

在场的人哈哈大笑。老农民用巧换概念法，轻而易举地平息了争执，又逗笑了大家。

只要我们澄清概念，正确地解释概念，明确其内涵与外延，就足以堵住诡辩者的口。

第三节　故意偷换论题

偷换论题通常指在证明过程中把需要证明的判断偷换为另一个判断。例如，本应证明“美术是生活中必不可少的”，却去证明“生活中到处都有美”。反驳中把需要反驳的判断偷换为另一个判断，也是偷换论题。诡辩者或者为了掩饰理屈，或是为了回避尖锐的矛盾，或是企图浑水摸鱼，故意偷换辩题的含义。

有一天，阿凡提和三四个朋友在一起吃抓饭，朋友们尽挑羊肉吃，不过都是一块一块地往嘴里送。于是，阿凡提就两块两块地吃起肉来。朋友们急了，就问："阿凡提，你怎么两块两块地吃肉呀？"阿凡提回答说："我的嘴里放不下三块怎么办！"阿凡提明知朋友们问话的用意是让他和大家一样，一块一块地吃肉，但他故意回答成由于嘴太小，一次只能容纳两块肉，容纳不下三块肉怎么办。在这里阿凡提是为了逗乐而偷换论题的。

有个小朋友在看画，画面是一个人在聚精会神地射击。这个小朋友就问他的爷爷，说："爷爷，为什么打枪时要睁一只眼，闭一只眼？"他的爷爷回答说："如果两只眼都闭上，那就什么也看不见了。"小朋友的疑点是：为什么射击时不让两只眼睛都睁着，而非闭一只眼睛不可。他的爷爷对这个问题故意避而不谈，而去回答那个众所周知的问题。这在逻辑上就叫偷换论题。

明代有位姓靳的内阁大学士，他的父亲不大出名，他的儿子很不成材，可他的孙子却考中了进士。这位内阁大学士经常责骂他的儿子，骂他是不肖之子，是不成材的东西。后来，这个不肖子实在忍受不了责骂，就和内阁大学士顶了起来："你的父亲不如我的父亲，你的儿子不如我的儿子，我有什么不成材的呢？"这位内阁大学士听了后，放声大笑，就不再责备儿子了。

有些人则通过偷换论题，有意识地改变论题内容，偷梁换柱，从而达到某种目的。例如清朝时，某一书生坐于高台之上读书，台高风大，吹得书页哗哗乱翻，书生随口吟出两句诗："清风不识字，何故乱翻书？"居心叵测之人有意歪曲"清"字的含义，诬陷书生讽刺清廷没文化，犯了大不敬之罪。

口才指南

诡辩者或者为了掩饰理屈，或是为了回避尖锐的矛盾，或是企图浑水摸鱼，故意偷换辩题的含义，将所要论辩的辩题悄悄地偷换成另一个辩题，这就是偷换辩题式诡辩。

第四节　以谬制谬反驳法

以谬制谬，也就是归谬反驳法是指，为了反驳某一命题，先假定它是对的，然后由它推出一个或若干个明显荒诞的结论，再运用充分条件假言推理的否定后件式确定被反驳的命题是不正确、不合法的。

A：别穿高跟鞋，穿高跟鞋的女孩轻浮。B：凭什么这样说？A：穿高跟鞋当然踮起脚尖，怎么能站稳？一绊到石头，自然就会跌倒，这不就是轻浮吗？B：那你以后不许擦头油，擦头油的男孩滑头。A：胡说！B：擦上头油当然乌发溜溜，怎么能不油滑？落上苍蝇自然会被滑倒，这就是滑头的铁证！在这种技巧的应用中，特点是用对方自身设定的逻辑来限制对手，效果要比诉疑式强烈一些，一般用于不需要很留有分寸的场合。

商人威尔斯向皮箱行订购3000只皮箱，取货时却说，皮箱内层有木材，不能算是皮箱，并向法院起诉，要求赔偿15%的损失。在威尔斯强词夺理、法官偏袒威尔斯的情况下，律师罗文锦出庭为被告辩护。罗文锦取出一只金怀表问法官："法官先生，这是什么表？"法官说："这是伦敦名牌金表。可是，这与本案没有关系。"罗文锦坚持说与本案有关，并继续问："这是金表，事实上没有人怀疑。但是，请问内部机件都是（黄）金制的吗？"法官知道中了"埋伏"，只好哑口无言。[1]

洞察对方的荒谬论点，看其论点是否真实，其论据是否能支持论点，推理过程是否符合逻辑。如果结论是否定的，就可以把对方的荒谬论点

1　非分．就这样被道理打败．晚报文萃（B），2006（3）．

夸大，使其暴露得更为明显，以达到反驳的目的。

归谬反驳法，就是先假定对方的命题为真，然后以此为前提进行推论，将它推向极端，推出明显的荒谬结论使其难堪的一种方法。

第五节　明知故问的辩术

在生活中，如果一件事情已经有了答案，往往会略过不提。可是，在辩论中，有时却采用明知故问的辩术。如此向对方提问的目的，就在于引起对方对某一简单问题的注意，同时点出尚未点明的道理。

蔺相如在渑池会上又立了功。赵王封蔺相如为上卿，职位比廉颇高。

廉颇很不服气，他对别人说："我廉颇攻无不克，战无不胜，立下许多大功。他蔺相如有什么能耐，就靠一张嘴，反而爬到我头上去了。我碰见他，得给他个下不了台！"这话传到了蔺相如耳朵里，蔺相如就请病假不上朝，免得跟廉颇见面。

有一天，蔺相如坐车出去，远远看见廉颇骑着高头大马过来了，他赶紧叫车夫把车往回赶。蔺相如手下的人可看不顺眼了。他们说，蔺相如怕廉颇像老鼠见了猫似的，为什么要怕他呢！蔺相如对他们说："诸位请想一想，廉将军和秦王比，谁厉害？"他们说："当然秦王厉害！"蔺相如说："秦王我都不怕，会怕廉将军吗？大家知道，秦王不敢进攻我们赵国，就因为武有廉颇，文有蔺相如。如果我们俩闹不和，就会削弱赵国的力量，秦国必然乘机来打我们。我所以避着廉将军，为的是我们赵国啊！"

蔺相如的话传到了廉颇的耳朵里。廉颇静下心来想了想，觉得自己为了争一口气，就不顾国家的利益，真不应该。于是，他脱下战袍，背上荆条，到蔺相如门上请罪。蔺相如见廉颇来负荆请罪，连忙热情地出来迎接。从此以后，他们俩成了好朋友，同心协力保卫赵国。

明知故问，是为了通过“问”达到某种目的。这个目的或问本身就是对对方的反驳，或是为了达到这个目的之后就可能进一步去驳倒对方。

口才指南

为肯定自己的观点，诱导性地提问，让对方紧紧围绕自己的论题思考，再以反问的形式肯定自己的观点，迫使对方不得不接受。

第六节　“苏格拉底产婆术”

所谓“苏格拉底产婆术”，是指在与学生谈话的过程中，并不直截了当地把学生所应知道的知识告诉他，而是通过讨论问答甚至辩论方式来揭露对方认识中的矛盾，逐步引导学生自己最后得出正确答案的方法。这种方法同样可用于辩论当中。

“苏格拉底产婆术”主要由四个步骤组成：讥讽、助产术、归纳和定义。

讥讽是指就对方的发言不断提出追问，迫使对方自陷矛盾，无词以对，终于承认自己的无知。助产术即帮助对方自己得到问题的答案。归纳即从各种具体事物中找到事物的共性、本质，通过对具体事务的比较寻求“一般”。定义是把个别事物归入一般概念，得到关于事物的普遍概念。

在色诺芬的《回忆录》第 4 卷第 2 章中，记述了苏格拉底与尤苏戴莫斯有关正义的对话。

一天，苏格拉底和一个非常自负的、名叫尤苏戴莫斯的青年讨论人需要不需要学习，学习时需要不需要请教师的问题。其中有一段涉及正义与非正义，苏格拉底写下 δ 和 α（分别是希腊文正义与非正义的第一个字母），然后问道：虚伪应放在哪一边？

尤：显然应放在非正义一边。

苏：那么欺骗呢？

尤：当然是非正义一边。

苏：偷盗呢？

尤：同上面一样。

苏：奴役人呢？

尤：也是如此。

苏：看来这些都不能放在正义一边了。

尤：如果把它们放在正义一边，简直是怪事了。

苏：那么，如果一个被推选为将领的人，率领部队去奴役一个非正义的敌国，能不能说他是非正义的呢？

尤：当然不能。

苏：那么他的行为是正义的了？

尤：是的。

苏：倘若他为了作战而欺骗敌人呢？

尤：也是正义的。

苏：如果他偷窃、抢劫敌人的财物，他的所作所为不也是正义的吗？

尤：不错。不过开始我以为所问的都是关于我们的朋友呢。

苏：那么，前面我们放在非正义方面的事，也都可以列入正义一边了？

尤：好像是这样。

苏：那么，我们是不是重新给它划个界线；这一类事用在敌人身上是正义的，用在朋友身上就是非正义的了。你同意吗？

尤：完全同意。

苏：那么当战争处于失利而又无援的时候，将领发觉士气消沉，就欺骗他们说援军就要来了，从而鼓舞了士气。这种欺骗行为应当放在哪一边呢？

尤：我看应该在正义一边。

苏：小孩子生病不肯吃药，父亲哄骗他，把药当饭给他吃，孩子因此恢复了健康。这种欺骗行为又该放在哪一边呢？

尤：我想这也是正义行为。

苏：又如，一个人想自杀，朋友们为了保护他而偷走了他的剑，这种行为该放在哪一边呢？

尤：同上面一样。

苏：可你不是说对朋友任何时候都要坦率无欺吗？

尤：看来是我错了。如果您准许的话，我愿意把说过的话收回。

口才指南

在提问、回答、暗示、再回答这一过程中，苏格拉底反复使用“反讽”和“诡辩”的技巧，使尤苏戴莫斯陷入自相矛盾的地步。

第七节　类比反驳生动形象

在很多情况下，单纯的说理正面反驳枯燥无味，而且艰涩冗长。而运用类比，既能活跃气氛，又能使反驳生动形象，易于理解。让我们一起欣赏一个实例：

辩题：信息战能取代传统武力战。

正方：请问未来战争的制高维是什么？

反方：信息。

正方：高位势支配低位势，高层次决定低层次，对方辩友既然已经承认未来战争的制高维是信息，也就是说，对方辩友也承认，信息就是未来战争的主导了？

反方：对方辩友的逻辑就是建房子只要最高层，不要下面的基础。

反方短短一句话，就把正方精心设计的圈套给破解了，这不能不说是类比的功劳。

台湾作家琼瑶小说《在水一方》中写到杜小双和卢文友到新竹名为访友，实为郊游回来后，诗卉询问杜小双探访了哪些朋友时，引出了如下一段话："是这样的，这些日子卢文友总是写不顺手，他写一张，撕一张，就没有一页他自己认为是满意的。他说工作太累了。我也觉得如此，一个人又不是机器，怎能成天关在小屋里，和圆珠笔稿纸打交道。你看杰克·伦敦因为当过水手，所以写得出《母狼》；海明威因为当过军人，所以写得出《战地钟声》；雷马克深受战争之苦，才写得出《凯旋门》和《春闺梦里人》。写作不能脱离生活经验，如果他老是待在屋子里，就只能写出《老鼠觅食记》了。"诗卉反驳道："这么说来，法国名作家左拉是一个交际花，不然他怎能写出《小酒店》和《娜娜》；托尔斯泰一定是个女人，否则就写不出《安娜·卡列尼娜》；杰克·伦敦除了是水手之外，他还是只狗，否则他就写不出《野性的呼唤》；海明威也当过渔夫，才写出《老人与海》；我们中国的吴承恩一定是只猴子，不然怎能创造出一个齐天大圣孙悟空来?"诗卉的反驳无疑是仿照反驳，其反驳中所涉及的对象与杜小双说话中所涉及的对象仅仅一点相同，即作家的经历与写作内容有关。

类比反驳简单好用，但要注意：①类比的两对象要相似性强，免得人们在极短的时间内反应不过来。②类比的事物一定要大家熟悉，否则毫无效果。

某市有一个作家余某，加入作协不久，就迷上了赌博，再也没有作品问世。朋友劝他不要再赌，静下心来写作，他反问到："我是不是作家？"朋友回答："没说你不是呀！"余某又问："要不要体验生活？"朋友回答：

“当然要啦！”余某嘿嘿一笑，说：“我正在构思一部长篇小说，主人公就是一个赌徒。你想，我不去赌场，不亲自去赌，我能写得出这小说吗？”

朋友听了以后哭笑不得，反问他：“啊，你要写赌徒，就得亲自去赌博？那么你写小偷，就得先去摸人家的钱包；要写妓女，就得先去嫖娼；要写杀人犯就得先去杀人啦！”余某无言可辩。

类比反驳所涉及的两个对象必须在一系列属性上相同。

第八节 先发制人进攻术

在辩论进攻中，辩论者在时间上抢在对方之前，趁对手未加防范时，发动突然袭击，陷对手于被动境地。

当然，先发制人不是即兴发言，一定要知己知彼，有充分的准备方能百发百中。另外，辩论的语言必须句句在理，运用的事实需经反复核对，确凿无误，否则可为对方“后发制人”提供依据而使自己陷入被动。

尼克松访华谈判过程中曾发生一件令人不安的事情，周恩来是怎样解决的呢？

美国的白宫与国务院之间向来有矛盾，就连尼克松来华访问的代表团内部也不统一。1972 年 2 月 26 日晚宴之前，给罗杰斯国务卿当翻译的章含之向周恩来汇报：罗杰斯及其手下的专家们对已达成协议的《中美上海公报》大发牢骚，并说到上海后要大闹事情。

虽然这是美国人内部的矛盾，但坐视不管却会影响到中美谈判的结果，若果如此，岂不前功尽弃？

周恩来认真对待这件事，思考为什么这样、有什么办法。稍一思索，周恩来联想到了一件事：毛泽东会见尼克松时，按职务，罗杰斯排在基辛格之前，应当同去，但尼克松却只带了基辛格去，难怪人家有意见。周恩来点了点头，明白事情的由来了，他决定第二天到上海后，特地去探望罗杰斯，补上一课。

2 月 27 日，当周恩来来到罗杰斯居住的锦江饭店时发现，罗杰斯等人住在第十三层，这是西方人忌讳的数字。周恩来面对怒容满面的罗杰斯及其助手，泰然处之，面带微笑与他们握手，在说话中特别提到“这次中美两国打开大门，是得到你罗杰斯先生主持的国务院大力支持的……”当罗杰斯等人怒气渐消后，周恩来又说：“有件很抱歉的事，我们疏忽了，没有想到西方风俗对‘十三’的避讳。”接着又风趣地说，“我们中国有个笑话，一个人怕鬼的时候，越想越可怕。等他心里不怕鬼了，到处上门找鬼，鬼也不见了，……西方的‘十三’就像中国的‘鬼’。”众人听后哈哈大笑。周恩来走后，罗杰斯的助手问：“怎么办，还找麻烦吗？”罗杰斯摇摇头说：“算了吧，周恩来这个人，真是令人倾倒。”一件可能影响谈判结果的麻烦就是这样巧妙地被避免了。[1]

先发制人能否很好的运用，对自己的观点是否成立，对能否取得胜利起着非同一般的作用和功效，因此，在辩论中，要善于把握先机，先发制人，要有让对方回天乏术的压迫感，这样先发制人的目的也就达到了。

口才指南

俗话说：先下手为强。先发制人战术往往能在气势上打乱对方的部署，有助于造成我方的精神优势，掌握辩论的主动权。

1 谢承志．公关谈判艺术．同济大学出版社，2001（11）．

第九节　从最脆弱的地方着手

打击对手最有效的办法是从对手最脆弱的地方着手。俗话说得好，打蛇要打在七寸上，就是说只有抓住了要点，攻击才能见效。

1984 年，里根为竞选连任总统与对手蒙代尔展开了电视辩论。此时的里根是美国历史上年纪最大的总统竞选人，在辩论中蒙代尔对里根的年龄大加攻击。他说："里根总统，您的年龄已到了该退休的时候了。"对此，里根笑着说道："蒙代尔说我年龄过大，我却不会利用对方年龄太轻、经验不足作为把柄来攻击他。"里根的巧妙回答使选民在笑声中接纳了他。

1988 年，美国开始第 41 届总统竞选。民意测验表明，民主党总统候选人杜卡基斯的支持率，比共和党总统候选人布什的支持率多出十多个百分点。但是，布什在公关专家罗杰 · 艾尔斯的精心策划下，迅速扭转不利局面，在最后一次电视辩论后，取得了稳操胜券的优势。

布什的策略就是攻其要害。他抓住对手的弱点，单刀直入，使其陷入窘境。杜卡基斯嘲笑布什是里根的影子，没有自己的见解，自身缺乏作为一个政治家的明显的政治标记。杜卡基斯用讥讽的口吻问："布什在哪里？"布什轻松地回击道："噢，布什在家里，同夫人巴巴拉在一起，这有什么错吗？"这句话表面上看来是平平常常的，却语义双关，暗点出杜卡基斯风流好色、生活不检点的毛病，揭了对方的疮疤。

口才指南

辩论要抓住对方观点中的要害问题，一攻到底，从理论上彻底地击败对方。在辩论中只有始终抓住要害问题，才能"打蛇打在七寸上"。

第十节　以子之矛，攻子之盾

在辩论过程中出现观点的矛盾是不可避免的，即使是同一个人，在辩论中，也往往有出现自相矛盾的现象。一旦出现这样的情况，就应当马上抓住，竭力扩大对方的矛盾，扩大对方的观点裂痕，迫使对方陷入窘境。使之自顾不暇，无力进攻自己。“以子之矛，攻子之盾”，使之于急切之中，理屈词穷，无言以对。

例如，某市审理黄、刘贪污罪一案，起诉书指控黄、刘二人“有群众举报，有会计、出纳员的证明材料。经查证，证据确实充分，应以贪污罪起诉。但是，由于社会上存在不正之风，黄和刘冒领的工资也为职工分了一部分，可视为违反财经纪律的行为，黄、刘二人各分得的部分，可视为挪用。”被告的辩护律师就起诉书的指控，运用矛盾反驳法进行了辩护，指出“起诉书所害，实质上一方面肯定了黄、刘二人犯了贪污罪，另一方面又肯定他们的行为只是不正之风，属于挪用，不是犯罪行为。对同一事物既肯定，又否定，显然是自相矛盾的说法。”这里，辩护人由于揭示了起诉书所存在的矛盾，反驳非常有效。

如果指出了对方自相矛盾之处，则对方的论证不攻自破。这也是十分有效的反驳方法。运用这种方法所依据的是逻辑原理中的不矛盾律，即互相矛盾的思想不能同真。

第二次世界大战后，德国著名的乐队指挥布鲁诺·瓦尔特（1876—1962 年）到了美国。他首次指挥纽约交响乐团时，发现第一大提琴手沃伦斯坦无论是彩排或正式演出时都有意不听指挥。“您是一位志向非凡的人，沃伦斯坦先生，可您的抱负是什么呢？”瓦尔特没有当众责怪他，只是请他来个别交谈。指挥家的态度非常友好。“成为一名指挥家。”大提琴手答道。瓦尔特笑着说：“那么，当您成为乐队指挥时，我希望您永远不要让沃伦斯坦在您面前演奏。”

口才指南

在辩论过程中，对方发言往往会出现前后矛盾的情况。此时，如能抓住矛盾予以揭露，往往能使对方哑口无言，而百口难辩。这种方法就是揭示矛盾法。

第十一节　绵里藏针，以柔克刚

你在街上走路，不小心踩到了一位小伙子的脚，正赶上那位小伙子性格比较暴躁，于是就开始大声指责你。你原本是想跟他道歉的，可是看到他如此无礼，于是你就为了脸面而跟他争执。这样一来，你们之间的争吵就会越来越激烈，最后很有可能发展成为街头斗殴。既然针锋相对的办法有它的局限性，那么我们就应该寻找其他出路。那就是以柔克刚。

在日常生活中，直接辱骂别人，听话人当然很容易能听出来，如果说话人是利用会话隐涵来侮辱人，听话人就较难注意了。

有一次，美国议会里一位对丘吉尔不友善的女议员，在会议休息时，竟然对丘吉尔说：“如果你是我丈夫的话，我会在咖啡里放毒药。”丘吉尔听了，不假思索就回答：“如果你是我妻子的话，我会喝掉这杯咖啡。”

1952 年，正在苏联访问的美国总统尼克松将去苏联其他城市访问。苏共总书记勃列日涅夫到莫斯科机场送行。正在这时，飞机出现故障，一个引擎怎么也发动不起来。机场地勤人员马上进行紧急检修。尼克松一行只得推迟登机。

勃列日涅夫远远看着，眉头越皱越紧。为了掩饰自己的窘境，他故作轻松地说：“总统先生，真对不起，耽误了你的时间！”一面说着，一面指着飞机场上忙碌的人群问：“你看，我应该怎样处分他们？”“不！”

尼克松说，“应该提升！要不是他们在起飞前发现故障，飞机一旦升空，那该多么可怕啊！”尼克松的话里有辛辣的讽刺、涩涩的挖苦、无声的指责，而这些却是以貌似夸奖的话传达了出来的，听了这话，除了苦笑，还真什么也说不出来。

绵里藏针的反击方法，柔中见刚，以柔克刚。既巧妙地使自己摆脱受气的境地，又无损于对方的体面，以自己良好的修养显示了内在的威慑力。但运用此种方法时必须态度鲜明，不要吞吞吐吐，黏黏糊糊，拐弯抹角，以致词不达意，给对方造成半推半就的误会。

口才指南

听话人不仅要善于听出对方的恶意，而且必要时可以“以其人之道还治其人之身”，给对方一个含蓄地回击。

第九章

如何讨得爱人欢喜

——情感口才

第一节　初次见面的话题

由于初次见面的重要，不少男女第一次见面时往往不知如何开口，或说些什么话，即使原本健谈、幽默和风趣的人也会变得木讷、寡言甚至手足无措。这种现象在现实生活中已经见怪不怪。其实你大可不必那么紧张，也不要封闭住自己的感情和心灵。

男女初次见面话题有这么几种：

1. 兄弟姐妹

男女初次见面谈点什么话题好呢？谈谈父母吧，有点不妥，万一她的父母分居或离婚，会引起她的不快。通常的男女初次见面聊天话题就是谈谈兄弟姐妹。聊聊兄弟姐妹，可以加深了解，活跃一下气氛。而且男女双方能了解彼此的家庭，应答一方也会觉得你喜欢她，这样也容易赢得彼此的信任，迅速打开初次见面的尴尬局面。

2. 聊点新闻，谈点八卦

见面之前浏览下网页，什么都聊点，但别聊得太深。因为，你不知道她真正的兴趣在哪里。如果不对胃口，聊得越多，失分越多。

3. 名胜古迹

初次见面问问对方以前去过什么名胜古迹。这个问题无论是男是女都很乐于回答，也不会有什么戒心。为了让男女彼此打开话匣子，男士可以先请对方给你介绍一下，你只要做一个忠实的听者，对方会很快对你产生好感。这时你可以再主动一些，问对方还想去什么地方，如果说某某地方一直想去，作为男士表现的机会就来了。勇敢地说吧：“我也一直想去那。哪天我们一起去，让我们一起来实现梦想吧？”女士会很愉快地接受你的邀请。其实，聊过这些以后，男士对女士的知识背景、兴趣爱好也了解了不少。

4. 喜欢的美食

如果男女双方在饭馆或酒吧约会，谈谈各自喜欢的美味吧，这是男女初次见面一个令人愉快的话题。谈论美食，你不仅能了解她的口味，找到共同点，而且再也不用担心初次见面没有话题了。如果女士有拿手绝活，先不失时机地夸一下，接着问："听得我都流口水了，哪天让我一饱口福吧。"就算女士知道你在恭维她，她也很受用。如果你也有一手，别忘了邀请她品尝你的手艺。

5. 业余爱好

喜欢唱歌，或是跳舞？喜欢运动吗？喜欢听什么音乐？这些问题不能不问，不然你怎么知道她的兴趣爱好呢？而且她也希望展示自己，男女初次见面找这样的话题，一举多得的事，何乐而不为呢。

6. 儿时的理想

男女初次见面聊聊儿时的理想吧，这是一个很有趣的话题，既轻松愉快，又能增进感情。不过，作为男士别抢着话头不放，要让女士说话，她说得越高兴你就越有戏。

7. 发出邀请

如果初次见面谈得很开心，女士看男士时两眼放光，两人的距离越来越近，那就有戏了。男士可以和她谈谈打算，不经意间提出邀请，不过男士也别操之过急，这样会吓着她。但是你放心，如果她很高兴，就会乐于和你在一起，不会轻易拒绝你的。

男女初次见面该如何找话题，只要不紧张，顺其自然就好。如果男女双方感到不自在，初次见面往往也会以失败告终，另外男女初次见面还可以考虑送对方小礼物，这样也可以增加一些话题素材，希望以上的男女初次见面适合谈的话题能给初次见面的男女一些帮助。

不要轻易聊的话题：

别轻易聊"老板"。老板若对你不好，会让他觉得你工作上没前途；老板若对你太好，会让他觉得自己跟你的未来没前途。

别轻易聊真心。女人的真心，到了最后一刻，也不应对他彻底坦白。能让一个人放不下，一定是他拥有不了。

别轻易聊理想。否则你有可能会得到一个朋友。但也有可能失去一个男朋友。

男女初次见面约会，不要问起对方的旧爱。这样的话题，对方要是不提起，自己也不能贸然张口。对方可能还爱着旧爱，也可能还处在失恋的痛苦中。

口才指南

聊天法宝且排在第一位的是天气。天气和生活息息相关，是人们关心的话题，即使是陌生人也可以畅谈无阻。但是要尽量避免“今天下雨了。”这样难以接口的陈述语句，应该采用“下雨了有没有提早出门啊？”这样的问句来和对方形成互动。

第二节　真诚的语言最感人

真诚的语言虽然是朴实无华的，但却是最感人的。讲话如果只追求外表漂亮，缺乏真挚的感情，开出的也只能是无果之花，虽然能欺骗别人的耳朵，却不能欺骗别人的心。著名演讲家李燕杰说：“在演说和一切艺术活动中，唯有真诚，才能使人怒；唯有真诚，才能使人怜；唯有真诚，才能使人信服。”

真诚的问候给人一种亲切、友善的感觉。问候是生活中不可或缺的因素，好的问候能快速拉近陌生人之间的距离。一句问候语往往包含了三种含义：我把尊重送给你。我把亲切送给你。我十分珍惜我们之间的友谊。

有家电视台播放过一个节目，中国女足在一次足球赛上获得较好的名次后，记者向运动员问道："你们得了亚军后心情如何？你们是怎么想的？"其中一名运动员不假思索地回答道："我想最好能睡三天觉！"这样的回答让人有些出乎意料，但它质朴，没有任何修饰成分，全场顿时爆发出一片赞许的笑声和掌声。[1]

与人闲谈，重要的不是内容，而是交流情感的形式。最忌讳一上来就满口"之乎者也"地讲大道理、说正经事，给人留下炫耀的印象。与人闲谈，尤其是和关系还不太熟悉的人闲谈，最好做老生常谈。记住，人们在乎的不是你说什么，而是你说话的方式和态度。

口才指南

在与人交际的时候，谦逊礼让是完全必要的，然而不分对象、不分场合，一味地"请"，"对不起"，未免有虚伪的嫌疑。比如说故人相聚，还过分客套，搞得别人难为情，这就不能说是真诚了。

第三节　与陌生异性巧搭讪

许多人对与陌生人搭讪存在着太多的误解，他们总是给搭讪者戴上了图谋不轨的帽子。其实，主动与陌生人搭讪不仅是一种自信的表现，而且可以体现出搭讪者为人豁达、大气的胸怀。

首先要克服恐惧心理。

很多人在异性面前会感到紧张，更有甚者，见到陌生异性会紧张到脸红。这样的表现往往不会给对方留下好印象，一个羞怯、胆小的人怎么会招人喜欢呢？想要在异性面前有一个好的表现，首先要克服恐惧的

1　张笑恒．会说话的女人最出色．朝华出版社，2008（11）．

心理，坦然、自信地和对方交谈。

其次，寻找能让对方产生共鸣的话题，“黏”住对方。

很多人在打过招呼，并且也得到别人的正面回应后，反而不知道怎么继续话题，让两个人尴尬地待在那里，不知道该怎么办。其实，一个搭讪高手首先要具备的特质，就是对人有良好的观察能力和高度的兴趣。

比方说,你看到了一个很想认识的异性,你可以先观察她(他)的穿着、她（他）的气质，或手上提的东西、正在看的书报，然后想办法让那些东西与搭讪的话题产生关系。

假如对方正在看一本有关心理学方面的书，你也许可以问她（他）关于书中内容的问题，或者乱掰说你也对心理学方面的话题很有兴趣，想问问她（他）这本书写得好不好，或者她（他）有没有看过其他有关心理学方面的好书，可以推荐你去看。

如果你以前曾经看过同一位作者写的书的话，那真是太幸运了。你可以和她（他）交换阅读心得，让她（他）觉得你们有共同的话题、共同的兴趣，这也就是女生最爱说的“缘分”。

记住不要动不动就问对方一些只能回答“是”或“不是”、“好”或“不好”的问题,那很容易就让场面变僵。需要问对方一些开放性的问题,例如你应该问：“你在哪一所学校念书？”或“你的服装搭配很好看，有没有什么秘诀呢？”这样，才能让对方接得上你说的话，或者有话可说。

口才指南

和陌生的异性交往时，会有紧张、恐惧的心理。这时，需要注意言辞恰当、举止稳重，并且能多站在对方的角度谈论问题。面对一见钟情的她（他）时，不妨采取一些浪漫的技巧。

第四节　大胆地表达爱意

有人说：沐浴在爱河中的人的字典里，没有老套的字眼。任何海誓山盟，“爱你爱到入骨”的话绝对应该去说，不必怕肉麻，除非你并不爱对方。男女相处，甜言蜜语非常有用，你不妨大胆些。

列宁在伏尔加河畔认识了克鲁普斯卡娅，在随后的交往中逐渐爱上了她。由于革命工作繁忙，列宁只好把爱情深深埋藏在心里。当列宁被流放到西伯利亚后，他抑制不住相思之苦，给克鲁普斯卡娅写了封信，第一次向她表达了自己的爱意。信的末尾是这样写的：“请你做我的妻子吧！”面对列宁的直接表白的求婚方式，克鲁普斯卡娅勇敢地闯进了严寒的西伯利亚，和列宁走到了一起。

马克思与燕妮是“青梅竹马”。有一次，马克思对燕妮说道：“我已经爱上了一个人，决定向她求婚……”此时，一直挚爱着马克思的燕妮，听到马克思这么说，心里顿时急躁起来，愣了半天，便问马克思：“你能告诉我你所选择的姑娘是谁吗?”马克思回答道，“可以呀。”边说边将一个小方盒递给了燕妮，还说道：“在里面，打开它，你便会知道，不过只能当我离开以后……”等马克思走后，燕妮的心里七上八下，她终于打开了盒盖，里面只有一面镜子，别无他物。燕妮恍然大悟，幸福地笑了，镜子里照出了她美丽的容颜，照出的正是被马克思挚爱的燕妮自己。

有一个小伙子固执地爱上了一位漂亮的姑娘，但姑娘始终拒绝正眼瞧他，因为他是个看起来古怪可笑的驼背。一天，小伙子找到姑娘，鼓足勇气问：“你相信姻缘天注定吗？”姑娘眼睛盯着天花板答道：“相信。”然后反问道：“你相信吗？”他回答：“我听说，每个男孩出生之前，上帝便会告诉他，将来要娶的是哪一个女孩。我出生的时候，上帝就告诉我，我的新娘是个驼子。我于是向上帝苦苦恳求：‘上帝啊，一个驼背的女子将是个悲剧，求你把驼背赐给我，将美貌留给我的新娘！’”听完他的话，姑娘心头一颤，第一次盯着小伙子的眼睛看。她把手伸向他，之后成了他最挚爱的妻子。

口才指南

向心上人表达爱意，是一种最甜蜜，最伤神，最微妙的情感活动，在表达爱意的过程中，把握好性别角色，情感浓度，发扬大胆主动，锲而不舍的精神，一定能拥有甜蜜永久的爱情。

第五节　哄恋人开心的技巧

现今社会恋人或者夫妻双方大多都要忙自己的学习和工作，生活上的细节很少注重，疏忽了双方之间的交流，有时候闹得不可开交，少了许多男哄女乐的趣味。

爱情的滋味是甜的，是美的，是幸福的。但，再相爱的人也难免争嘴吵闹，不然怎么会有“相爱容易相处难”这句话呢，但千万别因为一些小矛盾，赌气冷战到底，不要让一段真爱成为后悔的故事。

1. 首先你得学会“听废话”，大凡女性最渴望也最能“倾诉”，在那些洋洋洒洒的“倾诉”中，也许有些你觉得根本不足挂齿的，可妻子仍喋喋不休，此刻你决不能让朦胧的睡意爬上你倦怠的面容，必须强打精神、十分投入地关注着她的“内心独白”，任其尽情地“倾诉”个中的喜怒哀乐。

2. 要及时。即要哄得及时到位，哄得对方破涕为笑，转怒为喜。

3. 试着和她同声同气。

有时候，对方在对同事或者上司生气抱怨，你适时附和一句“就是呀”，简单几个字，对方如获知音，但是要注意的是附和什么，明明是对方有问题的那部分，就不要去瞎附和了。比较不容易出错的做法是，理解其情绪，附和其情绪本身，而不是事件。客观而言，即便就你这个旁观者来说，错在对方，但因为情绪失控，这时就不要秉公和其理论、反驳了。

口才指南

女人喜欢吃醋，容易流泪，爱发小脾气，其实都是为了博男人一哄，哄好了，她会更快乐，满满幸福。

第六节　利用幽默感吸引对方

幽默是智慧、学识、机敏的结晶，又是性格开朗、精神乐观的自然流露。在人际交往中，幽默具有化险为夷、化干戈为玉帛的奇妙功效。幽默是人际关系的润滑剂，使人与人之间相处的轮轴更加灵动；幽默是人们生活的休息哨，使绷紧的精神之弓得以松弛。

幽默，给我们带来的是尊重和敬佩，因为并不是每个人在异性面前都有表现幽默的能力。与异性交往的时候，不论对方是自己认识的还是不认识的，都不要过于严肃、一本正经。这样会使对方有种压抑的感觉，我们要学会利用幽默感去吸引对方。幽默不仅是一个人智慧的表现形式，更是人际关系的润滑剂。幽默带给人们的是欢笑，这种如沐春风的感觉是没人会拒绝的。所以，在与异性接触时为何不幽默一下呢？

如某女问某男："为什么只看女人的外表？"答："那当然！看人内脏的那是医生！"

一位数学家同女朋友在公园里散步。女朋友问他："我满脸雀斑，你真的不介意？"数学家温柔地回答："绝对不！我生来就最爱跟小数点打交道。"

一男子对他新交的女朋友说："假如你坚持不肯说出你的年龄，我只好对别人说和你是忘年之交。"

只要采用适当的表达方式，把握与异性交往时机，诚恳待人，自尊自爱，你便能处理好与异性的关系。在异性面前展示幽默的时候，一定要牢记，幽默不是吹牛拍马，不是卖弄聪明，更不是轻视讥笑、损人找乐。

与异性交往，不要过于严肃或端着架子，幽默一点，就能缓和彼此紧张的心理，让双方都得到一个放松的心情。

第七节　最忌以离婚相威胁

"离婚！"

很多的夫妻吵架时会忍不住脱口而出这句话。当然，绝大多数人在说出这句话时并不是真心想离婚，只是一时的气话，愤怒时的口头禅。却也有夫妻因此差点弄假成真。

他就会说："有那么多的意见，过不来就不过，离婚好了！"终于在一次争吵中我答应了。他忽然急了，对我说："那是口头禅而已，当真就没有意思了。"我留着伤心泪告诉他："离婚不是你的杀手锏，是伤害我的利器，如果把我的爱当做怕离婚，你错了！你给了我无法修复的伤害……"也许我们都碍于面子，也许是心太痛，谁也没有低头，终于离婚了。

婚姻的幸福不是威胁能得到的，不是拿离婚的旗帜去打压对方，胜利了婚姻也就失败了。

"离婚"说的次数多了，难免对方会有想法的，说者无意，听者有心啊，即便彼此都把对方放在心里，美好的话却没有说过，伤心的话却说了一大堆。最终的离开，即便是不想离开，也是因为说过的某些话，深深刺痛了别人的心，自己也在某个角落偷偷地哭泣。

我们应该知道，离婚应该是婚姻到了无法挽救的时候得出的结论性的东西，而绝不应该作为一种条件。他们说这话的时候的确很气愤，并且真的有这样的想法，但是当时间慢慢地推移，这种想法就会渐渐淡化、消失。

口才指南

当你没有确定无疑的把握的时候，不要把这个词说出来。离婚应该成为你的底线，而不是可以宽容的条件，也不是筹码。

第八节　夫妻沟通的误区

夫妻沟通是一门学问，也是一门艺术。沟通不良也是众多婚姻家庭产生问题的“祸根”。了解夫妻沟通误区，可避免负向沟通。

误区 1. 违背夫妻相处必须相互尊重和平等的原则。

不少夫妻都希望压倒对方，或控制对方，或改造对方。一方居高临下，对夫妻沟通极其有害。

误区 2. 只讲面子，不讲“里子”。

例如，丈夫宁可得罪妻子，也不会去得罪他人。如自己的父母、长辈、兄妹、亲戚、朋友等，这损害了夫妻联盟，容易破坏夫妻认同感，进而破坏夫妻沟通的良好气氛。因为婚姻的基础不仅是两颗心的结合，首先必须是两个人的结盟或夫妻一体。

误区 3. 我们一个眼神就够了，何必浪费唇舌呢？

夫妻之间应设法让对方明白自己的意思或想法，至少不要误读自己，直白而不过分。应学会让对方了解自己内心的感觉，不要让对方暗中摸索、

猜度。

误区 4. 忽视用双方都可以接受的方式方法协调夫妻间的差异。

例如，性格的差异，如果妻子很喜欢讲话，常批评丈夫无能、不负责、做错事，在妻子面前丈夫就更不愿意讲话了。沟通困难往往是两人相互反应的结果。一方沉默，另一方要学会倾听。听的功夫比讲的功夫还难。丈夫要像丈夫，妻子要像妻子。总是“母亲”与“小弟”，“父亲”与“女儿”或“老师”与“学生”，这就需要更改沟通的方式和方法。

误区 5. 浪漫是恋爱时候的事，老夫老妻了不要这个！

两个人生活在一起太久，会感觉生活就应该这样，平平淡淡的、老夫老妻的挺好。忘记了当年的激情，忽略了曾经的甜言蜜语，更不会再去送对方小礼物。其实，在平淡的时候，偶尔来一点儿浪漫，可以培养浪漫情感、增添夫妻凝聚力。

口才指南

各种沟通原则和技巧真正发挥作用的前提是，夫妻双方都重视家庭中的沟通，并为之努力，经常审视自己的沟通方法是否恰当，以达到良性沟通。

第九节　唠叨是爱情的坟墓

卡耐基在他的《人性的弱点》中说过：唠叨是爱情的坟墓。但是，很多女人并没有意识到这一点，甚至认为自己的唠叨是对他的爱，以为唠叨可以改变丈夫的缺点。

苏格拉底的妻子兰西波是出了名的悍妇，为了躲避她，苏格拉底大部分的时间都躲在雅典的树下沉思哲理；法国皇帝拿破仑三世、美国总统亚伯拉罕·林肯都受尽了妻子的唠叨之苦；而恺撒之所以和他的第二任妻子离婚，是因为他实在不能忍受她终日喋喋不休的唠叨。

许多男性生活中垂头丧气，没有斗志，就是因为他的妻子打击他的每一个想法和希望。

李轲和刘辉结婚以后，李轲的手中就拿起一把无形的尺子，只要见到丈夫就必须要量一量。丈夫洗衣服时，她会说："你看看，这领子，这袖口，你连衣服都洗不干净，还能干什么？"丈夫做饭，她会说："哎呀，做饭怎么不是咸就是淡，一点谱都没有，让人怎么吃呀？"丈夫做家务，她会说："怎么这么笨，地也擦不干净。"丈夫办事情，她更是牢骚满腹："看你，连话都不会说，让人怎么信任你呢？"诸如此类，家庭噪音不绝于耳。

刚开始的时候，刘辉常常是黑着脸不吱声，时间久了，他就开始和她顶嘴。他会说："嫌我洗衣服不干净，你自己洗。"然后把衣服往那一扔，摔门而走。他还会说："我做饭没谱，以后你做，我还懒得做呢。"有时候，他也会大发雷霆，和她大吵一通，然后好几天两人谁也不理谁。[1]

由于唠叨所发生的惨剧屡见不鲜。纽约的《世界电信》杂志，某期刊登了一件杀人案，一个 50 多岁的卡车技工，雇用了三名流氓残忍地杀害了自己的妻子。关于他的犯罪原因，据他自己宣称，仅仅是因为他的妻子一直不停地唠叨和抱怨。

在烧毁爱情的一切烈火中，吵闹是最可怕的一种，就像被毒蛇咬到，绝无生还之望。

任何一种个性都不会像唠叨、挑剔一样给家庭生活带来巨大的伤害。

1 孙志男．女人唠叨是婚姻最大的杀手．宁海新闻网，2011（9）．

第十章

在职场脱颖而出

——职场口才

第一节 自我介绍的妙招

职场之中成功的秘诀有很多，口才绝对是重要因素之一。说话水平是一个人思维本领、认识高度、知识底蕴等的综合表现。在很多情况下，社会、组织对一个人的认识了解以及人与人之间的认识了解，都是通过说话来实现的。

一段短短的自我介绍，其实是为了揭开更深入的面谈而设计的。

两分钟的自我介绍，犹如商品广告，在有限的时间内，针对“客户”的需要，将自己最美好的一面，毫无保留地表现出来，不但要令对方留下深刻的印象，还要即时引发起“购买欲”。如何做自我介绍，是面试中常遇到的问题。

1. 自我认识

想一语破的，首先必须认清自我，一定要弄清以下三个问题。你过去是干什么的？你现在是干什么的？你将来要干什么？

2. 投其所好

清楚自己的强项后，便可以开始准备自我介绍的内容，包括工作模式、优点、技能、突出成就、专业知识、学术背景等。好处众多，但只有短短一分钟，所以一切还是与该公司有关的好。有一点必须谨记：话题所到之处，必须突出自己对该公司可以做出的贡献，如增加营业额、减低成本、发掘新市场等。

3. 铺排次序

内容的次序亦极重要，是否能抓住听众的注意力，全在于事件的编排方式。所以排在头位的，应是你最想他记得的事情。而这些事情，一般都是你最得意之作。与此同时，可呈上一些有关的作品或纪录增加印象分。

口才指南

在做自我介绍时，有一些应聘者常犯的毛病有："我"字连篇。千万不要以为"自我介绍"最容易用上的字是"我"字。老把"我"挂在嘴边的人，易使人反感，受人轻视，被认为是强迫性的自我推销。所以，要经常注意把"我"字变成"您"字。

第二节　面试巧过薪资关

超过 30% 的受访者面试时在薪资问题上处于被动接受状况——"公司说多少就拿多少"。有些求职者甚至在整个面试中都不主动与企业谈论薪资话题，造成入职时才愕然惊醒"薪资居然这么低"。

1. 做到知己知彼

如果你在与用人单位探讨薪金之前有了充分的准备，在面试中，你就可能谈出自己满意的薪金。一家外资的数码公司招聘一名技术开发人员，在面试时考官直接对前来求职的小佟说："你应聘我公司的那个职位，按照我们公司的薪金制度，基本工资每月只有 1500 元，有问题吗？"小佟笑了笑说："尽管这个薪金不算太高，但据我所知，贵公司对高级人才有另一套薪金架构——每月奖金最高在 500 元左右，每年还可以发 16 个月的工资。工作一年后工资翻番。我本人拥有研究生学历，又有三年的工作经验，完全符合高级人才的标准，我希望自己能享受这套薪金制度的最高标准。如果那样的话，我非常愿意从事这项工作。"考官笑了笑说："看来你是有备而来啊，我们的薪金制度的确是这样，你也符合高级人才的标准。欢迎你加盟本公司。"

2. 不要表现得迫不及待

在任何谈判中，如果你表现出自己渴望得到某样东西，就会失去谈判的筹码。你表现得越有兴趣，得到的反而越少。应聘者应该保持不温不火的态度，既展现出对特定职位的兴趣，又不至于让人感觉你已迫不及待。

3. 第一次开出的薪水还可以再商量

如果有家公司第一次开出的薪水低于你的预期，不要马上回绝。公司开价是个很好的迹象，表明他们真的需要你。尝试以下方法让他们提高给你的薪水。首先这么答复：我真的很感兴趣，但薪酬方面不太合适。一个常用的策略是告诉招聘方，你还在与另外一两家公司接触。这个信息对方通常不会去核实。

4. 舍得放弃

有时候，招聘单位可能会提出一个薪酬方案，然后对你说：接不接受？不要就算了。除非你特别想要这份工作，否则应该舍得放弃。同时注意礼节，不要搞得不欢而散。十次中有九次，招聘方还是会回头找你的。当然，这个策略有风险，因为双方可能就此一拍两散。

5. 入职半年后再次提出加薪

求职者面试前没有做足薪资功课，入职后一旦产生横向比较的机会便会深陷囫囵。回旋的余地则是再一次向上级主管提出加薪要求。此次的加薪原因不能基于面试时薪资太低的基础上，而是要以业绩突出为由，这更容易让主管和老板接受。提加薪的时间最快可以在入职半年后，但不易频繁提加薪要求，否则你的反馈信息会被上级解析为“我只要钱！钱最重要！”，这会让你失去更多发展机会。但可以要求变相加薪——提高福利待遇。

口才指南

多数公司在薪资上有商量的余地，即使面试人员告诉你工资数已有明确规定。但倘若你发觉对方真的不会再就这个问题讨价还价，你应该转而讨论除薪资外的其他福利待遇，这样做对你来说或许会更有利。

第三节　办公室不宜谈论的话题

在职场中我们要多长点心眼，尤其在说话中更要仔细斟酌，有些话，在办公室里是不宜谈论的，否则一句错话会为你招来不必要的麻烦。下面这几个问题，最好在职场中不要谈起：

1．工资问题

千万不要问别人的薪水多少，也不要讨论公司的薪水水平如何，在办公室讨论这种问题对你没有任何好处。

现在，“同工不同酬”已经是老板常用的一种奖优罚劣的手法。它是把双刃剑，用不好，就容易引发员工之间的矛盾，而且最终会调转枪口，矛头直指老板，这当然是他所不想见到的。很多公司不喜欢职员互相打听薪水，因为同事之间工资往往有不小差别，所以发薪水时老板有意单线联系，不公开数额，并叮嘱不要让他人知道。他对好打听薪水的人总是格外防备。所以你不要做这样的人。[1]

当别人问及你的薪水问题的时候，必须拒绝他，而不要因为不好意思拒绝而去回答。当他有这个意向的时候，提醒他这并不是一个很好的话题。如果他已经问出了这个问题，告诉他自己不想回答这个问题。有来无回一次，就不会有下次了。

1　张笑恒．30岁后，你拿什么养活自己．金城出版社，2011.10.

2. 雄心勃勃的话

但凡能做大事的人，都不是喜欢说大话的人。首先，在公司里，要是你没事整天念叨“我要当老板，我要办产业”，很容易被上司当成敌人，或被同事看作异己。你现在只是一个职员，而不是老板。那些“我以后一定要自己当老板”之类的话，还是去跟你的朋友、家人说吧。

更不要说以你现在的能力应该可以做一个什么职位的话，这样会为你在无形中树立很多敌人，几乎所有人都认为自己被低估了。做人低姿态一点，是自我保护的好方法。你的价值体现在做多少事上，在该表现时表现，不该表现的时候就得韬光养晦。

3. 个人感情问题

一定要牢记这句话：静坐常思自己过，闲谈莫论他人非。职场上风云变幻、错综复杂，自己的感情问题，不轻易让职场中的人涉足，其实是非常明智的一招，是竞争压力下一种有效的自我保护措施。如果你不先开口打听别人的私事，自己的秘密也不易被打听。

千万别聊私人问题，也别议论公司里的是非短长。你以为议论别人没关系，用不了几个来回就能“烧”到你自己头上，引火烧身，那时再“逃跑”就显得被动。

4. 不当众炫耀

很多人喜欢在办公室里和同事提起自己最近去了一趟欧洲，或买了一套房子，并且表现出很自豪的样子。他们确实很高兴，但却伤害了其他的同事，因为他就是在炫耀自己家里有钱。有些快乐，分享的圈子越小越好。被人妒忌的滋味并不好受，因为容易招人算计。无论露富还是哭穷，在办公室里都显得做作。与其讨人嫌，不如知趣一点，不该说的话不说。

对于自己的专业技术，也不要炫耀。因为即使自己的专业技术过硬，即使你是办公室里的红人，即使老板非常赏识你，这些都不能够成为你炫耀的资本。再有能耐，在职场中也应该小心谨慎。假如哪天老板给了你一笔额外奖金，你就更不能在办公室里炫耀了，别人表面上恭喜你的同时，内心也许在嫉恨你呢！

5. 和别的公司比较

不要拿自己的公司和别的公司比较，“家家都有一本难念的经”。你无法保证自己的公司一定就比别的公司差。如果你的确这么认为的话，另谋高就应该是你正确的选择。如果你不打算做到这一点，而只是抱怨别的公司比你的公司好，这正说明一点：你现在正在这个不好的公司，那是因为你无能。

6. 别和同事谈隐私

只要是与你工作无关的事情，都可以被称为隐私，每个人都有自己的隐私，这些隐私也许会让你感到快乐，也许会让你感到痛苦，你可以向家人倾诉，向朋友倾诉，甚至向一个陌生人倾诉，但就是不能向同事倾诉——你可以把同事当做朋友来看待，但他不是可以让你倾吐隐私的那种朋友。

虽然向别人说隐私，这样的交谈能够显得你很坦诚，能够很快拉近人与人之间的距离，使你们之间很快变得友善、亲切起来，但心理学家调查研究后发现，事实上只有1%的人能够严守秘密。

中国人有句俗话，叫做“害人之心不可有，防人之心不可无。”因为你们是同事关系，在平时的工作中虽然有合作，但更多的时候还是竞争，遇到一些心术不正的同事，他就会把你的隐私当做攻击你的利剑，让你尝尝自掘坟墓的滋味。

7. 不人云亦云

所有的老板都赏识那些有头脑和主见的职员。如果你经常只是别人说什么你也说什么，表达不出自己的独到见解，那么你在办公室里就很容易被忽视了。说话做事应该有自己的主见，不管你的职位如何，你都应该发出自己的声音，应该敢于说出自己的想法。

口才指南

戴尔・卡耐基说："如果你打算选择一个可以奉献一生的职业，你必须先花数星期，甚至数月时间调查有关该职业的一切，并登门拜见几个该职业的资深从业人员。"

第四节　避免招人烦的说话习惯

言谈交际中有时免不了与同事争辩，但善意、友好的争辩更能促进彼此间的了解，活跃交际的环境，起到调节气氛的作用，因为尖刻容易树敌，只要我们想一想，如果你在言谈中出现四面楚歌、群起攻之的局面，自己的处境就可想而知了。

1. 喜欢和人抬杠

要学会与人友善相处，说话态度要和气，要让人觉得有亲切感，即使是有了一定的职位，也不能用命令的口吻与别人说话。虽然有时候，大家的意见并不统一，但是有意见可以保留，对于那些原则性并不是很强的问题，有必要争得你死我活吗？有时一场精彩的争辩会令人荡气回肠，齐声喝彩。但是尖酸刻薄、烽烟四起的争辩会伤害人，导致对方心情不爽，渐渐地对你敬而远之。如果一味好辩逞强，会让同事们敬而远之，久而久之，你不知不觉就成了不受欢迎的人。

2. 逢人诉苦，散播悲观情绪

在人的一生中，每个人都会遇到挫折和苦难，但每个人对待的方式不同，有的人迎难而上，有的人知难而退，有的人却将苦难带来的愁苦传染给别人，在众人面前倾诉辛酸，以获同情。在与同事交际中一味地诉苦会让别人觉得你没魄力、没能力，会失去别人对你的尊重。

3. 不要在背后议论别人

所谓“隔墙有耳”，在背后议论别人，最终难免会传至当事人的耳内，导致彼此心中滋生怨念、憎恶。尤其是在办公室，同事之间关系极为敏感，你所说的每一句话，有心人肯定听得一清二楚，并且会加油添醋转告当事者，矛盾自然就产生了。

美国作家霍姆斯曾经说：“谈话有如弹竖琴，如何让它停止发出声响和如何让它奏出乐音，两者同样重要。”

第五节　和领导沟通必备的技巧

谈到和领导沟通，很多下属都面露难色，尤其是很多白领丽人。尽管领导对自己也算不错，而且彼此并无大的冲突，尽管心理上也明白沟通的重要性，但是一旦工作起来，仍会自觉不自觉地减少与领导沟通的机会，或者减少沟通的内容。

1. 句型：我们似乎碰到一些状况

以最婉约的方式传递坏消息。如果立刻冲到领导的办公室里报告这个坏消息，就算不关你的事，也只会让领导质疑你处理危机的能力。此时，你应该不带情绪起伏的声调，从容不迫地说出本句型，要让领导觉得事情并非无法解决，而“我们”看起来像是你将与领导站在同一阵线，并肩作战。

2. 句型：明白了

要明白领导的意图。领导喜欢“响应式”的聆听，当领导交代你办事情，或建议你在工作上做某些改进时，一定要让领导知道，你确实听明白他的话了。

3. 句型：我马上处理

领导传唤时责无旁贷。冷静，迅速地做出这样的回答，会令领导直觉地认为你是名有效率的好部属。相反，犹豫不决的态度只会惹得本就工作繁重的领导不快。

4. 句型：让我再认真地想一想，xx 点以前给你答复好吗？

巧妙闪避你不知道的事。领导问了你某个与业务有关的问题，而你不知该如何作答，千万不可以说不知道。本句型不仅暂时为你解危，也让领导认为在这件事情上很用心。不过，事后可得做足功课，按时交出你的答复。

5. 句型：我很想知道你对某件事情的看法

妙处：恰如其分地讨好

你与高层要人共处一室，这是一个让你能够赢得青睐的绝佳时机。但说些什么好呢？此时，最恰当的莫过于一个跟公司前景有关，而又发人深省的话题。在他滔滔不绝地诉说心得的时候，你不仅获益良多，也会让他对你的求知上进之心刮目相看。

6. 句型：是我一时失察，不过幸好……

不要不负责地把“都是你的错”挂在嘴上，千错万错就是没有我的错。其实每个人都会犯错，主管应该也能容忍体谅下属犯错，重要的是能否由错误中归纳出对的方法，下次不再重蹈覆辙。无论犯了什么样的错，通常只要勇于承认，愿意负责，都能博得大家的谅解甚至尊敬。

犯错在所难免，勇于承认自己的过失非常重要，不过这不表示你就得因此对每个人道歉，诀窍在于别让所有的矛头都指到自己身上，坦诚去淡化你的过失，转移众人的焦点。

7. 句型：谢谢你告诉我，我会仔细考虑你的建议

面对批评表现冷静。自己的工作成果遭人修正或批评，的确是一件令人苦恼的事。不需要将不满的情绪写出在脸上，不卑不亢的表现令你看起来更有自信，更值得令人敬重。

8. **以公司为核心**

与领导沟通，有点“与狼共舞”的感觉。一方面，我们议论他；另外一方面，他又给我们发薪水，这是很矛盾的。如果你说话的立场完全是站在公司这一方的，本着为公司赢得利润的方式来跟他交流，相信你的领导不会对你持太大的反对意见。

9. **不说不该说的话**

如果说了不该说的话，往往要花费极大的代价来弥补，正是所谓的“一言既出，驷马难追”、“病从口入，祸从口出”，甚至于还可能造成无可弥补的终生遗憾哩！所以沟通不能够信口雌黄、口无遮拦，但是完全不说话，有时候也会变得更恶劣。

传达领导的指令，要把握时机和场合。从领导所处的实际环境，发出指令的背景，来领会其真实意图。

第六节 不要对领导说的傻话

一片好心说出的大实话，却被领导理解为消极、抱怨或者别有用心。即使领导再和蔼可亲、通情达理、信任你、欣赏你，也不意味着他（她）变成了你的挚友、闺密、恩师、父母或者局外人，以下这些傻话，千万别再说出口了。

1. **这个我干不了。**

在接到领导安排的一项你认为自己无法胜任的工作时，不要急于回答“这个我干不了”，而要先解释你为什么不能做这件事，是时间问题还是能力问题。

2. **这不是我的问题**。

如果有人说什么问题不是他的问题，那是告诉人们那件事与他无关。这样的态度没人能喜欢，特别是领导。如果你对问题没有什么建设性的意见，你就什么也别说。最好的选择是努力工作，尽量补回。

3. **为什么升他（她）不升我**？

你想表达的："我比他（她）能干得多，领导怎么会没看到？"领导怎么理解，"你指责我的人事调整是错误的，说明你不自知，爱冲动，如果还追问到底，就是性格的缺陷了。"

你应该这么说："您方便的时候，我想跟您探讨一下关于我个人职业发展的问题，请您给我一些建议。"

4. **在电梯里不要向领导说"下"**。

一次，小张坐电梯上行，在电梯里碰到了某领导，这个领导刚刚提拔不久，就因为犯错误，被发配到了一个虚职岗位。小张很诚恳地向领导颔首致意。小张很快办好了事，又坐电梯下行，门开了，恰好又碰到某领导。小张冲领导谦恭地笑笑，问候道："领导，您怎么刚上去，就又下来了啊？"小张话一出口，就后悔了，这不是哪壶不开提哪壶吗？领导脸色铁青，小张也是吓得悔青了肠子。好事者在列举了若干实例后，总结说，在电梯里遇见领导，最好的办法是闭嘴，别说话，如果实在憋得慌，非说点什么不可的话，那么，千万千万记住，别说"下"字。

5. **今天我没有状态**。

假如由于生理或心理的原因导致你的状态真的不好，就缩在角落里，不要引起别人的注意。如果领导问起来，也不要闪烁其词，要坦诚地告诉他："很抱歉，今天有些累，但我一定不会耽误工作。"

6. **工作很容易，是人都能干**。

你说这话也许是在告诉人们你很有才华，这工作对你来说小菜一碟。然而你给人的印象恰恰是"这工作很无聊"。领导可不愿意谁说工作无聊，也不喜欢有人说工作太简单。那样会贬低公司的价值。

不要和现在的领导谈论你以前的领导，即使情况真的很不好，这种话题的沟通也毫无意义。你最好什么也不要说！

第七节　如何向上级汇报工作

汇报工作是员工工作的一部分，将职责内工作的进展、变化或是异常情况与领导沟通，随时都应该准备进行。那么，在汇报工作的时候，有哪些是我们需要讲的，或是哪些是不需要向领导汇报的呢？日常的汇报工作，是领导了解员工工作最直接的方法，而一个没有重点的工作汇报，只能给领导留下一个找借口没有完成任务的印象。把握工作的重点，及时向领导汇报沟通，不仅是员工的工作职责，也是令领导满意赏识的工作态度。

在汇报之前，最最重要的是用心聆听上级的指示。

上级委派任务给你的时候，应该认真聆听，并且真正了解上级的意图和工作重点。如果你收错了工作指引，误解了上级的意图或要求，就只会浪费气力。接收了上级的工作指引后，马上整理有关的记录，然后简明扼要地向上级复述一次，主要检测内容是否有错漏，或者是否有令大家误会的地方，只要获得上级的确认，才可以马上进行下一个环节。

无论是主动汇报还是被动汇报，都应把握好以下五个关键点：

1. 明确目的。事先一定要思考好，这次汇报应该达到什么目的。这是一个带有根本性、方向性的问题，也是要汇报的主题思想。可以说，这个问题解决好了，你的汇报就成功了一大半。

2. 汇报时间要短。向领导汇报的时间多长为宜？一般不超过 10 分钟。

3. 抓住重点。根据汇报目的和领导的要求，选择重点内容，并找准切入点。所谓重点没有固定的规定，应该说适应领导要求汇报的内容就是重点。

4. 不说废话。首先要根据汇报的要求和重点，事先进行认真准备，列出提纲或形成文字材料。

5. 灵活把握。有时在汇报当中领导会提出一些要求，比如汇报内容的增减、对一些问题的关注程度、汇报时限的变化等。遇有这类情况时就要调整汇报思路，这也是应变能力的考验。

6. 实事求是。向领导汇报工作，无论怎么切入，怎么加工润色，都必须本着认真负责的态度和实事求是的精神，一定要把汇报工作建立在事实清楚的基础之上，决不能凭主观想象随意编造，更不能弄虚作假欺骗领导。

7. 找领导汇报工作时要准备多套方案，并将它的利弊了然于胸，必要时向领导阐述明白，并提出自己的主张，然后争取领导批准你的主张，这是汇报的最标准版本。

如果你进行的总是这样的汇报，相信你离获得晋升已经不遥远了。

口才指南

在与领导交流的时候，要大胆地说出自己的想法，对公司的建议和意见，如果说话语气有些“直”，有些过激，领导是个英明的决策者的话，他一定会虚心听取你的意见的。

第八节　遭遇批评，巧妙辩驳

被上级批评或指责，虽然应该诚恳而虚心地听取，但并非说你一定要忍气吞声，不管他说得对不对都要一股脑儿接受，必要时应该勇于辩护，并且要做积极的辩护。

晋文公很喜欢吃烤肉，专为他烤肉的厨师自然很得他喜爱，待遇优厚。

一天，晋文公吃烤肉时，竟然发现肉上有一根头发。晋文公大怒，召来厨师欲治其罪。

厨师连连磕头，说自己犯了三条大罪。

晋文公觉得奇怪，问他怎么会有三条罪呢？

厨师说：

一是他把刀磨的飞快，却没能切断这根头发。

二是他小心仔细地把肉串到签子上，大睁眼睛却没有看到头发。

三是炉火那么旺，肉烤熟了却没烧断头发。

晋文公于是问他：

厨房中谁可以替代他的位置呢？

厨师说了一个人。

晋文公命人把他带来审问。果然是这人所为，意在激怒主人，治罪厨师，自己取而代之。

这明显是个冤案，如果正面辩解，有可能使晋文公火上浇油，怒气更盛而获死罪。因此，厨官采取正意反说的方式为自己辩解。

做错了事情受到批评当然无可辩驳，但有时没做错，也受到了批评，这就更需要你用理性的心态去对待。但无论何时、何原因，都应该先听听上级批评的原因，应将注意力放在上级批评的内容上，而不是去怀疑上级批评的目的。

面对批评，下属需要保持理性和清醒的头脑，即使蒙受委屈也要坦然处之、虚心聆听，在适当的时候才予以解释。

第九节　巧妙拒绝上司的方法

作为一个下属，要拒绝上司是要有勇气的，不过，就算你有勇气，没有一个聪明的“策略”也是不行的。下面介绍几种拒绝上司的方法，仅供你参考。

1. 态度要保留

当上司有了指示或者命令的时候，如果你持不赞同的观点，不要明确地表示拒绝，不要直接地说出“行”或者“不行”，要持有一种保留的态度。持有保留的态度可以避免引起上司的不快。

2. 提出合理的接替方法

对上司所交代的事，你不能接受又无法拒绝，这时，你可得仔细考虑，千万不可怒气冲天、拂袖而去。你可以与上司共商对策；你也可以向上司推荐一位能力相当的人，同时表示自己一定会去给他出点子、提建议。这样，你一定能进一步地赢得上司的理解和信任，也为你以后的工作、生活铺开一条平坦的大道。

3. 敷衍式的拒绝，含糊回避

敷衍式的拒绝是最常见最常用的一种拒绝方法，敷衍是在不便明言回绝的情况下，含糊回避请托人。敷衍是一种艺术，运用好了会取得良好的效果。如，有一次庄子向监河侯借贷，监河侯敷衍他，说道：“好，再过一段时间。等我去收租，收齐了，就借你三百两金子。”监河侯的敷衍很有水平，不说不借，也不说马上借，而是说过一段时间收租后再借。这话有几层意思：一是我目前没有，现在不能借给你；二是我也不是富人；三是过一段时间不是确指，到时借不借再说。庄子听后已经很明白了，但他不会怨恨什么，因为监河侯并没有说不借给他，只是过一段时间再说而已，还是有希望的。

4. 注意语气适当，措辞委婉

因为说得过火或过于急切，涉及领导的尊严与权威，尺度掌握不准，搞得不好就会有嘲讽、犯上之嫌，被领导误以为心怀不满，另有所指。所以下属一定要注意使自己的口气比较和缓，显示自己的诚恳和尊敬之情。

5. 事前直接讲明条件

安迪曾经为公司争取了一个几千万的工程，是一个很大的市场项目，可上司却只给了他一份纪念品以示对他能力的奖赏。即使安迪曾多次向他暗示，上司也装着听不懂。后来当上司想再次让安迪做一个项目，安迪先向上司提出了自己的要求，否则就不接这个项目，为了工作上司只好妥协了。

6. 定出先后次序

当上司把大量工作交给你，使你不胜负荷时，你可以请求上司帮你定出先后次序："我有 3 个大型计划，10 个小项目，我应先处理什么呢?" 只要上司懂得体会你的认真谨慎，自然会把一些细枝末节的工作交给别人处理。

7. 坚持职业道德

当上司要求你做违法的事或违背良心的事时，平静地解释你对他的要求感到不安，亦可以坚定地对上司说："你可以解雇我，也可以放弃要求，因为我不能泄漏这些资料。" 如果你幸运，上司会自知理亏并知难而退，反之，你可能授人以柄。但假若你不能坚持自身的价值观，不能坚持一定的准则，那只会迷失自己，最终还是要影响工作的成绩，以致断送自己的前途。

口才指南

习惯于中庸之道的中国人，总是不善于拒绝别人，这是传统观念根深蒂固的影响。但是，与此同时带来的恶果就是你一直要勉强自己做事，最后弄得心力交瘁。所以一个人无论做什么事情都要有自己的主见，总是答应别人的要求那是不行的。

第十节　提要求的几个技巧

《亮剑》里的“李云龙”，《我的团长我的团》里面的“死啦死啦团长”，哪一个悍将是不会向上司哭着喊着要资源的人？！会哭的孩子有奶吃，是因为他知道自己需要吃奶才会长大，他知道长大才是爹娘的目标！爹娘给奶给得放心。不会哭的孩子，爹娘都不知道你哪里出问题了，首先考虑的不是给奶，是要带你去看医生！[1]

与上司交流，是提要求的绝佳机会，但必须有方法。

1. 如果希望对方满足自己的要求，不要先向他提出自己的要求，而要想办法让他先对你提出要求！

澳大利亚金湾房产公司销售部的主管曾这样写出了她的经历，“进入金湾后的第一次职员会议上，上司问我们组下次团队建设活动打算干什么。金湾公司每月都有一天团队建设日，以前大家无非是集体去打高尔夫球，或者集体去酒吧喝酒聊天。我不喜欢这些男性化的活动，于是我对总经理迈克说：‘我们组的销售额达到多少，您才会带我们去海岛搞团队建设？’会议室里所有的人都愣了，以前从没有人提出过这样的问题。大家惊讶地盯着我，谁也没想到还有人敢跟总经理讲条件。迈克看了看大家，又看了看我，‘嗯，如果？’他努力地思考了一会儿，显然以前从未碰到过这样的事情，‘嗯，如果你们在月底前卖出 30 套别墅，我就请全组去大堡礁潜水！’接下来的一个月大家干劲十足，轻松地达到总经理的目标。迈克知道后高兴极了，送给全组每人一套伊莉特夫人岛四日游套餐：机票、食宿和各种活动经费一应俱全。大家在海岛上度过了最难忘的四天，人人都说这是我的功劳。下次月会上，我又请迈克给我们定一个目标，同时提出如果我们达标，希望能去东京旅游。这个任务终

1　新视点：经理人要学会向老板提要求．和讯网，2011.11.

于在 12 月底完成了，公司出钱让我们在日本玩了两周！”[1]

2. 选择时机

在找上级阐明自己不同见解时，先向秘书了解一下这位上级的心情是很重要的。即使这位上司没有秘书也不要紧，只要掌握几个关键时间就行了：当上司进入工作最后阶段时，千万别去打扰他；当他正心烦意乱而又被一大堆事务所纠缠时离他远些；午饭之前以及度假前后，都不是找他的合适时间。

职场上的人都很清楚，一般上司要安排任务，只要开口说一句就好。但若是专门把你叫进办公室，先夸你一顿，然后再小心翼翼地提出工作。恭喜你，机会到了，这就是上司有求于你的时刻，若不是你有足够的价值，他需要用到你，绝不会放下架子来和你聊工作。

这时候该怎么处理呢？当然不是坐地起价，漫天开价，自以为得计的向上司要好处，要回报。如果你这么做了，那在上司眼里，你的形象就彻底颠覆，没人会喜欢一个要挟上司的人。

办公室生存，是一种技术更是一种艺术，就看你如何处置。

毫无疑问，当上司遇到疑难工作时，你应当毫不犹豫地答应下来。这个举动是表明忠心。但并不是就此打住，接下来你就要详尽分析这个工作的难点，和即将遇到的困难。

第十一节　及时让步，解决争端

有的时候，争吵是根本没有意义的，不仅浪费时间和精力，同时也

1　杰克·卡菲尔德．向上司提要求．幸福悦读，2008（11）．

让自己窝一肚子火，如果能够及时做出让步，就能够让本来剑拔弩张的形势恢复平静。如果坚持自己的看法，不肯让步，那么只能给彼此之间制造更大的麻烦。很多人都看过“鹬蚌相争”这个故事，鹬鸟想啄死河蚌，却被河蚌夹住了尖嘴，双方谁也不肯让步，结果都被一个渔翁捉住了。更多的时候，一旦当你与别人产生争执，只会自降身份，给别人留下非常恶劣的印象。

小王在公司里与人有争执的时候，一般都是他主动低头，做出让步。例如有一个周末，小王加班两天，但当月的工资里却没有算上他的加班费，小王就向公司会计咨询，会计却狡辩：“你没有把加班证明给我啊。”小王说：“我加班后的那个星期一就给你了。”会计不耐烦地说：“别说这些没影的事，你根本没给我。”小王想了一下，停止了争辩：“可能是我太忙而没把证明给你吧，我现在给你补一个。”于是，小王重写了一个加班汇报，然后请部门经理签字，部门经理感觉很奇怪：“这个加班证明不是早就给你签过了吗？”小王解释说：“会计坚持说我没交给她，算了，我就不和她计较了，给她个面子。”部门经理边签字边笑：“你这个小王，还真是个宽厚人。”

很多时候，我们之所以会跟别人产生争执，都是由于自己爱生“闲气”，其实，只要静下心来想想，你及时让步是解决争端的一个好办法，不管自己是对还是错，及时向对方让步，赶快让争论平息，不仅可以展示自己的风度，更重要的是能够尽量减少自己的麻烦，使自己腾出时间，做更多有意义的事情。

口才指南

不要过于草率地放弃最初的要求。如果对方觉得你最初的条件是很不负责任的，那么当你放宽条件时，他们可能不把你的行为看作是一种让步。

第十一章

好口才练就领导力

——领导口才

第一节　说话前的微笑力量

有个故事说：在丰都鬼城的一位长年雕刻鬼怪的石匠得了一种怪病，那就是他的脸变得凶丑无比，并且不会笑了。通过帮一位道士雕刻微笑少女石像，他的病好了，微笑又重新回到了他的脸上。环境影响人，表情影响心情。

大多数领导者平时总喜欢面带微笑，这种面部表情告诉人们："来吧，我是朋友。"尼采认为，由于发笑是使人们能够容忍生活磨难的唯一途径，所以人们才笑。我们的生活需要笑容，我们的工作也需要笑容，前者是为了自己的健康，后者是为了满足别人的希望。

一位领导干部讲了这样一段亲身经历：去年初，他到某单位任职，不久就发现，单位开会时，只要他在场，参加会议的同志就显得很紧张，都不愿发言，就算发言也是哆哆嗦嗦的。他心里很纳闷，经过仔细了解，终于弄清了缘由：由于他的神情太严肃，总是板着面孔，让人感到害怕。打这以后，他从"脸"上做起，经常对着镜子练习微笑。同下级在一起时，尽量放松心情，谈笑风生。过了不久，在他主持或者参加的会议上，大家都能踊跃发言。由此，这位领导同志深有感触地说：领导干部的脸是冷若冰霜还是挂着微笑，效果大不一样。

在现实生活中，也有一些领导干部对微笑的作用存有误解。他们认为，领导干部应该表情严肃，严肃才能有威严；如果常常微笑，就会失去威严。其实，严肃需要，微笑同样需要。有的场合需要严肃，有的场合需要微笑；有的时候需要严肃，有的时候需要微笑。不能不分场合、时间、对象，一概表情严肃，或者一概予以微笑。

事实上，领导者在工作谈话中，一般要以微笑作为基调，微笑是一种恰到好处的可控性的笑容，它使人觉得和蔼、可亲、文明，是仪表的一个构成要素。

许多成功人士都很重视自己的微笑。有一次，一位实习记者去见某部长，约会时间到了，首先来的却是部长秘书："对不起，请您再等几分钟好吗？"记者以为部长的会议还没有开完，便又耐心地等了一会儿。几分钟之后，这位部长满面春风地走出来与他握手寒暄，并带着歉意说："刚才，我在主持一个很重要的会议，表情很紧张也很严肃，散会后带着这样一副表情来见一位不是很熟的人，担心会给你留下一个不好接近的印象，而且也有失礼貌。所以，我又对着镜子休整了片刻，等心情和面孔都恢复正常了，才出来和你见面，实在对不起，让你久等了。"

口才指南

微笑还能与其他体态语相结合，代替有声语言的沟通，如在接见很多宾客时，只要边微笑边招手，也具有"欢迎您光临"的功效，同样会使客人感到热情、有礼。

第二节　切忌说让下属心寒的话

英国作家托马斯·富勒曾说："失足引起的伤痛，很快就可以恢复。然而，失言所导致的严重后果，却可能使你终生遗憾。"在职场上，下属在与领导者相处中，总是十分小心谨慎，生怕祸从口出。同样，作为领导干部，一番得体的话或寒心的话，直接关系到他能否赢得下属的尊重和信任。但是，有的领导讲话不注意修养，常常口不择言、恶语伤人，最终导致下属滋生抱怨情绪或者反目成仇。

俗话说："当着矮子不说矬。"领导者为了镇住下属，毫不顾忌下属的情绪，完全按照自己的意愿去训斥下属，说出一番绝情的话，寒了众人的心，是大大的失策。

让员工感到心寒的话语包括下面这几句："你是干什么吃的？""干得了干，干不了走人！""你比某某差远了。"在很多单位，一些领导者几乎将这几句话作为自己的口头禅，在遇到下属犯错或者工作没做好时，总拿这句话来训斥人。这些话除了让员工感到心寒之外，起不到什么作用。有些领导对下属只要求结果，而不愿意在过程中对下属予以指导和加以预控。所以，他们看到下属做出的结果和自己的预想相差甚远但又回天无力时，就只能大发雷霆，把所有的怨气撒在自己的下属头上。

作为一名领导，如何树立有口皆碑的职场形象，建立与下属相互信任的职场关系，在当今这个竞争十分残酷的职场上，可谓十分关键。领导得到一个支持者，比树立一个对立者要困难许多。为了得到下属的支持，领导可能会殚精竭虑、谨小慎微地工作和处事，然而要与下属形同陌路，只需领导微微张口，说出让下属心寒的话，势必会引得下属不满，降低领导在下属心目中的威信。

口才指南

作为领导，在遇到问题时，可以正话反说、严肃的话幽默着说、批评的话针对事不针对人换个角度说等，尽量让自己的谈话走进下属的心里，以取得"人心换人心、四两换半斤"的效果。

第三节　向下级发布命令的要点

优秀的管理者知道，给下属发布命令要注意以下几点：

1. 命令要重点突出，不要面面俱到

如果你把你的命令讲得过于详细和冗长，那只会制造误解和混乱。

2. 仔细考虑指示的内容

领导必须认识到，他们说的每一件事都有着更高的“重要性”，这仅仅是因为对基层员工来说，他们代表着权威：一句看似无关紧要的陈述可以说与它所达到的结果完全不相称。

3. 命令简要中肯，只强调结果，不强调方法

讲清下达命令的理由和期望达到的效果。可以增加工作的透明度，使下属认识到任务的重要性，从而积极地执行任务。

为了达到这个目的，可采用任务式的命令。任务式的命令是告诉一个人你要他做什么和什么时候做，而不是告诉他如何去做。“如何做”那是留给他去考虑的问题。当你发布使人容易明白的简洁而清楚的命令时，人们就会知道你想做什么，他们也就会马上开始去做。

4. 注意谈话方式和态度

谈话的方式与内容同等重要。用粗声粗气或不愉快的语气传递信息时，听者所接收到的反应几乎总是情绪性的。由此领导可以预料到听者也会以同样的方式做出反应，当你以这种方式讲话时，听者必定对你想传达给他的信息感到不快。

5. 命令不要太复杂，要尽量简单

在军队中也使用同样的原则，简单是战争的一个准则。最好的计划应该是在制订、表达和执行上都不复杂，计划也更便于大家理解。一个简单的计划也会减少犯错误的机会，其简洁性也会加快执行的速度。如果有任何模糊不清的地方，你的意思都会被错误的理解。不要责怪工作团队，要受到责怪的是你自己：你的队伍不是心理专家，他们不会读心术。清楚的表达能够避免返工和冲突，避免以后士气和信心的低落。

6. 给队伍施加压力

有压力是件好事，它让人们体会成就感，发现全新的具有创造性的做事方法以及发展新的技巧。虽然压力是好事，但精神负担并不是好事。它们的区别在于对压力的控制。只要让团队觉得一切皆在掌握之中，他

们所感觉到的就是压力而非精神负担。合理的工作分配能使他们掌控工作而避免精神压力。如果团队超负荷运转你会知道的——他们会向你抱怨。

7. 关心命令的执行方式

详细说明，机械照办。不加说明，则可能采用无效或低效的方法。所以，最好是同下属商量，然后确定执行办法。

8. 随时提供帮助

鼓励员工说出他们所碰到的任何问题。不要直接告诉他们答案，帮助他们自行发现解决方法。你不必通过直接告诉他们答案来展示自己的聪明才智，这样会让他们学会一切都依赖你。

口才指南

要适度授权，管理者授予下属的决策权力的大小、多少与被授权者的能力、与所要处理的事务相适应，授权不能过宽或过窄，要坚持视能授权与因事授权。

第四节 批评别人前先反思自己

在美国的加利福尼亚，有一位女士养了一只珍贵的鹦鹉。这只鹦鹉非常美丽，可是它却有一个坏毛病：经常咳嗽且声音沙哑难听，好像喉咙里塞满了令人作呕的痰。女主人十分焦虑，急忙带它去看兽医，生怕它患上了什么呼吸系统的怪病。检查结果证明，鹦鹉完全健康，根本没有任何毛病。女主人急忙问起为什么鹦鹉会发出那难听的咳嗽声，医生回答说：“俗话说，鹦鹉学舌。它之所以发出咳嗽声一定是因为它经常听到这样的声音，你们家一定有人经常咳嗽，是吗？”这时，女主人有些不好意思了。原来，她自己有抽烟的习惯，所以经常咳嗽，鹦鹉只不过是惟妙惟肖地把女主人的咳嗽声模仿出来而已。

同样，当管理者在批评别人的时候，需要真诚地先反思自己。当想要批评别人时，最好先想想自己是否完美无缺。这种方法几乎是有效控制自己坏脾气的最棒的方法。

卡耐基曾这样回忆道：就在几年前，我的侄女约瑟芬·卡耐基离开了堪萨斯市的老家，来到纽约担任我的秘书。她那时只有 19 岁，做事的经验几乎为零。而现在，她已经是西半球最完美的秘书之一。对这一点，我非常自豪。

不过，在她刚刚开始工作的时候，她的身上有许多不足之外。一天，由于一件小事没做好，我正想批评她，但马上我又改变了自己的决定，我对自己说："等一等，戴尔·卡耐基。要知道，你的年纪可是比约瑟芬大了一倍，而你的生活经验也几乎是她的一万倍。你怎么可能要求她有和你一样的观点和判断力呢？要知道，你自己在 19 岁的时候又在干什么呢？难道你忘了你的那些愚蠢的错误和举动吗？你甚至还不如约瑟芬做得好呢！"

在把所有的事情仔细地想过一遍后，我获得了一个结论，我很惭愧地承认，约瑟芬 19 岁时的行为确实比我当年好多了。从这次以后，每当我想要指出约瑟芬的错误时，我总会说："约瑟芬，你犯了一个错误，但上帝知道，我当年所犯的许多错误比你更糟糕。要知道，没有人天生就任何事都精通，成功只有从经验中才能获得，你可比我年轻时强多了。我以前曾做过许多愚蠢的傻事，所以我根本没资格批评你或任何人。难道你不认为，如果你这样做的话，是不是会比你那样做要聪明一点呢？"我就这样委婉地指出了约瑟芬的不足。事实证明，"在批评别人之前先真诚地反思自己。"[1]

卡耐基认为，应该慎重对待他人的错误。当我们听到别人的口中说

1 戴尔·卡耐基、北方、墨墨．卡耐基怎样才能打动人．北京理工大学出版社，2010（10）．

出了一句错误的话，请你不要直接告诉他那句话是错的，如果这样对他说："也许我说得不对，因为我常常会出错，不过我愿意跟你一起来研究这个问题。"如果使用这样的句子，或许你就不会遭到对方的反对了。

口才指南

"以自身为对象的思想，是亘古不灭的。"——亚里士多德

第五节　掌握批评的艺术

人们常说："表扬是把双刃剑。"其实，批评又何尝不是呢？表面上看，批评是一种得罪人的举动，可如果运用得当，会与表扬起到异曲同工的效果。批评如何进行才能获得最佳的效果呢？

1. 控制自己的情绪

当你的下属做了一件十分愚蠢的事情的时候，不要过于激动，不要冲着他大喊大叫。过于激动只会使你失去理智，做出自己意想不到的事情来。一些领导过于意气用事，使用责骂、侮辱、拍桌子的方式来对犯错误的下属进行批评，这样不利于问题的解决，甚至会产生更坏的影响。批评应是在平等的基础上进行的，态度上的严厉不等于言语上的恶毒，切记只有无能的领导才去揭人疮疤。更何况，批评的目的是搞清问题，而不是搞臭下级。

2. 切忌捕风捉影

不要在下属面前拿出你领导的气势，不要动不动就以训话和批评别人为乐趣，这样只会损害你的权威。他可能犯的只是一个小小的错误，或者他完全有可能并没有犯错，只是意见有所不同罢了。因此，在批评下属之前，最好审慎地考虑他是否的确做错了。

3. 切忌喋喋不休

批评的质量与其数量之间，并不存在正比的关系，有效的批评往往能一针见血地指出问题的实质，使下属心悦诚服，絮絮叨叨的指责却会增加下属的逆反心理，而且即使他能接受，也会因为你缺乏重点的语言而抓不住错误的症结。

4. 尽量避免公开的批评

不能不顾不问，但也应尽量避免公开。公开的批评，对下属的自尊是毁灭性的打击。

5. 给下属解释的机会

上司要给下属解释的机会，让下属解释他当时那样做的原因。这样做，一方面是能更好地采取弥补措施，另一方面也是确保下属能够明了错误原因，以保证今后不再犯类似的错误。

6. 做建设性批评

即不仅指出错误的行为，而且说出正确的做法和今后发展的方向。一方面显示对业务的精通，一方面也使受批评者心服口服，进一步认识自己的错误。如：小王，你刚才对那位顾客的态度不好。顾客是我们的上帝，无论她怎样挑剔，你都应该尽可能地满足她的要求，并且态度始终要友善可亲。

学会以建设性的方式批评别人是一项练习，能把我们从愤怒、怨恨或失望的情绪中解救出来。做到这一点需要有某些特殊的品质或能力，如细腻、真诚或者共情的能力。需要注意的是，建设性的批评必须符合以下条件：它是具体的，有根据的，针对某个具体的事实或行为的，绝不怀疑对方的自身价值。

7. 批评“点到为止”即可

如果我们在批评别人时不注意方法，狠狠地将对方批得体无完肤，那么，对方很可能就会“明知道自己错了，可就是不改正”。

口才指南

一些成功的企业家提倡一种“三明治”的批评方法，也就是在对别人批评的时候，先找出对方的长处进行赞美。他们力图使谈话在一种平和的氛围中进行，在结束时又以赞美对方某一个优点结束。事实证明，这种批评方法十分有效。

第六节 批评宜曲不宜直

有领导说，我们批评员工是让员工认识到错误，记住这次错误，让他不敢再犯错误；也有领导说，这个人实在是太笨了，总是犯错，怎么纠正都不行，所以只好教训了；甚至有领导认为批评员工能让员工长智慧，而且能提高自己的形象和权威性。

哲学家叔本华表示：“小人常常为发现伟人的缺点而得意。”心理学家研究发现，人们常常通过批评其他人来得到一种自我满足。所以，当你打算批评别人的时候，你需要想一想你是不是也在寻找一种自我满足的快感。因为这是一种很无聊的举动，而被批评的人不会有丝毫的感觉，他只会对你感到厌恶。

如果过于关注员工的错误，尤其是一些非根本性的错误的话，会大大挫伤员工的积极性和创造性，甚至产生对抗情绪。

通用电气的杰克·韦尔奇认为，管理者过于关注下属的错误，就不会有人勇于尝试。而没有人勇于尝试比犯错误还可怕，它使员工固步自封，拘泥于现有的一切，不敢有丝毫的突破和逾越。所以评价下属重点不在于其职业生涯中是否保持不犯错误的完美记录，而在于是否勇于承担风险，并善于从错误中学习，获得教益。通用能表现出很强的企业活力，与韦尔奇的这种对待下属错误的方式有莫大的关系。

对下属和员工的错误保持宽容的态度是一个优秀领导者的美德。日本有一个表演大师，有一次在上场前，他的弟子告诉他鞋带松了。大师点头致谢，蹲下来仔细系好。等到弟子转身后，又蹲下来将鞋带松开了。有个到后台采访的记者看到了这一切，不解地问："您为什么又要将鞋带解松呢？"大师回答道："因为我饰演的是一位劳累的旅者，长途跋涉让他的鞋带松开，可以通过这个细节表现他的劳累憔悴。""那你为什么不直接告诉你的弟子呢，难道他不知道这是表演的真谛吗？""他能细心地发现我的鞋带松了，并且热心地告诉我，我一定要保护他这种热情的积极性，及时地给他鼓励，至于为什么不当场告诉他，我想教育的机会将来会有更多，可以下一次再说啊。"

我们每个人都有自尊，当你指出别人的错误、对别人进行批评的时候，一般的人都会下意识地维护自己的尊严，从而对你的批评采取抵触的态度。我们必须了解和利用这个特点，利用恰当的批评艺术，来达到我们批评的目的。

口才指南

允许下属犯错误，如果那个人在几次犯错误之后变得"茁壮"了，那对公司是很有价值的。犯了错误就能在个人发展的道路上不再犯相同的错误。

第七节　表扬要把握好"度"

对下属多加表扬，能博取下属的好感并维系这种好感。但是其更深远的意义，还不止于此。表扬是能促进下属们继续努力的最强烈的兴奋剂，它能给以他们成功的自信心。这种自信心，在下属的心中滋长，不用说，将给企业的发展带来更大的益处。

当下属已经竭尽全力了仍未能圆满完成任务时，领导更应该给予他肯定的赞扬，使下属意识到，自己的努力能够被理解，这比许多物质上的奖励更易令员工生出效忠之心，也更能激励员工兢兢业业，为企业做出更大的贡献。

美国著名的女企业家玫琳·凯·阿什非常善于利用表扬这一激励员工的利器。“表扬”已成为玫琳·凯公司销售理念之牛耳。销售主管总是千方百计地从下属身上找出优点并加以表扬。在首次展销中，尽管销售员出了不少差错，销售主管还是会对他说干得不错。即使当销售员问“我哪些地方出了差错”的时候，销售主管仍然回答：“让我们先来谈谈你哪些地方干得不错。”表扬了销售员的优点后，才提出一些批评性意见，之后再对他表扬一番。

领导在表扬下属时，一定要把握好表扬的“度”。因为某些场合，如果表扬不当会让人觉得虚假。为了使领导的表扬更有意义，请注意如下几点：

1. **不宜太多**

表扬就像糖一样。糖很甜，可是，你吃多了就会觉得不那么甜了，甚至会胃疼。太多的表扬也会削弱其本身的作用，甚至完全不起作用。

2. **要真诚**

表扬下属时，态度一定要诚恳。你必须相信你表扬的下属确实是应该表扬的。如果你自己都不相信，就会给人一种虚假的印象。

3. **要广而告之**

批评应该在私下进行，而表扬则应该公开进行。因为如果所有人知道你表扬了他的同事，那么表扬也会在他们中产生作用，他们会认为，自己的工作也会得到领导承认的。

领导在表扬下属时，一定要把握好表扬的“度”。因为某些场合，如果表扬不当会让人觉得虚假。

第八节　解雇员工时应该怎么说

传说在古代埃及，如果信使给法老送来好消息，法老就会像欢迎一个王子那样款待他；如果送来的是坏消息，就会被砍掉脑袋。善于社交的人，跟别人说不好的事情时，会将心比心，在情绪表现上尽可能采取同情的姿态，尽可能地不刺激、不伤害对方的心理。

有些人对不幸的消息缺乏抵抗力，尤其是年老和体弱多病的人。不幸的消息可能会给他们带来致命的打击。这时，就不应该将坏消息一次性告知对方，应该采取渐次渗透的办法，分几次把坏消息透露出去，一次比一次严重一些，这样就能够增强他的承受能力，最后说出实情的时候，对方就不会感到突然了。

在和员工说对方被解雇的时候，领导者需要分三个层次来传达这种信息。首先，说些积极的事，比如“这段时间以来你是我们团队中的宝贵一员，我想让你知道，我很感激你所做出的贡献”。下一步，继续讲坏消息。告诉他们，你不得不减少亏损，解雇一些人或是在某些项目上降低支出。停顿一下，等待你的话被对方听进去。第三步，声明你会怎样帮助那些被解雇的人。比如，你设置了专门的人来教员工如何编写自己的简历、寻找新工作等。

加利福尼亚的一家工厂的老板，在讲到他所知道的一个讲话极讲究策略的人的时候，是这样说的：“他就是我的第一个老板，也是他解雇了我。他把我叫了进去，对我说：‘年轻人，要是没有你，我不知道我们以后会怎么样。可是，从下星期一起，我们打算这样来试一试了。’”

请千万记住不要用伤感情的字眼。下级被降职，心里本来就非常不痛快了，上级再用词不当，甚至恶意地嘲讽对方，无异于给下级满腔怒火再浇上一盆油，顷刻就会爆发出来，造成难以想象的后果。也不要等事情成了定局，再吞吞吐吐透露出要调他走的意思，使下级误会是你想把他赶走，造成心理上的不平。

口才指南

善于社交的人，也会注意不能乱讲话，知道点事情跟谁都说，即使受到对方的压力，也别忘了自己有保持沉默的权利。

第九节 领导者要学会承认错误

有三个小小的字，卓越的领导者都会说，这三个具有魔力的字是："我错了。"如果领导者不能及时承认自己错了，他永远也不能纠正错误，改变方向，重新取得成功。否认错误的时间拖得越长，后果会越发严重。向股东和债权人隐瞒坏消息，同时提供乐观的预测，已经导致许多 CEO 下台。

领导者坦白地承认错误和缺点，这会让他们更具人格魅力和平易近人。因为错误承认得越及时，就越容易得到改正和补救。对一个领导的评价，往往决定于是否有责任感，勇于承担责任不仅使下属有安全感，而且也会使下属进行反思，反思过后会发现自己的缺陷，从而在大家面前主动道歉，并承担责任。

需要注意的是：

领导错怪下属时，应单独或公开向其道歉。

领导的决策出现错误时，应诚恳地向大家公开道歉并及时调整。

领导被下属指出错误时应认真反思，并在确定自己犯错后及时承认错误。

美国田纳西银行前总经理特里的一句名言：承认错误是一个人最大的力量源泉。

第十二章

销售中的口才“显规则”

——销售口才

第一节　电话中说出良好形象

在商务交往中，普普通通的接打电话，实际上是在为通话者所在的单位，为通话者本人绘制一个给人深刻印象的电话形象。所谓电话形象，即人们在通话过程中的语言、声调、内容、表情、态度、时间感等的集合。它能够真实地体现出个人的素质、待人接物的态度以及通话者所在单位的整体水平。

拨打电话需要注意以下事项：

1. **做好充分准备，思路清晰**

主动打电话的人作为电话沟通的发起者，必须意识到电话沟通的时间有限，要把事情讲清楚，又不能占用对方太多的时间。因此，如果电话中要讲的事情比较多，或者问题比较复杂，最好准备一份通话提纲。

2. **开场白要有礼貌**

电话接通后，首先应当向对方礼貌地问候一声“您好”，而不要习惯性地说“喂”，或者在不打招呼的情况下就介绍自己，甚至直接说要找的人或要办的事情。这样给人的感觉会很唐突，也有些傲慢和盛气凌人。其次，应当自报家门，让对方知道打电话的是什么人。

电话交流时，双方都看不到对方的表情，唯一交流的途径是听觉。因此问候时首先要语气适当、声调适度、咬字清晰，更不要说方言。过快过慢、大声或者有气无力的问候，都会让对方产生不良感觉，从而影响整个电话交流的效果。

3. **随时记录**

在你的办公桌上，应常备做电话记录的纸和笔。打电话时，一手拿听筒，一手拿笔，以便能随时记录。

4. 通话时间

当你给别人打电话时，对方也许正忙于自己的某一件事情。你应当表明自己尊重他的时间，并给他足够的时间做适当的调整。你可以在开始讲话时向对方确认一下：

“您现在接电话方便吗？”

“您现在忙吗？”

“您现在有时间同我谈话吗？”

“这个时候给您打电话合适吗？”

“您能抽出点时间听听我的话吗？”

5. 给对方留时间

即便你想迅速解决某一紧急的事务，也应该留给对方足够的时间，让他对你的要求做出反应。如果你拿起电话说个不停，会使对方误以为你正在朗读材料呢。

6. 礼貌地结束通话

一般情况下，电话应当由打电话的一方主动挂断。如果是在通话过程中意外中断，打电话的一方应当主动打过去，并向对方解释，以免对方产生疑虑，以为是你有意中断通话。挂电话时一定要轻放话筒，否则对方会不自觉地想，你会不会是有意在表达不满。在挂电话之前，“再见”之类的告别语是不能少的。在预感到通话即将结束的时候，作为打电话的一方应当主动说“再见”。不说告别的话就贸然挂断电话，给人的感觉是结束得很突然，甚至会产生误解。

口才指南

如果工作电话没有拨通，那么最好用手机给对方发个短信，简要说明一下事由——尤其是当你用公司的电话（分机通过总机）拨出去找人没找到的时候。

第二节　销售，从倾听开始

在和对方的谈话过程中会听是很重要的一环，这是博得对方好感的一个秘诀。遗憾的是，不少销售人员急于推销商品，把对方所讲的话都当成耳边风，而且总是迫不及待地在商谈中提出问题，或打断对方的话，或申述自己的观点。这些都是不适当的。

你要学会倾听，当客户说话的时候，你要全神贯注地倾听。看着对方的脸，听他的声音，了解他话语里所包含的意思。你越善于倾听，说话的人越信任你。但是太多的人往往只顾着用说。

全世界最伟大的推销员乔·吉拉德向一位客户销售汽车，交易过程十分顺利。当客户正要掏钱付款时，另一位销售人员跟吉拉德谈起昨天的篮球赛，吉拉德一边跟同伴津津有味地说笑，一边伸手去接车款，不料客户却突然掉头而走，连车也不买了。吉拉德苦思冥想了一天，不明白客户为什么对已经挑选好的汽车突然放弃了。夜里 11 点，他终于忍不住给客户打了一个电话，询问客户突然改变主意的理由。

客户不高兴地在电话中告诉他："今天下午付款时，我同您谈到了我的小儿子，他刚考上密歇根大学，是我们家的骄傲，可是您一点也没有听见，只顾跟您的同伴谈篮球赛。"

吉拉德明白了，这次生意失败的根本原因是自己没有认真倾听客户谈论自己最得意的儿子。

在销售中，正如大多数人类的互动一样，说话的原因（目的），是如何表达（语音语调），听上去的感觉（词语的选择），说话的时机（与接收者的心理活动相关），以及当话被说出来的时候看上去的感觉以及内心的感觉等等，往往要比所说的话（内容）更为重要。

因此，如果你在和某个潜在客户对话时想要了解谈话的实际内容，你需要调动整个身心来了解谈话的整个范围，从而透过谈话内容的表达“感知”其实际所表达的内容。[1]

客户的话是一张藏宝图，顺着它可以找到宝藏！出色的销售人员往往善于聆听客户的抱怨、异议和投诉，善于倾听客户的需要、渴望和理想，善于听出客户没说出来的需求。销售中80%的业绩都是靠耳朵来完成的。

化妆品专柜前，一位销售人员正在向客户推销化妆品：“先生，您想买什么样的化妆品呢?”“天气冷了，我想给妈妈买瓶护手霜，可不知道选哪个好?”通过倾听客户的讲述，销售人员迅速做出了判断：一是客户对商品的心理需求倾向于情感层面，希望向父母表达自己的舐犊情深；二是产品的使用者为老人家，而一般的老人家对包装华丽的时尚化妆品不太感兴趣，最好是实用、老人家熟悉的品牌。据此销售人员立即对客户做出了回应：“呀，先生真是有孝心！建议您买×××的护手霜，很多老人家都喜欢用这个老牌子，而且质量好，价格实惠。”销售人员一语双关，既表扬了客户的孝心，又替他为老人家着想，最终很轻松地达成了销售。

20世纪最伟大的心灵导师卡耐基认为：倾听是一种典型的攻心战略，一个不懂得倾听，只是滔滔不绝、夸夸其谈的销售人员不仅无法得知有关顾客的各种信息，还会引起顾客的反感，最终导致销售失败。作为一名好的销售人员，首先必须是个高明的听众。当顾客热心谈论的时候，你要做出认真倾听的样子，如此，销售才能轻轻松松。

口才指南

戴尔·卡耐基曾说：在生意场上，做一名好听众远比自己夸夸其谈有用得多。如果你对顾客的话感兴趣，并且有急切想听下去的愿望，那么订单通常会不请自到。

1 Geoffrey James. 销售利器：全面倾听才能更了解客户. 商业英才网，2010 (7).

第三节　用坦诚的语言影响顾客

顾客不想买你的商品，有时是因为商品有瑕疵。对于这种情况，与其遮遮掩掩，不如大胆指出。销售商品时，你说出对自己不利的话语，顾客会在意外之余，产生一种信任。因此，顾客会变“不买”（因为商品有瑕疵）为“想买”（因为你坦诚）。

据美国纽约销售联谊会统计：70%的人之所以从你那购买产品，是因为他们喜欢你、信任你和尊敬你。因此，要使交易成功，诚信不但是最好的策略，而且是唯一的策略。

一次店里来了一对母女。给女孩买衣服，挑选了半天，选中了一件，试了也挺合身，但是，衣服袖口开线了。“这衣服，孩子穿着挺精神，就是袖口开线了。”销售者一开口就说出衣服的毛病，女士有点意外。“我就这一件了，前面有家也卖这款，要不你们上那看看去！”那女士更是不解，她肯定在想，还有这样做生意的？把客人往别人家推。“当然，这也不是大毛病，给孩子买衣服还是得买个好的！”“嗯，这穿着还挺好看的！”女士又看了看穿在女孩身上的衣服，挺可惜的样子。“嫂子，我看这样吧，你们要不嫌弃，就看着给个成本钱，这衣服就穿走吧！”女士转身又看了看那件衣服，可能觉得虽然有点小毛病，但不显眼，算不上什么问题。于是，她心情顺畅地买走了这件衣服，可能是觉得销售者很实在吧，又选了一条裤子。这样，销售者顺利地卖出了那件有些小瑕疵的衣服，又卖了一条裤子。

在推销过程中，如果失去了信用，也许一笔大买卖就会泡汤。有一说一，实事求是，言必信、行必果，对顾客以信用为先，以品行为本，使顾客信赖，使用户放心地同你做交易。

口才指南

无论是你初次接触客户，还是关键时间的洽谈，都要设法让你的谈话对象提起兴趣。让你的谈话对象觉得本次的沟通对他来说是有价值的。

第四节　制造悬念吸引顾客

好奇之心，人皆有之。“制造悬念”就是利用人们的这种好奇心，引起他们的注意和兴趣，促使他们寻根究底，从而达到推销的目的。以下例子就是很好的举证。1931 年，著名京剧演员梅兰芳，受上海丹桂戏院老板之聘，到上海演出。虽然梅兰芳当时在京津一带闻名遐迩，家喻户晓，但是听惯沪剧和绍兴戏的上海人，对梅兰芳是有些陌生的。梅兰芳初次来上海演出，怎样才能更有效地提高他在上海人心目中的声望和地位？使演出获得圆满成功，从而提高上座率，谋取最好的票房价值呢？

丹桂戏院老板就是利用人们的好奇心“制造悬念”，不惜重金将上海一家最有影响力的报纸头版版面买下，用整个版面，一连三天，刊登“梅兰芳”三个大字。上海市民看到报纸，十分惊奇，“梅兰芳，莫不是举行花卉展览？”“莫非出现特大新闻？”一时间，“梅兰芳”三字，成了上海人街谈巷议的话题。人们纷纷打电话去报社询问，得到的答复是“无可奉告”，这就是越发引起人们的怀疑。到了第四天，报纸头版依然刊登着“梅兰芳”三个大字，但在下面加了一行小字：“京剧名旦，在丹桂大戏院演出《彩楼配》、《玉堂春》、《武典坡》。××日在××处售票。欢迎光临。”三天来，人们的惊奇困惑消失了，一转为先睹后快的心理欲求，第一天的戏票被抢购一空。由于梅兰芳的卓越表演艺术，观众为之倾倒。结果，梅兰芳第一次来沪演出获得极大的成功，誉满上海滩，演出场场爆满，丹桂戏院也收到很好的经济效益。[1]

靖郭君田婴准备在封地薛邑修筑城防工事，因为会引起齐王猜疑，不少门客去谏阻他。田婴于是吩咐传达人员不要为劝谏的门客通报。有个门客请求谒见田婴，他保证说："我只说三个字就走，要是多一个字，愿意领受烹杀之刑。"田婴于是接见他。客人快步走到他跟前，说："海大鱼。"然后转身就走。田婴赶忙问："先生还有要说的话吧？"客人说："我可不敢拿性命当儿戏！"田婴说："不碍事，先生请讲！"客人这才回答道："你没听说过海里的大鱼吗？渔网钓钩对它无能为力，但一旦因为得意忘形离开了水域，那么蝼蚁也能随意摆布它。以此相比，齐国也就如同殿下的'水'，如果你永远拥有齐国，要了薛邑有什么用呢？而你如果失去了齐国，即使将薛邑的城墙筑得跟天一样高，又有什么作用呢？"田婴称赞说："对。"于是停止了筑城的事。

在推销时最困难的局面就是没开口人家就一口拒绝了。对待这种情况，就要出奇招，用富有引诱力的惊人之语制造悬念，用他人的好奇心来诱使他听我们的话语和建议。"海大鱼"就是一个很具悬念的话语。

推销员制造神秘气氛，引起对方的好奇，然后，在解答疑问时，很技巧地把产品介绍给顾客。

第五节　巧妙提问引起顾客的兴趣

在推销过程中，我们经常发现有的顾客会不假思索地拒绝推销，因此，"推销是从被拒绝开始的"这话半点不假。遇到这种情况，推销员不应"退避三舍"，而应"迎难而上"，这其间，巧妙提问是关键。提问，可以消

1　鲍海英．梅兰芳巧用广告．思维与智慧，2010（28）．

除双方的压迫感，缓和商谈气氛；可以摸清对方底牌而让对方了解“我”的想法；可以确定推销过程进行的程度；可以了解顾客的障碍所在，寻找应对措施；可以留有情面地反驳不同意见……提问是推销应对口才最有力的手段，一定要熟练掌握、运用。

有两个信教者一起去问牧师在做祈祷时能否吸烟。其中一个信教者上前问：“请问牧师，在做祈祷时能否吸烟？”牧师生气地回答：“不能。”这个信教者闷闷不乐地退了下去。另一个信教者上前问：“请问牧师，在吸烟时能否做祈祷？”牧师高兴地回答：“当然可以啦！”“在做祈祷时能否吸烟”与“在吸烟时能否做祈祷”是一个本质相同的问题，用不同的问法，特别是第二个用装傻的方法问出来，效果就不同。这则小故事至少能够给我们两点启示：提问时，首先要考虑提什么问题；其次是如何表述问题。另外，何时提出问题也是至关重要的一点。

作为一个销售人员，你应该了解推销有时是从一个巧妙的提问开始的。销售人员要善于问开放性的问题。想让顾客分享他的真实愿望，关键在于问对问题。就像每把锁都有配对的钥匙一样，只有用“对”的问题才能让顾客自己按图索骥地找到与商品配对的解决方案。一个好的问题包括但不限于：顾客的购买目的、顾客想解决的问题、顾客想要处理的麻烦、顾客显而易见感兴趣的而且觉得自己很在行的东西等。

真正高超的销售技巧是如何做人，如何做一个诚信之人。

第六节　应对顾客的“考虑”

当客户说：“我要考虑一下”时，我们可以这样说：

1. 询问法

通常在这种情况下，顾客对产品感兴趣，但可能是还没有弄清楚你的介绍（如：某一细节），或者有难言之隐（如：没有钱、没有决策权）不敢决策，再就是推脱之词。所以要利用询问法将原因弄清楚，再对症下药，药到病除。你可以问他："某某女士/先生。我刚才到底是漏讲了什么或是哪里没有解释清楚，导致你说你要考虑一下呢？是我公司的形象吗？"后半部问句你可以举很多的例子，因为这样能让你分析能提供给他们的好处。

2. 假设法

假设马上成交，顾客可以得到什么好处（或快乐），如果不马上成交，有可能会失去一些到手的利益（将痛苦），利用人的虚伪性迅速促成交易。"某某女士/先生，既然你真的有兴趣，那么我可以假设你会很认真地考虑我们的产品对吗？"注意，"考虑"二字一定要慢慢地说出来，并且要以强调的语气说出。"假设您现在购买，可以获得××（外加礼品）。我们一个月才来一次（或才有一次促销活动），现在有许多人都想购买这种产品，如果您不及时决定，会……"

3. 直接法

通过判断顾客的情况，直截了当地向顾客提出疑问，尤其是对男士购买者存在钱的问题时，直接法可以激将他、迫使他付账。如：××女士/先生，说真的，会不会是钱的问题呢？或您是在推脱吧，想要躲开我吧？

其实当他说"我需要考虑一下"的时候，他其实并不能确定从你这里购买是不是一个好主意。对这问题，我们先反问客户：您觉得还有什么可以补充的？问题不要过于急于求成，客户也许会寻找其他的"证明"来验证产品的价值，如说原来想买数量多的，变为先买样品试用。又或者用其他的方法和途径来审查我们的产品、服务、诚信。客户担心的是诚信欠缺的风险，这样做的原因是很值得理解的，客户不会单纯地只相信你所说的话，他还必须要感觉出我们的办事效率。

口才指南

戴尔·卡耐基表示：“每天我们都在推销——不论我们推销的技术是否在行。如果我们的工作跟别人有所接触的话，推销的意思便是说，我们不断地想办法使别人向我们购买或租赁，把理想的任务交给我们，并相信我们的说法。生活是一连串的推销。”

第七节　限制选择提问法

限制选择提问法，又可称为“二者择一法。”它是一种故意将对方的选择范围限制在两个选择之间的提问方式。

一名餐厅经理发现服务员询问顾客“是否要吃鸡蛋”的效果不太明显，于是他要求服务员换个方式征询顾客的意愿。最后，服务员改成问顾客：“先生，您是要一个鸡蛋还是两个鸡蛋？”大多数顾客都会择一而答，这样一来，鸡蛋的销量大增。老板正是运用了人们先入为主的心理“弱点”，先给顾客灌输“要”的意识，以“要加一个鸡蛋还是两个鸡蛋”为“先入”，省去了顾客“要”与“不要”的选择，只让顾客在“一个”或“两个”上做决定，结果使鸡蛋销量大增。

如果你朋友的公司濒临倒闭，或者高考时名落孙山，太太离家出走……此时，要让他们摆脱绝境，唯有直接攻心地说：“你现在只有两条路，自甘堕落或东山再起……”或者说：“成功之路不会是一帆风顺的，你要么老老实实地走下去，要么做一个懦夫。”对于伤心者则说：“你要为自己而活，不能让别人来左右你的生活。”

类似这种最后通牒的逼人说法，对方很难说出“我要成为懦夫、弱者”

的话，从此便会发愤图强。

“二择一攻心法”具有警示和震撼作用，它将问题单纯化，只承认正邪、善恶等对立的双方，便于使人一学就会，一用就见效。[1]

二择一法成交法则：例如“您是喜欢白色的还是红色的？”“您是今天签单还是明天再签？”“您是刷卡还是用现金？”注意，在引导客户成交时，不要提出两个以上的选择，因为选择太多反而令客户无所适从。

（1）问好的问题可以捕捉顾客的注意力；

（2）注意力等于事实。一个人绝对不可能在回答一个叙述得很明确的问题时，心里同时还在想其他的事；

一位高明的汽车推销员面对客户“考虑考虑”时，通过和客户的一段对话，卖出汽车就变得顺理成章了。

“您喜欢两个门的还是四个门的？”

“啊，我喜欢四个门的。”

“您喜欢这几种颜色中的哪一种呢？”

“我喜欢红色的。”

“您喜欢带调幅式还是调频式的收音机？”

“还是调幅的好。”

“您要车底部涂防锈层吗？”

“当然。”

“要染色的玻璃吗？”

“那倒不一定。”

“汽车胎要白圈吗”

“不，谢谢。”

“我们可以在 10 月 1 日，最迟晚上 8 点交货。”

“10 月 1 日最好。”

在提出这些并不难回答的问题后，这位推销员递过订单，轻轻地说：

1　罗毅．让人无法说NO的攻心说话术．社会科学文献出版社，2008（4）．

“好吧，××先生，请在这儿签字，现在您的车可以投入生产了。”

随意打断客户谈话会打击客户说话的热情和积极性，如果客户当时的情绪不佳，而你又打断了他们的谈话，那无疑是火上浇油。所以，当客户的谈话热情高涨时，销售人员可以给予必要的、简单的回应，如“噢”、“对”、“是吗”、“好的”等等。

第八节　用暗示影响顾客

心理学中，在无对抗条件下，用含蓄、抽象的诱导方法对人们的心理和行为产生影响，从而使人们按照一定的方式去行动或接受一定的意见，使其思想、行为与暗示者的期望相符合，这种现象称为“暗示效应”。

所谓的暗示是指人或环境以非常自然的方式向个体发出信息，个体无意中接受了这种信息，从而做出相应反应的一种心理现象。著名生理学家、心理学家巴甫洛夫认为：暗示是人类最简化、最典型的条件反射。然而随着研究的深入，人们发现暗示就像一把“双刃剑”，它可以救治一个人，也可以毁掉一个人，关键在于接受心理暗示的个体自身如何运用并把握暗示的意义。

在销售市场中，这种暗示效用更是屡见不鲜。例如，一家电影院在放映过程中，突然插入一段冰激凌广告，时间很短，一晃而过。观众还没有意识到是怎么回事，广告已经消失。但在观众的潜意识之中，却留下深刻印象。看完电影之后，大家都到剧院门外的售货亭买冰激凌，这种心理暗示术的效果极佳。这则广告对于人们的购买行动起到了暗示作用。[1]

按年龄来讲，年轻人较易受到暗示的影响。儿童则更容易受到暗示。某家食品公司印制了一些儿童玩具画册，与一般画册一样，只是在每页的左下角印有自己的商标图案。这些图案在幼儿的脑海中留下深刻的商标印象。儿时的记忆对于将来的购买行为会产生一定的影响。一些开发儿童智力的产品，对孩子及其父母都有一定的暗示。它的目的就是让儿童下次见到商品时，会产生购买的冲动。[2]

不同的词语是具有不同的暗示作用的，有些词语可以帮助你对客户进行说服。

1. 和客户沟通要习惯说“当”，而不要说“如果”或“假如”

用“当”，能挑起客户的占有欲，并引起兴趣。而“假如”，则会使客户感觉我也许会拥有它，也许不会。

2. “我们来……”

销售高手喜欢用“我们来……”的句型刺激客户的购买欲望，因为这样说可以营造一种合作的气氛，让客户意识到销售员和他是同一阵线的，可以减轻对方的压力，容易达成共识。

3. 肯定性词语

作为销售员，我们不能说“不买吗？”“不喜欢吗？”“不便宜吗？”等否定性词语，而应该使用肯定语句，能够给予客户积极的心理暗示，能引导客户给出肯定的答复。

语言的附加意义，有时候要比语言本身更有力量。

1 王玉成，韩天雷．广告心理战．中华工商联合，1996.

2 韦恩．玛格尔．犹太人智慧大全集．云南人民出版社，2011（6）.

第九节　交易中不宜争辩

销售人员在与顾客沟通时要记得，我们是来推销产品的，不是来参加辩论会的，要知道与顾客争辩解决不了任何问题，只会招致顾客的反感。

很多人可能会有下面这样的经历。与几个亲朋好友上个餐馆点了几个平时最喜欢吃的家常菜。在就餐的过程中，发现其中有些菜的菜味不对，经仔细看了看，发现平时我们喜欢吃的这个菜，是厨师放多了调味品，导致菜味辛辣，于是就喊来服务员，服务员看了看说："对不起，这个厨师是我们这儿刚来的，菜你们就凑合着吃吧。""这叫什么话，什么叫凑合着吃，根本就不能吃，太辣了，给换一个菜。"朋友说。这时店老板出来上前搭话说："菜不能给换，不就是多放了点调料吗？"听到这话，这顿饭也吃得不高兴、不舒服。出餐馆门时，你可能会说："下次再也不上这家餐馆来了，做坏了菜，还争辩。"

销售人员首先要理解客户对产品有不同的认识和见解，容许人家讲话，发表不同的意见。如果您刻意地去和顾客发生激烈的争论，即使占了上风，赢得了胜利，把顾客驳得哑口无言、体无完肤、面红耳赤、无地自容，你快活了、高兴了，但得到的是什么呢？是失去了顾客、丢掉了生意。顾客不是我们要争辩和斗智的人。从未有人会取得同顾客争辩的胜利。

历史上有个有名的建筑大师给某地设计市政大楼，有一天市长跑过来告诉他大厅里没有柱子，可能会塌下来，其实这是杞人忧天的事，但那个建筑大师仅说了声好，就加了几根柱子。过了若干年后，那位建筑大师已经死了，人们有一天忽然发现，那几根柱子根本没有接触天花板。这个故事给我们很大的启发，如果当时建筑大师给那位市长说一大堆建筑结构的理论，你认为那位市长大人能接受吗？能听得懂吗？

所以，在与客户沟通时，他们不了解产品的情况或对产品有误解，这是很正常的事，我相信客户说出他们的理由时一定有他们认为正确的道理，这个时候我们最好的办法就是站在他们的立场上，用事实证明给他们看，拿出你的成功的案例，让他们去体验，而不是去争辩。顺便说一下，人都有自尊心，你当面否定一个人的观点时，他会尽力维护自己的想法，就算你赢得了争辩，最后也会失去了订单，何必呢？[1]

在舌战中你越胜利你就越失职，因为你会得罪顾客，结果你什么也卖不出去。与顾客争辩，失败的永远是营销人员。营销人员应做到：脾气小一点，理由少一点，脑筋活一点，微笑多一点，服务好一点。

“顾客至上”、“顾客是上帝”。不管顾客如何批评你的产品和服务，也决不能与顾客进行争辩。与顾客争辩，只会使顾客更加情绪化，使事情变得更加复杂甚至恶化，结果吃亏的还是你自己。作为一个生意人一定要意识到这一点，宽宏大量地对待顾客的意见与抱怨，认真地分析和处理。一定要学会迎合顾客心理，热情周到地接待顾客，让顾客高高兴兴地从商店里买走商品，留下和传播良好口碑才是最大赢家。[2]

口才指南

美国语言大师盖亚·沙法尔说：“要卖商品的人，必须先卖出自己的语言，让人乐意听你讲话，如果售货员说些不合时宜的语句，那是无法取得顾客认可的，商品自然也卖不出去。”

---

1 勿入！销售中的“危险区”．牛津管理评论，2011（3）．

2 董胜勇．做生意切莫与顾客争辩．零售前沿，2011（4）．

第十节　利用“回飞棒”的原理

如果客户问了一些销售人员回答不了的问题，销售人员可以把问题丢回去，让客户自己回答。这就是利用了“回飞棒”的原理。回飞棒本是一种运动用品，当你把回飞棒丢出去的时候，只要技巧纯熟，它就会飞回来。应用在销售技巧上，不仅可以避免无法回答的窘境，还可以借此了解客户的想法，反而更有利于销售活动。

例如，销售人员可以通过反问，将问题丢回去给客户，从而成功回避客户的反对。“您认为……”不仅回避了客户直接的反对意见，没有辩驳，也没加肯定，只是反过来问客户，让客户展现他内心真正的想法，在了解了客户的想法之后再来进行说明解释。这样不仅可以避免与客户的正面冲突，还可以给客户一种尊重他的感觉，反倒更有利于促进销售。

客户：“哎呀！你们这套书太贵了……”

应用“回飞棒”的技巧：“不知道陈小姐认为，对于让小孩学习了解最新的科技知识，应该花多少钱才算便宜？”

客户：“你们的信用卡又没有什么特别的……”

应用“回飞棒”的技巧：“不知道陈小姐认为，什么特别的内容才会是您喜欢的……”

客户：“哎呀！你们的投资报酬率太低了……”

应用“回飞棒”的技巧：“对于我们这项‘小钱变大钱’的理财计划，不知道陈小姐认为多少的投资回报率才是最合理的……”

口才指南

每次客户拒绝或提出反对意见，销售人员就问客户为什么，并认真倾听他的回答。客户说得越多，越发现自己的理由并不完全正确，之后会重新考虑是否购买。

第十一节　应对“我没有兴趣”

销售过程中，会碰到对方这样回绝你的情况：

“我对产品没兴趣。”

“谈其他可以，谈产品请免开尊口。”

“我的兴趣是如何赚钱，不是花钱买你的产品。”

不论表述形式如何，一句话归纳起来，就是对产品没有兴趣。持有这类异议的客户，可能对产品的性能缺乏真正的认识。在处理这种类型的异议时，首先要学会转换角度，变换话题。因为，客户已经明确表示对产品没兴趣，你再大谈特谈你的产品未免有些不合时宜。

客户：“我没有兴趣。我这里是药店，从来不销售这种产品的。”

销售人员：“老板，我以前也是这样认为的。我想，如果消费者在购买您店内产品时，恰巧见到我们的产品，他肯定也会产生买一些的想法的。在城南的另一家大药房，进了我们的××产品后，现在每周都销售几十件呢！”销售人员：“我非常理解，先生，要您对不晓得有什么好处的东西感兴趣，实在是强人所难。正因如此，我才想向您亲自报告或说明。我向您介绍个大概情况，好吗？”

口才指南

如果把所有购买者的反对意见都转换成问句的形式，然后根据购买者对问题的不同回答，销售人员一方面可以获得更多的信息；另一方面，销售人员可以从客户对这个问题的答复中寻找到突破口。在应用这一技巧的时候要注意，不要让客户误以为是你对他的反驳。

第十二节　应对“先把资料放在这”

一位销售人员到了一家公司，开始向该公司的总经理推销他的N型手提电脑。这位总经理平日应付的销售人员够多的了。所以他只是很随便地说了一句：“知道了，那你先把相关的介绍资料给我吧。”

很明显，该经理根本就没有购买的意思，只是随口敷衍了一句。虽然表面上客户并没有说没有兴趣，但是他只是冷淡地让销售人员把资料留下，就表明了他根本对此没有兴趣，留下资料后翻看的机会很小，那么面对这种情形的时候销售人员应该怎么应付呢？

可以看一下下面的几个解决方案：

方案1：销售人员：“先生，我们的资料都是精心设计的纲要和草案，而且都是专业术语，必须配合人员的说明和解释，而且要对每一位客户分别按个人情况作修订，等于是量体裁衣。所以，如果您今天没有时间的话，那我星期四或星期五过来给您具体讲解。您看是上午还是下午比较好？”

方案2：销售人员：“是的，先生，是这样的，正因为您的时间很宝贵，所以如果让我先跟您讲一下，再把资料留给您的话，您在看资料的时候可以有重点的阅读，这样可以节省您更多的时间。您放心，我不会超过10分钟的，不晓得您是星期一晚上，还是星期二晚上方便呢？”

方案3：销售人员：“是的，介绍人刘小姐特别告诉我，说您是这方面的行家。不过，我们所要谈的不是如何做这份工作，而是经营一项事业，是非常特别的。很多人到我们公司来以前，想法都和您一样，但听过我们的说明以后，他们发现这是一个新生的事业，不晓得您是星期一，还是星期二晚上方便呢？”

口才指南

销售人员在把产品介绍完后，可以采用选择式提问来确认客户是否赞同推销人员的介绍，是否会购买销售人员解决问题的方案，是否对销售人员的产品或服务能够解决他们的问题抱有信心。选择式问法所提出的问题可以是二选一，三选一，甚至多选一，但所问的问题必须是客户有能力做出选择并且能够明确回答的问题，让客户可以针对某个主题回答“是”或“不是”。

第十三节　应对“那你就是要推销东西了”

有时销售人员在给客户介绍完产品之后，客户会不屑地问“那就是你要推销东西了？会不会是做广告啊？”此时销售人员应该怎么应对呢？

1. 表明实质

销售人员：“首先我要申明，这不是广告，虽然具有广告的效应。但这是为了反映我国当前农业科技企业的发展经营状况，不光有书，还有免费网站，另外也将把征集的企业信息汇总到农产品信息中心数据库中，并为企业和用户之间搭起一座便利的信息桥梁。而普通广告公司绝对没有这种大规模的系统服务，所以怎么能说是做广告呢？

2. 为客户着想

客户 ：“我为什么要帮助你们来推出这种产品呢，是不是在给你们做广告啊？”

销售人员 ：“老板，您并不是在为我们来推出新产品。当然有的厂家希望通过零售商为他们推广新产品，那就意味着他们对这种产品的销售潜力不了解，或者他们不愿为推广新产品花费更多的资金，将新产品卖给零售店就意味着他们的工作已经完成了。所以这并不是让你们给我们做广告啊。而是在给您提供一次获得更大利润的机会。因为我们一直在进行各种形式的促销和提供强大的广告支持，消费者也会根据广告或促销活动将新品牌同您的商店联系在一起，他一定会对广告介绍中的产品特点感兴趣而进行尝试。”

3. 表示产品质量可靠

销售人员 ：“我当然是很想销售我的东西啦！不过，我的产品得让您觉得值，得买，才会卖给您。关于这一点，我们要不要一起讨论研究看看？我们的别墅为住户着想得细致入微，能想到的都为客户想到了。这些您也能看出来。”

“而且我们的房屋设计出自国际著名的设计师，别具品位。不光是外形上叫人刮目相看，内部设施也一应俱全，并且有效地利用了空间，设计了酒吧、储藏间和娱乐室。我们的别墅离商场、俱乐部和其他商业服务区都近，徒步只要十几分钟就到了。”

“还有就是环境优美，拥有健康的环境，远离噪声和空气污染。”

“我们这套房子虽然标价是 94 万元，但您也可以先交 30 万元预付金，其余款项由工商银行 15 年按揭。”

可能上面的销售人员在给客户介绍房屋的质量与性价比时太过于详细，但这在实际的销售当中是十分必要的，只有让你的客户详细了解了你的产品，他才有可能购买。

4. 奇特制胜

如果客户对销售人员有反感："那你就是推销东西了？"我们当然不能与之争吵，而应该出奇制胜。

一位商店的老板，是个顽固保守的老头，非常反感销售人员。一天，一位推销洗衣粉的业务员来到店前，还未开口，他就大声喝道："你来干什么的？"这位销售人员并未吓倒，而是满脸笑容地说："先生，您猜我今天是来干什么的？

老头子毫不客气地回敬他："你不说我也知道，还不是向我推销你们那些破玩意儿！"

销售人员听后反而哈哈大笑，说："您老人家聪明一世，糊涂一时，我今天可不是向您推销的，而是求您老向我推销。"

老头子愣住了："你要我向你推销什么？"销售人员回答："我听说您是这一地区最会做生意的，洗衣粉的销量最大，我今天是来讨教一下您老的推销方法。"

老头子活了一辈子，也没有人登门求教的，于是，便兴致勃勃地向销售人员大谈其生意经。直到销售人员起身告辞，老头子突然像想起什么来了，大声说："喂，请等一等，听说你们公司的洗衣粉很受欢迎，给我订 30 箱。"

如果这位业务员不采取出其不意的战术，一开口便向老头兜售洗衣粉，恐怕早就给老头子轰出门外了。

口才指南

开放式提问法是指能让客户充分阐述自己的意见或建议的一种提问方法。通过开放式提问，使客户能认真思考销售人员的问题，提供一些有价值的信息。

第十三章

炉火纯青的谈判话术

——谈判口才

第一节　谈判要“以情感人”

英国谈判大师杰涅德·L·尼尔伯格在总结自己一生的谈判经验时所说：“成功的谈判者，必须把剑术大师的机警、速度和艺术大师的敏感能力融合一体。他必须像剑术大师一样，以锐利的目光，机警地注视谈判桌那一边的对手，随时准备抓住对方防线中的每一个微小的进攻机会。同时，他又必须是一个细腻而敏感的艺术大师，善于体会观察对方情绪或动机上的最细微的变化。他必须抓紧灵感产生的一刹那，从色彩缤纷的调色板上，选出最合适的颜色，画出构图与色彩完美和谐的佳作。谈判场上的成功，不仅是来自充分的训练，而且更关键的是来自敏感和机智。”

人的情绪是可以传染的，谈判人员可以通过一定的方式，使谈判对手产生与自己相同或相似的情感，并产生心理上的共鸣。实际上是谈判人员和谈判对手之间情感信息的相互传递和传染。

在谈判中，“动之以情”不仅能激起谈判者愉快的心情，更重要的是能使谈判对手产生共鸣，出人意料地达成谈判共识。

以情感人的技巧在于：

（一）推敲你的用语

在谈判中，说服对方必须要有一定的语言技巧，因而你的用语一定要经过精心推敲：

1．要摆出亲切、友好的态度；

2．要让对方明白，对双方的合作你感到很愉快；

3．要尽量使用柔和、欢快的词语；

4．不要以居高临下的态度对待对方；

5．让对方认识到，你非常感谢他的帮助。

（二）直诉困难，请求关照

如果谈判双方的合作关系很好，而你又确实存在一定困难的话，你完全可以试试这个办法。

“请你不看僧面看佛面，无论如何拉我一把，我一定会永记贵方的援手！”

“我已经没有退路了，再退就掉下悬崖了！”

“这样签约的话，我回去根本无法交差，是要被老板解雇的。”

但需注意，你的要求一定要合理，直诉困难不卑不亢，做到坦率自然。

（三）多谈自己的感受

在许多谈判中，双方都对另一方的动机和企图进行长篇大论地解释和非难。然而，如果你能够从自己的感受出发来描述问题，要比针对对方的言行直接进行反驳更具有说服力，例如下面这两组话：

1.“你没有遵守诺言。”

“我感到很失望！”

2.“你的条件太苛刻了，简直不近人情！”

“我们一时无法接受你的条件。”

你可以看出，每组话中的后一句更充满人情味，它可以使对方反省一下自己的言行是否过激，从而使你处于有利地位。

（四）使用“如果”句型

下面是经理与工人代表就工人要求进行的谈判。

经理：如果你们愿意取消食物津贴、交通津贴及增加休假的要求的话，我们可考虑提高基本工资。

工会：如果你们提高的幅度确实适当，我们可加以考虑。

双方谈到这里，不得不休会，然后过了几天重新谈判。

经理：如果你们不再坚持这几项要求的话，我们准备将基本工资提高10%到12%。

工会：这恐怕低了些，但是如果你能将加薪幅度增为15%的话，我们倒可以同意。

双方又不得不休会，再次重逢谈判桌时，双方都体会到了“如果”的力量。

经理：对于15%的提薪我们一下实在无法接受，但是为了表达达成协议的诚意，如果你们愿意考虑二段式的加薪，我们会实施此项提议的。

工会：可以考虑。

“以情感人”使谈判得以保持在友好融洽的氛围中进行。

第二节　一定学会说“不”

在谈判的过程中，你将会收到各种各样的建议、报盘、反报盘以及其他许许多多的提案。其中，有些可能是你同意的，有些却要进一步讨论，有些则要求你不得不说“不”！当然，这个“不”字只要你运用得恰到好处，对你的谈判战略是有利的。

（一）以提问加以拒绝

在一次中美关于某种工业加工机械的贸易谈判中，中方主谈面对美方代表高得出奇的报价，巧妙地采用了提问题的方法来加以拒绝，中方主谈一共提出了四个问题：不知贵国生产此类产品的公司一共有几家？不知贵公司的产品价格高于贵国某某牌的依据是什么？不知世界上生产此类产品的公司一共有几家？不知贵公司的产品价格高于某某牌（世界名牌）的依据又是什么？

这些问题使美方代表非常吃惊，他们不便回答也无法回答这些问题，因为他们明白自己报的价格确实是太高了，所以，设法自找台阶，把价格大幅度地降了下来。

（二）幽默婉拒法

有一个时期，前苏联与挪威曾经就购买挪威鲱鱼进行了长时间的谈判。深知贸易谈判诀窍的挪威人，卖价高得出奇。前苏联的谈判代表与挪威人进行了艰苦的讨价还价，挪威人就是坚持不让步。谈判进行了一轮又一轮，代表换了一个又一个，仍然没有结果。后来，前苏联大使柯伦泰使用了幽默的拒绝法赢得了谈判的成功。

她对挪威人说："好吧！我同意你们提出的价格，如果我国政府不同意这个价格，我愿意用自己的工资来支付差额。但是，这自然要分期付款，可能要我支付一辈子。"

挪威的绅士们从来没有遇到过如此高明的谈判对手，堂堂绅士能把女士逼到这种地步吗？因此，在忍不住一笑之后，就一致同意将鲱鱼的价格降到最低标准。而柯伦泰用幽默的手段完成了她的前任们历尽艰难也没有完成的谈判。

（三）提出不可能的条件

过于直接地说"不"必然会恶化双方的关系，甚至导致对方对你的攻击。如果在对对方说"不"前，先要求对方满足你的一个条件：如对方能满足（事实上是无法满足的），则你可以满足对方的需求；如对方不能满足，那你也无法满足对方的要求。

这种说"不"的方式可以巧妙地拒绝做出自己无法兑现的承诺，又不会失信于对方，导致恶化彼此的关系。

（四）留有回旋的余地

在谈判中说"不"并非宣布谈判破裂，彻底失败，说"不"只是否定了对方的进一步要求，蕴含着对以前的报价或已承诺的让步的肯定。谈判中说"不"通常不是全面的、总体的，相反，大多数"不"是单一的、有针对性的。

口才指南

“不”是语言中最为重要，无疑也是最有力量的词汇。学会说“不”、懂得说“是”是一门重要的艺术。

第三节　赞美对方的技巧

美国心理学家成廉·詹姆士说过：“人类本性上最深的企图之一是期望被赞美、钦佩、尊重。”在谈判这种交际水平的大较量中，适度地赞美他人无疑也是获取对方信任和好感的绝招。

在一次重要的谈判中，双方以前都没有过任何接触，气氛稍微显得沉闷。

这时甲方代表说话了：“王经理，听说您是属虎的，贵公司在您的领导下真可谓是虎虎有生气呀！”

听了这话，乙方王经理脸上立时绽开笑颜：“谢谢，借您吉言了，不过我这一回家，可就老虎变猫了！”

“噢，这是为什么呀？”气氛开展良好。

“我跟我夫人属相相克呀，没办法我被降住了！”

“为什么？”

“她属武松！”

这一开头无疑非常令人满意。而这一良好气氛的成功营造，绝对离不开甲方代表那句适度的赞美。

赞美对方有以下三个技巧：

1．实事求是，不矫揉造作。在你的赞扬还未出口时，要先掂量一下，这种赞美有没有事实根据，对方听了是否会相信，能否接受。

2．注意观察，发现对方长处。表扬是一种发现对方长处的语言。因此，要想赞美对方，你必须事先观察对方的言谈举止。谈判之前从侧面了解一下对方的大致情况，特别注意对方的细节，即努力发现别人还没有发现的优点。

当你的谈判对手是位事业上的女强人时，你就不需要老生常谈地夸赞对方如何事业有成，而应先旁敲侧击地了解她的家庭生活，去寻找突破点。比如："您不但在事业上是个强者，我还听说您在家中也是位贤妻良母呢！这点我从您在谈判中多次为他人着想就能看出来，能与您合作，我真是非常愉快！"这位女经理听后，一定会心花怒放，以后的生意也就好做了。

3．借用第三者口吻赞美对方。比较下面两种说法：

"你看来还那样年轻漂亮！"

"你真是漂亮，难怪经理一直说你看上去还那样年轻！"

很明显，后一种说法中第三者"经理"的话会令对方感到更公允、实在，使你的话不露一丝谄谀。

口才指南

著名作家马克·吐温甚至这样形容赞美的有效意义："仅凭一句赞美的话语就可以活上两个月。"然而，在谈判中过于夸张的赞美会让对方感到尴尬，失实或者不恰当的赞美则显得虚伪。因此，赞美不仅要真诚更要善于发现一个人真正值得真诚赞美的地方。

第四节 "激将法"攻心术

"激将法"的攻心策略常常在谈判中得到应用。这一策略所取得的效果是有目共睹的。

云南某橡胶厂曾进口一套生产设备，因为原料及技术力量跟不上，设备白白搁置了 4 年难以使用。后来，经理决定将它转卖给河南的一家橡胶公司。在正式谈判之前，云南这家橡胶厂了解到对方的两个重要情况：一是该厂经济实力雄厚，但大体上都投入到再生产中，假如要马上筹备 300 万元添置设备困难很大；二是该公司经理年轻好胜，几乎在所有情况下都不甘示弱，甚至常以拿破仑自喻，不相信有办不到的事。对内情有所了解之后，云南公司经理李先生决定亲自同河南客户谈判，下面是对垒实录：

李经理："经过这几天的交流，我详细了解了贵厂的生产情况，你们的经营管理水平确实令我肃然起敬。您年轻有为，能力超凡，有胆识，有魄力，实在令我由衷钦佩。可以这样断言，贵公司在您的领导下，不久的将来必将成为中国橡胶行业的明星。"

河南客户："老兄过奖了！我上任不久，年轻无为，还望得到同行的赐教。"

李经理："我从来不会奉承人，贵公司今天经营得好，我就说好；明天办得不好，我就实说不好。昨天，我的助理从昆明打来电话说，总厂里有件棘手的事等着我，催我一两天内返回。关于咱们谈的进口流水线设备转让问题，在贵厂转了一天后，我的想法又有所改变了。"

河南客户："不知道您又有什么指教的？"

李经理："不敢谈指教，只是有点担心，第一，我怀疑贵公司是否真有经济实力可以在一两天里拿出这么多资金；第二，贵公司是否有或者说能招聘到管理操作这套设备的技术力量。因此，我并不像原先想的那样，确信把设备转让给你们，会使贵公司成为行业内龙头企业。"

河南客户听到这些，觉得受到轻视，非常不满，于是不无炫耀地向李经理介绍了经济实力和技术力量，说明完全有能力购买并管理操作这套新设备。同样，为了急于炫耀与购买，迫于时间压力，就不好再在价格上设置障碍，斤斤计较了。为了显示大厂风度，河南客户非常爽快地答应了李经理300万元的报价，并当场拟写了协议，双方签约，握手共庆。

经过一番言语斡旋，李经理成功地将“休养”了4年的设备转卖出去了。

谈判中有效地利用激将法可以激起对手的自尊心，进而达成理想的谈判结果，不过，在这个过程中要注意以下两点：

1．要注意“对症下药”。使用激将法之前一定要看准对象，被激的一方一定要是那种能激得起来的人，并且要有强烈的自尊心，才能取得良好效果。

2．要把握时机，注意分寸。此策略讲究一个“巧”字，这就要求在运用时需要把握好时机：假如出言过早，时机不成熟，反倒容易使对方泄气；出言过迟，又成了“马后炮”。另外，言语要注意分寸，不痛不痒的话当然不行，但言辞太过尖刻，势必会引起对方反感，造成适得其反的后果。

俗话说：请将不如激将。在谈判中，不妨抓住对方的“爆发点”，巧妙激将，从而使你的谈判成功。

第五节　从细节问题切入

当谈判的主要交易条件僵持不下时，不妨先谈次要的交易条件。其他交易谈妥之时，也就是谈判的主要交易条件被接受之时。尤其是在对方态度强硬的时候，从细节问题切入，通常更具有说服力，收到更好的效果。

曾有一家美国公司的推销员向一群工程师推销他们公司的电脑打印机。这种电脑打印机每台售价1.2万美元，价格比较昂贵。推销员一番滔滔不绝的介绍之后，工程师们反应冷漠，一声不吭地冷视着他，这使他非常难堪。推销员心里明白，主要是价格太昂贵。他决定从产品的质量入手，开展一次别开生面的说服工作。

他装着很气愤的样子，用力捶打着电子元件的机箱，它还在工作着；然后他又愤怒地把机器从工作台上搬起来，扔在地上，正好碰到他一只脚；他脱掉皮鞋，使劲甩出去，砸在打印机上，鞋被撞得很远……

这台打印机的价格可是1.2万美元呀！工程师们围了过来，来看这个“疯子”下一步还要干什么。有一位工程师低声说：“让我看看带盘……嘿，瞧呀！一个数码也没有错！”

结果不说大家也自然清楚，价格此时已不是什么问题，工程师们纷纷同意购买此种打印机。试想，如果该推销员一味在价格问题上胡搅蛮缠，绝不会有什么结果，但他采用戏剧化的表演，从质量这个侧面进行说服，一下子就收到了独特的效果。

口才指南

有些谈判人员在磋商过程中往往仅就交易的几个重要内容反复磋商，而忽视了对次要环节的讨论，而这些所谓的次要环节往往有可能就是引起后面纠纷的祸根。

第六节　问题是心灵的走廊

问题是心灵的走廊，它能使谈判双方都投入对方的情境之中，只可惜大部分的人在谈判结束后才想到好问题。

在谈判过程中，有时候你的对手会由于你的问话而有被压迫感，显得惶恐不安。这或许是由于你提出的问题不够清楚，使对方不能了解你的用意，因而产生了误会，感到自尊或自信受到了侵犯或打击。换句话说：当对方由于你的发问而感到不安时，你必须马上采取行动，以消除他的不安。你所应采取的行动是：再进一步讨论核心问题，或是直接将你的意思表明。

解除对方不安的方法是，不露痕迹地转移话题。然而，转移话题时一定要把握新话题的方向，并且要做得自然，毫不露痕迹。最重要的一点是，我们必须看透对方心理变化的整个过程，还要预测出问话可能令对方产生的任何情绪变化。记住：问话时，绝对不能超出话题之外，不然会弄巧成拙。

下面这个律师问话的例子可做参考：

“你是亲眼看到打架经过吗？”

“没有。”

“那么，你是在他们打完后才到现场的？”

“是。”

律师又问：“那你怎样证明被告把原告的耳朵咬了下来？”

“我看到他将原告的耳朵吐出来。”

有人将问话分为三个步骤：

1．问什么？在问话的时候，尽量不要刺伤对方，更不能刻意体现自己特殊的地位。举个例子来说，假如你是个主管，有一天，你的一个属下迟到了，你上来就问：“现在几点了？”当然，你并非真的在问他几点钟，只是借这个问话来表示你主管的身份罢了。可是，假如他是家中有事才耽搁了，身为主管的你是否可以换另一个完全不相同的语气问：“你今天怎么迟到了？是不是家中发生了什么事？有什么我能够帮忙的吗？”

2．怎样问？不要提出一些有压迫性的问题，令对方窘困不安。

只要你能认清自己所期望的答案方向，问话时，就能够消除对方的疑虑。在提到有关将来的问题时，你自己要先衡量一下：你希望得到的是确切的答案，还是含糊的答案。

你应记住一点：你要努力在问话中诱导对方向你所期望的目标靠拢。假如你是推销液化气的售货员，你最好不要问你的顾客：“先生，你是要大罐的，还是小罐的？”你最好是问：“先生，来一罐大的，好吗？”

3．什么时候问？假如你想要取得谈话的控制权，或是不希望话题被打断，那么，你可要注意使用问话的技巧。

举个例子：在一项交易进行到决定性的阶段时，买方的太太忽然从家里打来了一个电话，打断了交易的进行，使你不能再继续谈判下去。

这时，你可以轻松地说：“喔！人生大事自然要交给太太决定，不过，交易这种小事情总要自己做决定吧！你说是吗？我们总得决定一下，这笔拖拉机生意还要不要做。我说的是 400 台拖拉机的生意……”

在另一种情况下，当你希望别人注意你感兴趣的话题时，利用问话技巧，也是一个非常好的手段。

举例来说，在会议中，你期望大家讨论的主题是：产品制造的程序与方法。可是，在经过一个小时的讨论之后，大家依然在市场调查的问题上转。这时候，你可以非常诚恳地对其中一个人说：“你对市场调查的独特见解的确很了不起，只是，能不能请你就产品制造方面，再提一下你的意见呢？”这样，你很轻易地就会把主题转向你所期望的重心上。

在谈判中提问题并不很容易，通常一个人提问题能力的高低，决定了一个人谈判能力的高低。

提高问问题的能力，要掌握以下要点：

1．不要提可能刺激对方的问题，除非你想引起争端；

2．不要质问对方的诚实，因为他们不可能因此变得更诚实；

3．不要打断别人的话，即便是很想问问题，也不要这么做，用笔把问题记下来；

4．不要认为自己是包青天，记住谈判并非问案；

5．不要随意提问，应注意掌握时机；

6．不要为卖弄自己的小聪明而去提问题；

7．不要在你的同事尖锐提问的空当，强行插进自己的问题。

口才指南

提问是谈判中经常运用的语言表达方法，恰当的提问往往能引导谈判者寻找很多机会，并打破僵局，使谈判走向成功。恰到好处的提问不仅可以启发对方思维，激发对方的兴奋点，控制交谈言路的方向，也可表达自己的感受，帮助自己获得新的信息和资料。

第七节　谈判中的叙说要领

1901 年，美国石油大王洛克菲勒的儿子小洛克菲勒与钢铁大王摩根谈判，他们谈判的内容是梅萨比矿区的买卖问题。小洛克菲勒走进摩根的办公室，摩根看到是个二十多岁的青年人，便假装没看到，继续和旁边的人聊天。等秘书介绍了这位客人，摩根才看了看小洛克菲勒说："你们要什么价？"小洛克菲勒不慌不忙地回答："摩根先生，照我看，我们之间有一些误会，并不是我们要卖，是您要买。"摩根听了小洛克菲勒的话后，改变自己对他的态度，认真地与其谈判，并最后接受了他的价位。

谈判中的"叙"是一种可以不受对方问题的方向与范围制约，带有主动性的阐述；是谈判中传递大量信息、沟通情感的方法之一。所以，谈判者能不能正确有效地运用叙说的技巧，把握叙说的要领，将直接影响谈判的效果。

谈判中的叙说需要把握以下九项原则：

1．叙说要简洁、通俗、易懂。

2．叙说的目的在于让对方相信本方所说的内容均属事实，并令其接受本方的观点。

3．叙说要具体、生动。

4．叙说时一定要避免平铺直叙和抽象的说教，要运用生动、灵活的生活用语，具体而形象地阐明问题。

5．叙说要主次分明、层次清楚。

6．叙说要客观真实。

7．叙说的观点应准确，当然，谈判过程中观点有时要依据谈判局势的发展而发展或改变，然而在叙说的方法上，要能够使人信服。这就要求有经验的谈判人员来把握时局，不论观点如何变化，都应以准确为原则。

8．叙说时发现错误应及时纠正。

9．重复叙说有时是必要的。

总之，谈判中的叙说，应当从谈判的实际需要出发，灵活掌握上述有关叙说需遵循的原则，以把握好该叙说什么，不该叙说什么，以及应当怎样叙说等等。

叙说条理清楚、观念明显、论据充沛的言语表述，更能让对方服气，达到两边共同调和互相间的方针和利益，然后使谈判完美成功。

第八节　说服对手的方法

所谓说服，就是在谈判中让对方认识到自己真正利害关系之所在。运用这一策略，可以借助于对方的逻辑感，可以诉之于对方的感情，也可以投合于对方的价值感。

卡耐基每季度都会租用某大酒店的大礼堂授课。有一季度，对方忽然提高租金。为了还按原来的租金租到礼堂，卡耐基对旅馆的经理说："您可以把大礼堂租出去办舞会、晚会，这样租金很高，不过．如果您租给我，每次上课会有成千上万的公司中高层管理人员、文化教养颇高的人来到酒店，这相当于在给贵酒店做广告。您看怎么样呢？”对方的经理考虑后，将租金又降回到原来的价格。

作为谈判中的一项十分重要的工作，说服往往贯穿于谈判的整个过程。谈判者在谈判中能不能说服对方接受或认同自己的观点，就成了谈判能不能成功的一个关键。

参考下面的技巧，你可能会发现它们不是进行说服工作的唯一途径，但却是较有效的方法。

1. 找出问题所在。在与顾客谈判之前，记下你所能想到的所有切入点，以及你所提意见之中包含的好处。在这个阶段，在谈判对手没有从自己的角度看到它们之前，暂时还没有什么用处。要通过提一些试探性的问题，来找到对方问题之所在。

2. 协商解决方案。要和对方一起工作，并努力使对方同意你提出的解决他的问题的总体方案。当他支持你的建议内容时要鼓励他，并怂恿他在这种情况下表态。

3. 选择主要的利益。只告知在适合于你的解决方案的建议中对他有利的那些利益。你的资料公开得越多，你的地位就越弱。其他好处应备而不用，以对付他的阻力。

4. 寻找充分的论据。为了支持你的观点，尤其是当你谈到你的服务质量时，要给对方提供证据，如表格、数字、曲线图、草图、图片、试验结果、研究数据等。必要时还须描绘出你的东西在哪些方面是最好的，并对你说的话提供更有力的论据。

5. 细分对方的代价。把对方的代价和另外一些小额费用进行比较，把对方的代价在时间上错开，分成小块。不要在这一阶段徘徊，而要立即进入下一阶段。

6. 取得对方的认可。要让对方和你走一条路，如果他想走回头路进行抵制，你就重新把问题再提出来。你应该在下一阶段到来之前确保他能持赞成态度。

7．给对方一个额外的好处。说明了对方的代价以后立即引出一项利益。

8．把赚取的利益累积起来。把对方到此为止的所有利益都加起来，并和他一起算出他所获得的毛利，要把这个毛利按一个很长的时间范围来进行累计。

在说服过程中，谈判者除了应注意谈判环境的选择，还应注意克服：将对方视为要击败的敌人；缺乏充分而有效的准备；背后利益集团的影响；沟通障碍等这些错误。

第十四章

日常说话的误区
——交谈口才误区

第一节 造成沟通障碍的原因

在现实生活中，有很多原因都会产生这种沟通障碍的现象。当一个人遇到重大的不快事件时，或受到外界强大的不良刺激时，都会产生。比如遭遇爱情、亲情、友情的失落，比如在工作、事业上碰到挫折等等。即便这个人曾经与你沟通得十分融洽，曾经也给你留下不少好印象，但是现在不同了，变得难说话，难沟通了。

对于这种情况出现的沟通障碍，就不应当轻言放弃。应该找到产生沟通障碍的原因。

造成沟通障碍的原因有以下几个方面：

1. 语言障碍，产生理解差异

中国地域辽阔，各地区语言差别大，如南方人讲话北方人听不懂。即使话听得懂，但语言本身并不是客观事物本身，思想和语言往往并不是一回事，各人的语言修养和表达能力差异很大。

2. 过去的经验

如果一个人根据过去的经验进行人际沟通，他的问题可能是对谈论的主题了解太多，而不是太少。身为沟通者，我们难免会把以往所吸收的信息累积为一种经验。当我们和同事或客户交谈时（甚至是和任何人沟通），不要忘了，我们正以过去的经验过滤我们的信息。

3. 对主题不了解

对谈论的主题了解不够，也常造成发讯者和收讯者之间的隔阂。当收讯者因为不了解而不知道你说到哪里时，他的反应可能很担心，急着填补脑中的空白、做白日梦，或是三者同时进行。

4. 环节过多，引起信息损耗

传达和汇报是我们经常使用的沟通方式，但每经过一次传达就多一层丢失和错误，一般每经过一个中间环节，就要丢失30%左右的信息。

5. 把别人当“机器人”

不要以为他人是机器人，可以由你想怎样操纵就怎样操纵。只有学会尊重他人，意识到对方也拥有充分的潜能，能够从他人的角度理解问题，才会有真正意义上的沟通。

6. 对主题过分关切

对谈论主题过分关心，会造成相当严重的沟通障碍。如果接收讯息的一方对主题过分关心，他的反应可能会很类似一个对主题过于了解的接收者，急切地提出问题，然后发表评论。

7. 不注意说话语气

日常生活中，很多不必要的争吵和误会都是由于说话不当引起的，这种沟通上的障碍也是由于说话的语气加剧的。有的人说话容易让对方接受，有的人说话却容易让对方误会甚至生气。这其中的原因，大多是由于语气的不同造成的。同样一句话，如果用不同的语气表达，就会不同，甚至是相反的效果。例如，“你好美”这三个字。如果用真挚的语气说出来，那就是满怀着对于自己欣赏的人的真挚赞美；如果用油腔滑调的语气说出来，很有可能会造成别人的反感，以为你是在戏弄人。

8. 提倡直接沟通、双向沟通、口头沟通

美国一项调查是部门经理在传达重要政策时认为哪种沟通最有效，共51人（可多项选择），选择召开会议做口头说明的有44人，亲自接见重要工作人员的有27人，在管理公报上宣布政策的有16人，在内部备忘录上说明政策的有14人，通过电话系统说明政策的仅有1人。

口才指南

在人际交往中，热情能给人以温暖，能促进人的相互理解，能融化冷漠的心灵。因此，待人热情是沟通人的情感，促进人际交往的重要心理品质。

第二节　不可无理也不可无礼

从前，有个年轻人骑马赶路，累了想找一家客店休息，遇到一位老农，他马上喊："喂，老头儿，这有旅店吗？还有多远？"老农说："无礼！""五里！"他快马加鞭跑去，跑了十几里，也不见人烟，心中纳闷，猛然醒悟过来，拨转马头又往回赶。见到那位老农，急忙下马，诚恳道歉说："老伯，请您原谅，我刚才太没礼貌了。您能告诉我，哪儿有旅店吗？"老农笑说："年轻人，知错改错就好，你已经错过旅店，我也不让你白跑，如不嫌弃，今晚就到我家住吧！"年轻人满心欢喜地跟老农走了。

在与人交谈时，应注意下列人体语言的使用方法。

1. 避免跷二郎腿，更不要将跷起的脚尖冲着他人。

2. 避免打哈欠或伸懒腰。不要用手挖耳朵、鼻孔，不要跺脚或摆弄手指。

3. 在友好的气氛中，不要模仿他人的消极手势和姿态。

4. 多注视讲话者的眼睛。

5. 在说话时，别人最怕对什么都无动于衷的人。所以和别人谈话时要有所反应，时不时点头微笑，时不时对别人的观点表示赞同，时不时提出自己的意见，听到别人迸发出的妙语警句时，不妨大大赞赏一番。在对方讲话时，可主动地插入"是的"、"是吗"、"嗯"、"不错"之类的应答语。

6. 交谈中的形体动作。

两人交谈时，最好目光交流持同一水平，这是相互尊重。说话时不要东张西望，也不要目不转睛地盯着对方或目光冷漠地看着对方，这些都会引起对方的不快。谈话时也可以适当运用一些手势来加强语气、强调内容。但手势不能太多和幅度过大，这会使人感到不舒服，更切忌用手指点对方，这被视作是不礼貌的行为。

在说话时，别人最怕不诚恳、不老实的人。而一般人在交际时常常喜欢胡乱恭维。

第三节 不要把谈话谈成僵局

有的人为了一个字的对错争论，有的人为了一件事的虚实争论，有的人为了一个观点争论……生活中这样无谓的争论处处可见，可谓“波澜壮阔”，“层出不穷”。你是否以为用争辩压倒对方，取得胜利，就会因而得到很大的益处呢？实际上，那是一场损失惨重的胜利。因为你所激发的怨恨与恶意，强过任何意见上的暂时妥协，并且这种怨恨与恶意会延续得比较久。在日常生活中所谈论的没有绝对是非标准的问题。你的意见不一定是对的，而别人的意见也不一定是错的。把双方的总和再行分配，你至多有一半是对的。那么你为什么每次都要反驳别人，要和他争辩呢？

争辩永远不能让一个人心服口服。打个比方，在你吃饭的时候，已经感觉很饱了，可是别人硬是把食物塞到你嘴巴里，强迫着让你下咽，可想而知，那种感觉是多么的痛苦。因此，当我们被别人误会或者是我们的观点不被别人所接受的时候，千万不要去做无谓的争辩，因为争辩并不能消解误会，也不能说服别人，反而会使问题一发不可收拾。

林肯曾经苦口婆心地劝说过一位年轻军官，他说：“一个做大事的人，不能把自己的精力用在和别人的斤斤计较上，那些无谓的争辩，不但会损坏你的性情，还有可能使你失去自控力，做出更为不可理喻的事情来。与其和狗走路，不妨先让狗走，如果你被狗咬伤了，难道你也要去和狗撕咬吗？更何况你就算把它打死了，也不能医治你的伤口啊！”

富兰克林曾经说过：“如果你一味的去争强，去争辩，即使你占了上风，这种胜利也是得不偿失的，因为你永远无法取得对方的认可。”所以，在为人处世的时候，千万不要和别人做无谓的争辩，因为那样既得罪了别人，又落不着什么好处。

口才指南

尊重别人的意见，用间接的方式提出自己的意见，那么，你也必受人尊重，别人也会拥护你的主张。

第四节　不要和别人抬杠

抬杠较劲就是对着干、找碴儿，非要证明是自己有道理，就是不管别人说的什么都反驳，就算找一些很牵强的理由来阐述自己的理由也坚持，也就是一种借着机灵巧诈的嘴上功夫指责别人，而同时也闪避别人指责的行为。它没有任何建设性意义，纯属于浪费口水。

唯一改善的方法是养成尊敬别人的习惯。别人和你谈话，他根本没有意愿请你说教，大家说说笑笑罢了。你若要硬做聪明，拿出更高超的见解（即使确是高超的见解），对方也绝不会乐意接受的。

爱抬杠的人可能反应快，口才好，心思敏捷，在生活或工作中和别人有利益或意见的冲突时，往往能充分发挥辩才，把对方辩得脸红脖子粗，哑口无言。

在辩论会、谈判桌上，这种人也许是个人才，但在日常生活和工作场合中，这种人反而会吃亏。因为日常生活和工作场合不是辩论场，也不是会议场和谈判桌，你面对的可能是能力强但口才差，或是能力差口才也差的人，你辩赢了前者，只能表示你的观点是对的，你辩赢了后者，只凸显你只是个好辩之徒罢了。

很多人抬杠较劲是没有意识的，只是习惯问题，不假思索，直接脱口而出。其实呢，口才好，完全可以用在其他的方面，要别人对自己刮目相看。但以自己为中心，特别主观和自我的人，喜欢对别人的话“鸡蛋里面挑骨头”，是很难给人留下好印象的。

当你的同事向你提出建议时，你若不能立刻表示赞同，起码要表示可以考虑，不可以马上反驳。假如你的朋友和你聊天，那你更应注意，太多的执拗能把有趣的生活变得枯燥乏味。

同意别人的观点也是一种品质。

第五节　不要语意模糊不清

在日常交谈的话语中，有不少词语在不同的条件下使用往往有不同的含义，有的甚至完全相反，这就是“同语异义”的现象。它会给你带来不少麻烦，也会带来许多便利。

东汉末年，皇室衰微，董卓弄权，曹操一心想除掉董卓，重整汉室。结果，刺杀董卓不成，被迫逃离京都。这一天他路过吕庄，想起他父亲的好友吕伯奢就在此村居住。曹操决定在这里歇一歇，和吕伯父谈谈心事。吕伯奢一见曹操，非常高兴，又听说他刺杀董卓未遂，正遭缉捕，很关心他，命家人杀猪宰羊，自己去集上打酒。曹操心中有事，在客厅坐卧不宁，忽听后院有“沙沙”的磨刀声，还有说话声：“捆绑起来再杀。”他心里犯疑，以为吕伯奢是一个不顾大义的势利小人！他拔出宝剑，从前院杀到后院，只是不见了吕伯奢。他找到后院的一个角落里，忽然看到那儿捆住一口猪，方知错杀了人，非常后悔。只得马上离开这里。他出了庄，没走多远，就见吕伯奢从集上打酒回来。曹操心想："如果他回到家里，见此惨景，一定报复，误我大事。"一横心把吕伯奢也杀了。

这个故事虽反映曹操疑心过重，但"捆绑起来再杀"这句不明确的话，对促成曹操杀人也起了很大作用。这说明"同语异义"的言辞一定要谨慎使用。

大家都熟知这样一个笑话：张三请了甲、乙、丙、丁四位朋友来吃饭。乙、丙、丁三人如约而至，只有甲没到。

张三一边看着表，一边自言自语地说："该来的怎么还不来？"乙听了很不高兴地问："那么，我是不该来的啦？"说完就气哼哼地走了。

张三连连叹气："哎，不该走的又走了！"丙觉得张三话外有音，暗想："既然乙不该走，那么是自己该走？"他也不辞而别了。

张三更急了："我又不是说他！"站在一边的丁再也忍不住了，暗想："既然不是说丙，那么只能是说我了。"他也悄悄地走了。

一会儿，甲来了，张三唉声叹气："不该走的都走了。"甲听了暗想，原来是我该走，于是也走了。结果来的客人一个没剩，只留下了不知所措的张三。[1]

口才指南

尽管别人的误会会严重挫伤你的情绪，但人的情绪应该为理智所控制。如果别人的说三道四可以左右我们的言行，那么，我们就很难成为生活的强者。

第六节　忠言就必须逆耳

曹雪芹在《红楼梦》里借宝玉之口说出了对历来为士人奉若神明的"文死谏、武死战"信条的独特见解。他说："那些个须眉浊物，只知道文死谏、

1　郑悦素．口才全书．哈尔滨出版社，2005（4）．

武死战，这二死是大丈夫死名死节，竟何如不死的好！必定有昏君他方谏，他只顾邀名，猛拼一死，将来弃君于何地！”诚为精辟。

劝谏也就是给人提意见，非常需要讲求艺术和方法，越是至理诤言越是如此。因为既然这些意见对于被劝谏者非常重要，那么提意见者当然要运用最恰当的方式方法提出来，以使对方能够听得进去，从而达到自己劝谏的目的。而不是简单地一提了之。

名噪一时的武周名臣狄仁杰在劝谏武则天立嗣的问题上也并没有忠言逆耳。武则天后期，她的侄子武三思风头很盛，颇有夺嫡之势。武则天也不太满意当时的太子、自己的儿子李显，一时犹疑不定，于是询问狄仁杰的意见。狄仁杰深知武三思在武则天心目中的位置，又明白武则天对于把帝位传给李姓后人的不认同，先前已经有不少大臣因为在这一问题上的轻易表态不仅没有帮助太子巩固地位，反而都身遭不测，他不能心直口快地一说了之，于是狄仁杰非常巧妙地说道：“立子，则千秋万岁后配食太庙，承继无穷；立侄，则未闻侄为天子而附姑于庙者也。”是啊，从来只有儿子为父母祭奠，没有侄儿为姑妈祭祀的。寥寥数语，言简意赅地点出了亲子与侄儿的亲疏远近，武则天立刻认同了他的建议，李显的太子地位得以保全。

我们在与人交往中，常常会听到这样的话：“我这人是个直脾气，说错了你别见怪。”乍一听挺真诚，其实仔细推究起来，不免包含了另外一种意义，即给自己说错话或可能说错话开脱。那么既然有开脱之嫌，时间一长，难免会被听者窥破。这样一来，即使你当时确实真心，也许还是会被对方误解，从而产生芥蒂。

近来医学发达，大多苦口的良药渐渐被淘汰了。有些仍然是苦口的，但在苦口良药的外面大多都会有一层“糖衣”。而我们的逆耳的忠言外面，一样也需要一层“糖衣”，这“糖衣”就是同情和了解，温暖和热忱。

口才指南

理发师在替人刮胡子时，通常会先敷上一层肥皂水，使顾客的脸不至于受伤。这跟苦口良药外面的一层“糖衣”有异曲同工之妙。

第七节 不给别人说话的机会

在美国，曾有科学家对同一批受过训练的保险推销员进行过研究。因为这批推销员受同样的培训，业绩却差异很大。科学家取其中业绩最好的10%和最差的10%做对照，研究他们每次推销时自己开口讲多长时间的话。

研究结果很有意思：业绩最差的那一部分人，每次推销时说的话累计为30分钟；业绩最好的那一部分人，每次累计只有12分钟。大家想，为什么只说12分钟话的推销员业绩反而好呢？很显然，他说得少，自然听得多。听得多，对顾客的各种情况自然了解得就多，自然会采取相应措施去解决问题，结果业绩自然优秀。

一个商店的售货员，拼命地称赞他的货物怎样好，而不给顾客说话的机会，就不能做成这位顾客的生意。因为顾客听到你巧舌如簧、天花乱坠的说话后，顶多只把你看作一个生意经，决不会因此购买。

心理学家杰克·伍德说：“很少人能拒绝接受专心注意、倾听所包含的赞美。”所以说，注意倾听别人的讲话，而“倾听”本身就是一种“无言的赞美和恭维”。

有一个卖货的小店，生意比其他店好，别人问他为什么，他说：“我只是爱听客人说话，他们有事愿到我这儿来。”[1]

1 凡禹．成功人士99个说话细节．华中科技大学出版社，2009（7）．

莎士比亚表示：“最完美的说话艺术不仅是一味地说，还在于善于倾听他人内在的声音。”因此，在听别人说话时，需要注意：

1. 对对方提供的各种信息保持充分的兴趣与敏感性，不要妄自评断

林语堂说过，如果人一生下来就带着一个40岁的头脑，人们在兴趣爱好上的差别就会小得多。所以不要以自我为中心，你自己是妨碍有效倾听的最大障碍。不知不觉被自己的兴趣和想法所缠住，而漏失了别人想透露的东西。

2. 不要预设立场

如果你一开始就认定对方很无趣或已有答案，你就会不断从对话中设法验证你的观点，结果你所听到的都会是无趣的。抱定高度期望值会让对方努力表现出他（她）良好的一面。好的倾听者不必完全同意对方的看法，但是至少要认真接纳对方的话语。点头，并不时地说：“原来如此”、“我本来不知道”。说不定他（她）说的是正确的，你或许也可以从中获益。

3. 注重肢体语言

有资料显示，在良好的沟通中，话语只占7%，音调占38%，而非言语的讯号占55%。眼睛注视对方，不时点头称是，身体前倾，微笑或痛苦的脸部表情等都是用肢体语言来表达你的意思。

每次当你开始谈话的时候，就想着这一点：如果你要使人喜欢你，就要学会倾听，那样会让你处处受人欢迎。

第十五章

巧妙说话技巧与禁忌

——解难口才与说话禁忌

第一节　口才中巧用微笑

你的笑容看起来诚恳又甜美吗？还是勉强又僵硬？在很多选美活动上，“你认为自己什么五官（部位）最迷人”是常设问题，最经典而又最安全的答案正是“自己甜美的笑容”。的确，真诚的笑能温暖人心，又所谓“笑靥如花”、“伸手不打笑面人”，笑是给第一次谋面的人的最好礼物。

笑，能传递愉快；笑，能打破僵局。相比较而言，会笑的人，在社会交往中，比那些严肃的人有更大的优势，更有利于促进人际关系的和谐和增进朋友情谊的发展。

真诚爽朗的笑容是社交中的法宝，初入社会的年轻人往往喜欢用笑来表达自己的善意，但是过犹不及，容易给人留下轻浮的印象。其实要是能稍微注意一点分寸，别笑得那么反应敏捷，往往更能给人踏实可靠的感觉。

笑容是一种能令人感觉愉快的面部表情，笑不仅可以缩短人与人之间的心理距离，而且可以为深入沟通与交往创造温馨和谐的氛围。因此笑容是人际交往的润滑剂。而在笑容当中，微笑最自然大方，最真诚友善。

在拥挤的餐厅，当你挨着一个陌生人坐下时，你很可能会首先冲他微微点头一笑，意思是说：“对不起，我只能坐在这里了，因为别处没空位。”在公共汽车上，你踩了别人一脚，你会立刻致以歉意的一笑，意思是：“实在对不起，我不是故意的，请你原谅！”[1]

美国密歇根大学心理学教授说：“面带微笑的人通常对处理事务，教导学生或者销售行为，都显得更有效，也更能培养快乐的孩子。笑容比皱眉头所传达的信息要多得多。”所以，微笑，能让沟通变得更顺畅。

对自己微笑，能够获得信心；对别人微笑，也能给别人带来信心。

1　成冰．雄辩是说服力，沉默更是说服力．江苏人民出版社，2011（6）．

谁不愿意与积极乐观的人相处呢，所以说，微笑是人生最好的名片。一个真情流露的微笑，胜过千言万语。无论是初次见面还是相识已久，微笑都能拉近彼此间的距离。微笑，无声的语言，却传递了最温情的祝福。[1]

口才指南

微笑是宽容，微笑是接纳，微笑是心灵的沟通。在熙熙攘攘的人群中，繁忙的人们虽然近在咫尺，心灵之间却有一条无法跨越的鸿沟，满面春风的微笑则是跨越鸿沟的一座桥梁。

第二节　道歉要及时诚恳

与人交往，难免不说错话，不做错事，也就难免得罪人，有时甚至会给人家带来精神上的巨大痛苦和经济上的巨大损失。对此，若是能及时认识到自己的错误，诚恳地向人家道歉，并主动承担责任，一般情况下，是能得到别人原谅的。

德国法西斯发动第二次世界大战，给人类造成了巨大的创伤，尤其是给欧洲人民带来深重的灾难。欧洲人民并没有忘记这段历史，但欧洲人民对希特勒法西斯的仇恨并没有转移到对现在德国人的仇恨，没有人将过去的法西斯德国与现在的德国相提并论，也没有人担心德国纳粹复活。之所以这样，是因为德国有深刻的反省和真诚的忏悔。 过去的德意志联邦以及现在的德国领袖，都对二次世界大战给世界各国人民尤其是犹太人造成的巨大痛苦进行深刻忏悔，从来没有为法西斯的侵略和屠杀行经进行辩解。联邦德国首任总理阿登纳上任后所做的第一件事，就是

1　易东．每天学点好口才：练就超级口才的 68 个方法．中国纺织出版社，2010（7）．

向“宿敌”法国真诚道歉，因此赢得了法国的宽容，为法德和解奠定了基础，也为欧洲和平做出了贡献。

1970 年联邦德国总理访问波兰，跪倒在华沙犹太人殉难者纪念碑前，他面对的是 600 万犹太人的尸体，他是替“所有必须这样做而没有这样做的人”下跪了。历届德国总统和总理都能够正视历史，向被侵略占领的国家人民真诚道歉。1985 年 5 月 8 日是德国投降日，当时的西德总统魏茨泽克发表讲话，认为德国在战后 40 年一直将这一天定为“战败日”是不妥的，“今天我们大家应当说， 5 月 8 日是解放的日子，它把我们大家从国家社会主义的独裁中解放出来了”。1995 年 6 月，科尔总理继勃兰特之后，双膝下跪在以色列的犹太人受难者纪念碑前，重申国家的道歉。

尤其难能可贵的是，他们的战争赔偿态度也是相当明确的，先后向波兰、俄罗斯、捷克斯洛伐克等受害国家尤其是受害的犹太民族赔偿近 1100 亿马克，约合 550 亿美元。不仅如此，战后 60 多年过去了，德国仍在心甘情愿地进行彻底的赔偿。1998 年，德国现任总理施罗德在获得大选胜利后发誓，要对那些还没有获得赔偿的纳粹受害者进行赔偿。德国的一些大公司如西门子、奔驰、大众等，提出了为“纳粹劳工”设立巨额赔偿基金，一共拿出 50 亿美元，进行最后一次对纳粹迫害的 100 多万劳工幸存者的赔偿。日本在二次世界大战中对亚洲各国发动了侵略战争，给亚洲人民造成了巨大的伤害和痛苦。但战后亚洲的日本在道歉、忏悔、赔偿等方面与欧洲的德国截然不同，日本虽然口头上也对被侵略占领的亚洲各国进行道歉，但并不是诚心诚意。[1]

历届日本政府从首相到阁员，从来没间断过参拜供奉着甲级战犯牌位的靖国神社。对此，包括中国、韩国、朝鲜以及东南亚各国政府和民间都表示了极大的愤慨。他们篡改历史教科书，美化侵华战争，结果与周边国家的关系闹得越来越僵，使自己陷入了孤立的境地。那么怎样才能做到真诚地道歉呢？应该做到以下几点：

1 吕鸿．直面历史，赢得尊重．人民日报，2003（1）．

首先，要有一个正确的态度。只有态度诚恳，人们才会接受你的道歉。

其次，道歉要堂堂正正，不能躲躲闪闪。道歉是一种光明正大的事情，所以没必要躲躲闪闪，羞羞答答。

再次，道歉一定要及时。即使不能够马上道歉，日后也要找准时机及时表示自己的歉意。[1]

真诚的道歉不但不会失去朋友，反而会赢得更多的朋友！

第三节　巧妙解释化除误解

周总理设宴招待外宾。上来一道汤菜，冬笋片是按照民族图案刻的，在汤里一翻身恰巧变成了法西斯的标志。外客见此，不禁大惊失色。周总理对此也感到突然，但他随即泰然自若地解释道："这不是法西斯的标志！这是我们中国传统中的一种图案，念'万'，象征'福寿绵长'的意思，是对客人的良好祝愿！"接着他又风趣地说，"就算是法西斯标志也没有关系嘛！我们大家一起来消灭法西斯，把它吃掉！"话音未落，宾主哈哈大笑，气氛更加热烈，这道汤也被客人们喝得精光。意外的这么一个被动场面，经周总理反意正解，反倒起了活跃宴会气氛的作用。

有一位商人买了一幅代表大富大贵，意义又简单明了的牡丹去参加了朋友的生日聚会，并当场将购买的那幅牡丹图展示出来，所有人看了，无不赞叹这幅活灵活现的画作。这时，有人惊讶地说："嘿！你们看，这真是太没诚意了，这幅牡丹图最上面的那朵花，竟然没有画完整，不就是代表'富贵不全'吗？"最难过的莫过于这位商人了，只怪当初自己

1　方明．每天学点口才学．金城出版社，2010（1）．

没有好好检查这幅画，原本的一番好意，反而在众人面前出丑了，而且又不能改变这个事实。这时候，主人站出来说话了："各位都看到了，最上面的这朵牡丹花，没有画完它该有的边缘，牡丹代表富贵，而我的富贵却是'无边'的，他是在祝贺我'富贵无边'呀！"

真是太巧妙了！众人听了无不觉得有道理，而且还全体鼓掌，认为这真是一幅非常具有深意且完美无比的画作。[1]

对任何一个事物从不同的角度去理解，会有不同的含义。关键是要顺着人们的喜好，给他一个较为满意的解释。

第四节　玩笑不要开过头

在人际交往中，尤其是熟悉的伙伴、同学、朋友在一起时，大家开开玩笑，互相取乐，不仅可以松弛神经，活跃气氛，创造出一个适合交际的轻松愉快的氛围，而且也是人与人之间相处至深的表现，是人生的一件快事。不过，凡事有利有弊，因开玩笑而使伙伴、朋友、同事不欢而散的事是常有的。

开玩笑有三个原则：

1. 不是每个人都适合被开玩笑。开玩笑前，要先了解对方，是否能经得起你的玩笑才妥当。否则，不仅取不到应有效果，连自己也下不来台。

2. 开玩笑不等于恶作剧。有些人开玩笑不是用语言，而是用行为动作，其目的是让对方尴尬、出洋相，这是极其错误的，也是不道德的，甚至会造成人身伤害事故。

3. 开玩笑不伤人自尊心。尊重别人、适可而止，这是开玩笑必需的

1　蒋忠平．缺边的牡丹．人生与伴侣（月末版），2011（8）．

条件。孩子如果喜欢开玩笑，家长最好先叫他学会如何才能不伤害别人的自尊心。

《中国青年报》曾在 1993 年 4 月 1 日进行过一次中国媒体过愚人节的尝试。当时，该报发表了一篇名叫《谁是世纪幸运婴儿》的文章。说是联合国教科文组织通过一项决议：凡是在 2000 年零点整诞生的婴儿，将获得“世纪幸运婴儿”的称号，由联合国发给“世界公民护照”，可以在任何时间去世界任何地方求学、旅游、经商、定居。婴儿母亲也可随同前往。此外，婴儿自诞生之日起每年可领取联合国发给的 2 万美元津贴，直至去世。并终身免费享有世界 26 家著名厂商提供的产品。为这次活动提供赞助的厂商，包括美国福特汽车公司、瑞士雀巢公司、德国阿迪达斯公司等全球 26 家著名公司。

尽管报纸发表时已经标明是“愚人节”征文，但仍在全国引起了一场“世纪幸运婴儿”热，报道还上了因特网，后来世界卫生组织驻中国办事处首席代表季卿礼博士还郑重地与联合国总部有关部门联系，确认是“愚人节”的消息后，专门在《健康报》上发布消息辟谣，折腾了六七年的闹剧这才落下帷幕。看到了吧，一个小小的愚人节玩笑，居然会扰乱社会公共秩序。[1]

日本福冈市的九州大学医学部的信箱里，有一个纸袋子，上面写着“打开后会爆炸”。福冈警察署出动了炸弹处理小组和近 100 名警察封锁了现场，进行处理。纸袋子是白色的，里边还放有一个粉红的袋子。外边白色的袋子上写着“某某收，打开后会爆炸”。收件人确实是医学部在籍的一名女学生。经过 X 射线的观察，发现并没有爆炸物，里边仅仅是一个巧克力小蛋糕和三件女式内衣。

找到了收件人的女学生，该女学生说，在此之前，收到了朋友的电邮，说生日礼物放到学部的信箱里了。原来，是该女生的另外两个朋友，送给她的生日礼物。因为放到信箱里，怕别人拿走，所以就写上了“打开

1　冯新．过头的玩笑开不得．荆楚网，2009（4）．

后会爆炸”。一句玩笑话，没想到引来这么大的骚动！

口才指南

那些真正爱开玩笑、善于开玩笑的人不怕别人开自己玩笑，双向互动可以形成良性循环，有益身心。

第五节　多用请求，不用命令

尽管我们身边有很多人都表现得谦虚有礼，乐于接受别人的批评，但你不要忘了，任何人都有得到别人尊重的愿望，也就是，任何人都不希望别人用命令的口吻跟自己说话。

在相互尊重的基础上请求而不是命令，使交流的大门敞开。这样才有可能合作或者达成双赢的结果。

不要说“我需要你在中午以前准备好！”试着说“如果可能，我希望你能在中午以前准备好”。（如果别人说“不可能”，你还可以做出一定的让步，或调整他们工作的优先顺序。）

不要说“不要那样做！”试着说“我觉得这样做可能更容易些。”

当你打算要对方给你打电话的时候，如果你说“希望你给我回个电话！”这样说虽然很有礼貌，但是却带有命令的口气。你不妨说“如果你给我回个电话的话，我会非常高兴的。”

不要说“我不喜欢你去做！”试着说“你不介意我让 ×× 去做吧？”或“我希望你让 ×× 去做”。

不去要求，不去命令，不去威胁，就不会有反抗。用第一人称来解释问题用“请求”而非“命令”的另一种方式是用“我”来叙述。

用“我”来表达自己要求对方不要做某事的观点，将会使你的话听起来很平静，而不是在责备或命令他人。比如，“我真的希望在中午之前拿到这份文件的复印件，你能帮我完成吗？”如果没有别的原因，对方会非常愉快地回答“没问题”！

我们在给他人提意见时，应当尽量用商量的语气，而不要用命令的口吻。如果你过分强硬地推行自己的看法，对方最终很有可能将你拒之门外。

当你向他人提意见时，一定要记住，每个人都不希望被人命令，每个人都希望以和谐的方式与他人交往。

第六节　等别人讲完后再说话

假设一个人正讲得兴致勃勃时，你突然插嘴：“喂，这是你在昨天看到的事吧？”说话的那个人因为你打断他说话，绝对不会对你有好感，很可能其他人也不会对你有好感。许多不懂礼貌的人总是在别人谈着某件事的时候，在说到高兴处时，冷不防半路杀进来，让别人猝不及防，不得不偃旗息鼓。

是否有时候会觉得在开会的场合感到很烦？主要是因为有的人总是插嘴打断别人说话，然后自己发言，或者提一些偏离会议主题的问题。大家集中讨论的时候，有的人会提起非当前议题的内容。例如：“我想对刚才的议题进行提问。”“那个话题不是早就已经结束了吗？和现在的议题没有关系。”被这么一闹，会议变得混乱，偏离主题。而且大家的注意力也会分散，失去干劲。即使想对不能理解的问题提出质疑，也不能加以议论，要充分地察言观色。为了尽可能的不中断会议，必须要好好地考虑是否提问。[1]

1　浜口直太、王晖．工作的规则．华中科技大学出版社，2010（10）．

心理学家提出一个概念——心理定势。若一个人肚子里有事，他就会启动其心理定势准备讲话，直到他把事情全部说完，他的心理定势才会转而听你的意见。

假如你想让自己的意见被对方听进去，达到说服他的目的，首先必须学会听对方讲话。这么一来，对方会有一种你很注意听他说话的感觉，认为你尊重他的意见，进而产生想和你说话的心理。这时，对方已经对你有了好感，会不知不觉朝被说服的方向去思考问题。这一点是在说服对方时相当重要的一项心理战术。

口才指南

最有攻心技巧的人，在他的意见遭到反对，或某人要发牢骚时，他总是耐心地听对方把话讲完，还进一步请对方重复其中某些观点和理由，询问对方是否还有别的什么事情要说。这样做就消除了对方的抵触情绪，使对方意识到，听话的人对他的观点感兴趣。

第七节　特殊场合的忌语

我们每天不由自主说的话，在亲家见面、婚礼和婚宴等喜庆场合下往往不能说，即所谓忌语。忌语是指能使人联想起不幸的语言，在发表演说或致贺词时一定要注意。

1. 婚礼场合

忌语，例如“杀”、“完了”、“死”、“变心”、“分梨（离）”等等。

傲慢话：夸大自己和自己的公司，不理会在这种场合下的主角是新郎和新娘。

宗教：在这种公众场合下要避免谈及宗教。

下流话：在婚宴上除好友之外还有很多不认识的人出席，说笑话要注意分寸。

传播小道消息：例如说“新郎或新娘上学时就搞了三个对象啦”等等，在这种场合是一大忌。

2. 丧礼场合

很多人对丧礼都有所顾忌，如与亡者并非亲属或深交，非必要也不会出席。对亡者家属来说，会很感激专诚来吊唁的有心人，不过，千万不要对他们说“多谢”，只可以“有心”这句话代替，离开时也不要送客。因为办丧事不是件好事，说“多谢”会不吉利，而且从殡仪馆内送走的都不是活人，送客等同诅咒他们。当宾客要走的时候，礼貌上随便地说句拜拜，让他们自己离开便成。

3. 其他聚会

参加同学聚会时，要坦率、自然，多提及一些往事，引起大家的共鸣。

参加朋友的生日聚会时，要尽量以轻松的口吻谈论生活中的小插曲，谈到寿星时，应该多多称赞。参加长辈生日聚会时，说话不要强调年纪，少论及生死问题，以免使老人家心生伤感。

说话有尺度，交往讲分寸，办事讲策略，行为有节制，别人就很容易接纳你，帮助你，尊重你，满足你的愿望。

参考文献

[1] 戴尔·卡耐基（Carnegie D.），马剑涛，肖文键.卡耐基口才的艺术与人际关系全集［M］.中国华侨出版社，2010.

[2] 戴尔·卡耐基 （Carnegie D.），王红星.卡耐基魅力口才与演讲的艺术［M］.中国华侨出版社，2011.

[3] 戴尔·卡耐基（Carnegie D.），钟诚.口才决定领导力［M］.北京理工大学出版社，2012.

[4] 戴尔·卡耐基（Carnegie D.），刘睿.卡耐基口才训练大全集［M］.旅游教育出版社，2012.

[5] 戴尔·卡内基 （Carnegie D.），袁玲.人性的弱点全集［M］.中国发展出版社，2008.

[6] 赵凡禹.舌上风暴：辩论技法与辩论口才大全集［M］.新世界出版社，2011.

[7] 卡耐基沟通的艺术与处世智慧［M］.中国华侨出版社，2012.

[8] 杨海洋.60天完美口才打造计划［M］.经济管理出版社，2011.

[9] 王光波.每天学点口才学大全集［M］.中国华侨出版社，2011.

[10] 陈建伟.一分钟口才训练：有效沟通的艺术［M］.重庆出版社，2011.

[11] 吴继良，赵永涛.我最想要的口才书［M］.中国华侨出版社，2011.

[12] 雅瑟.演讲与口才：知识大全集［M］.企业管理出版社，2010.

[13] 吴继良，周沫、涂画.当众讲话［M］. 中国华侨出版社，2012.

[14] 周久云，张静.实用口才训练［M］.东华大学出版社，2008.

[15] 博恩·崔西（Brian Tracy），屈云波，黄丽茹.博恩？崔西口才圣经：如何在任何场合说服任何人［M］.企业管理出版社，2011.

[16] 殷亚敏.21天掌握当众讲话诀窍：金话筒的四字秘方［M］.机械工业出版社，2010.

[17] 郑月玲.每天一堂口才课［M］.人民邮电出版社，2010.

[18] 德群、若谷.20几岁，学点好口才大全集［M］.中国华侨出版社，2011.

[19] 项星.每天学点幽默口才［M］.中国纺织出版社，2012.

[20] 成杰.我最想学的说话技巧［M］.中国华侨出版社，2012.

[21] 李文道.厚黑学与口才［M］.中国城市出版社，2011.

[22] 王宏.销售人员超级口才训练：销售中的216个经典沟通实例［M］.人民邮电出版社，2010.

[23] 肖祥银.说话的艺术：最有中国味的魅力口才［M］.中国华侨出版社，2013.

[24] 文心、凡禹.你的形象价值百万［M］.立信会计出版社，2012.

[25] 桑希臣.职场口才：说出“金饭碗”［M］.印刷工业出版社，2011.

[26] 翟杰.伶牙俐齿：说服所有人的口才训练实用全书［M］.朝华出版社，2011.

[27] 葛维实，惠晨光.最受欢迎的幽默口才［M］.中国城市出版社，2010.

[28] 刘莹.先学说话后闯天下［M］.大众文艺出版社，2009.

[39] 蔡康永.蔡康永的说话之道［M］.沈阳出版社，2010.

[30] 杨少丹.一分钟口才训练：让你大受欢迎的说话技巧［M］.重庆出版社，2013.

[31] 张凯元.口才投资课：彻底改变你人脉、财路、官运的简单秘诀［M］.人民日报出版社，2010.

[32] 王玉成，韩天雷.广告心理战［M］.中华工商联合出版社，1996.

[33] 方明．每天学点口才学［M］．金城出版社，2010.
[34] 易东．每天学点好口才：练就超级口才的68个方法［M］．中国纺织出版社，2010.
[35] 笑笑．口才操纵术［M］．中国华侨出版社，2011.
[36] 销售老兵．三天学会销售礼仪与口才［M］．中国法制出版社，2012.
[37] 李卓一．这样求人最有效［M］．九州出版社，2005.
[38] 凡禹．成功人士99个处世细节［M］．华中科技大学出版社，2009.
[39] 刘川．实用口才经典训练教程［M］．中国时代经济出版社，2011.
[40] 赵凡．口才攻心术（精华版）［M］．北京理工大学出版社，2010.
[41] 朱五红．从零开始学口才［M］．北京工业大学出版社，2011.
[42] 谢承志．公关谈判艺术［M］．同济大学出版社，2001.
[43] 孙颢．实用口才训练课堂［M］．中国华侨出版社，2012.
[44] 陈肯．超级人脉术［M］．重庆出版社，2011.
[45] 韦恩．玛格尔．犹太人智慧大全集［M］．云南人民出版社，2011.
[46] 水中鱼．口才大全［M］．新世界出版社，2011.
[47] 咖啡猫女．女人口才全攻略：做一个会说话的聪明女人［M］．中国纺织出版社，2010.
[48] 肖育林，严虹焰，雷蕾．魅力口才天天练［M］．知识出版社，2010.
[49] 成钢．金口玉言：话原来可以说得更金贵［M］．万卷出版公司，2007.
[50] 问道．把话说得滴水不漏，把事办得漂亮成功大全集［M］．中国华侨出版社，2010.
[51] 亚瑟．销售三绝：找对人·说对话？做对事［M］．华中科技大学出版社，2010.
[52] 成杰．口才制胜：开口就能打动人，句句说到心里去［M］．中国华侨出版社，2012.
[53] 孔谧．好点子·口才制胜：每天学点口才术［M］．重庆出版社，2011.
[54] 万小遥．一本书练好口才［M］．外文出版社，2010.
[55] 易东．超级口才训练课［M］．化学工业出版社，2011.
[56] 于鲲．口才心理操控术［M］．中国纺织出版社，2009.
[57] 戴尔·卡耐基，雅琴．卡耐基口才训练全集［M］．浙江人民出版社，2009.
[58] 金和．女性金口才［M］．中国纺织出版社，2009.
[59] 张现杰．经典口才［M］．延边大学出版社，2011.
[60] 苏茂．打动人心的168个口才技巧［M］．中国纺织出版社，2010.
[61] 哈里森，陈嘉宁．跟奥巴马学口才［M］．陕西师范大学出版社，2009.
[62] 王学勤．打动人心的社交口才［M］．海潮出版社，2011.
[63] 李全生．滴水不漏金口才［M］．吉林大学出版社，2010.
[64] 郑沄．女人最想要的口才书：商业社会最有价值的19堂口才课［M］．中国华侨出版社，2010.
[65] 常桦．好口才就这么简单［M］．中国纺织出版社，2010.
[66] 松鹤翔．跟谁都能说上话［M］．中国计量出版社，2009.
[67] 赵雅琨．魅力口才的七项修炼［M］．华夏出版社，2009.
[68] 兆成．猎富时代［M］．武汉出版社，2012.
[69] 程亮．7天精通成功口才［M］．电子工业出版社，2010.
[70] 乔梁．超级销售口才实战训练［M］．中国纺织出版社，2011.
[71] 丁慧中．我就是口才高手［M］．蓝天出版社，2012.
[72] 田伟．幽默改变人生全集［M］．北方文艺出版社，2006.
[73] 陈小春．处世36计［M］．时事出版社，2011.
[74] 歌斐木．你得魅力来自幽默［M］．朝华出版社，2011.
[75] 于向勇．交际与口才全集［M］．当代世界出版社，2009.
[76] 刘元．求人：人生最大的生存和竞争本领［M］．海潮出版社，2004.
[77] 剑东．口才的故事［M］．海潮出版社，2012.

[78] 郑悦素 . 口才全书 [M]. 哈尔滨出版社，2005.
[79] 王华夏 . 语言的突破全集 [M]. 中国长安出版社，2007.
[80] 田伟 . 口才赢就一生全集 [M]. 北方文艺出版社，2006.
[81] 林少波 . 最佳员工生存手册 [M]. 中国纺织出版社，2005.
[82] 李问渠 . 口才成就一生全集 [M]. 哈尔滨出版社，2010.
[83] 张笑恒 .30 岁后，你拿什么养活自己 [M]. 金城出版社，2011.
[84] 李屹之 . 实用口才全书 [M]. 新世界出版社，2011.
[85] 金正昆 . 交际礼仪 [M]. 中国人民大学出版社，2008.
[86] 张铁成 . 成就一生金口才 [M]. 新世界出版社，2008.
[87] 优势谈判 . 罗杰 · 道森 （Roger Dawson）[M]. 重庆出版社，2008.
[88] 水中鱼 . 社交金口财 [M]. 华中科技大学出版社，2010.
[89] 郭晨曦 . 绝对说服 100 招 [M]. 中国城市出版社，2007.
[90] 问道，达夫 . 演讲与口才知识大全集 [M]. 中国华侨出版社，2011.
[91] 卡迈恩 · 加洛（著） 徐臻真（译）. 乔布斯的魔力演讲 [M]. 中信出版社，2010.
[92] 罗毅 . 让人无法说 NO 的攻心说话术 [M]. 社会科学文献出版社，2008.
[93] 马芳芳 . 无敌说服：一分钟说服术 [M]. 民主与建设出版社，2010.
[94] 憨氏 . 用幽默化解困境 [M]. 内蒙古文化出版社，2005.
[95] 张荣华 . 哈佛口才课 [M]. 时代文艺出版社，2010.
[96] 范爱明 . 销售高手的心理诡计 [M]. 中国经济出版社，2010.
[97] 劳拉编译 . 世界最杰出的十大推销大师 [M]. 中国民航出版社，2004.
[98] 亚伦 · 皮斯 . 身体语言密码 [M]. 中国城市出版社，2007.
[99] 陆琪 . 潜伏在办公室 [M]. 长江文艺出版社，2009.
[100] 郭鹏 . 史上最强的沟通术 [M]. 机械工业出版社，2009.
[101] 戴尔 · 卡耐基（Carnegie D.）（作者），北方（编译，译者）. 卡耐基怎样才能打动人 [M]. 北京理工大学出版社，2010.
[102] 聂凌风 . 我的第一本人情世故书 [M]. 华中科技大学出版社，2009.
[103] 魏清月 . 生活中的幽默学 [M]. 地震出版社，2006.
[104] 成冰 . 雄辩是说服力，沉默更是说服力 [M]. 江苏人民出版社，2011.6.
[105] 和仁 . 夫妻关系 15 堂课 [M]. 中国盲文出版社，2004.
[106] 吴娟瑜 . 吴娟瑜的成功父母学 [M]. 陕西师范大学出版社，2009.
[107] 善之 . 精明人说话的 150 个小绝招 [M]. 中国华侨出版社，2007.
[108] 张笑恒 . 会说话的女人最出色 [M]. 朝华出版社，2008.
[109] 浜口直太，王晖 . 工作的规则 [M]. 华中科技大学出版社，2010.
[110] 美国孩子从小练口才，老师用微笑鼓励学生 [J]. 环球时报，2006.
[111] 入世最艰难谈判凌晨四时半开始 [J]. 北京日报，2011.
[112] 龙永图：入世谈判是这样完成的 [J]. 财经，2001.
[113] 吕鸿 . 直面历史，赢得尊重 [J]. 人民日报，2003（1）.
[114] 傅铮铮 . 激起采访对象的谈话欲望 [J]. 新闻爱好者，2005（3）.
[115] 陈甲取 . 结尾精且巧，演讲效果好 [J]. 演讲与口才，2010（9）.
[116] 冬青，肖铮 . 让你的演讲通俗易懂 [J]. 小雪花，2011（11）.
[117] 赵淑莉 . 让领导演讲语言生动活泼的四个技巧 [J]. 改革与开放，2010（9）.
[118] 张卉 . 使我出奇制胜的开场白 [J]. 演讲与口才，2007.7.
[119] 赵淑莉 . 让领导演讲语言生动活泼的四个技巧 [J]. 改革与开放，2010（9）.
[120] 冬青 . 灵活机动地把握演讲时间 [J]. 小雪花，2012（1）.
[121] 黄玉书 . 演讲“卡壳”分析与对策 [J]. 阅读与写作，2001（2）.

[122] 小龙．伽利略智劝父亲 [J]．意林原创版，2011.7.
[123] 张玉庭．就用他的那把剑——试析一种反诘技巧 [J]．今日中学生，2006 (29).
[124] 怎样告诉员工坏消息 [J]．创业邦，2009 (7).
[125] 李大光，王瑶．诺曼底的启示 [J]．大地，2004 (12).
[126] 张笑恒．让幽默来拉近你与上司的距离 [J]．小品文选刊，2012. (24).
[127] 黄金旺．巧语化尴尬 [J]．公关世界，2007 (9).
[128] 瞒着父母捐骨髓救人 [J]．长江日报，2010.8.
[129] 鲍海英．梅兰芳巧用广告 [J]．思维与智慧，2010 (28).
[130] 练口才的方法（一） [J]．语文世界（初中版），2007 (10).
[131] 名人“拒绝”也幽默 [J]．中国学考频道，2010 (2).
[132] 卓佳．大师的结尾技巧 [J]．作文世界，2002 (8).
[133] 什么是精彩的演讲 [J]．中国演讲与口才网，2013 (3).
[134] 孟兰玲 [J]．“围魏救赵”与经营管理销售与市场（管理版）.1994 (1).
[135] 蒋忠平．缺边的牡丹 [J]．人生与伴侣（月末版），2011 (8).
[136] 施淑洪．办公室幽默化解尴尬 [J]．新民晚报，2009. (10).
[137] 李锐，全晓林．领导干部如何面对新闻媒体 [J]．中小企业管理与科技（上旬刊），2011 (11).
[138] 佰岗，魏清素．领导者即兴口才技巧与案例全集 [M]．中国言实出版社，2010.
[139] 任贤良．领导干部如何面对新兴媒体 [J]．红旗文稿，2012 (5).
[140] 李影．拉拉如是说：为什么我的工资卡 [M]．中国商业出版社，2012.
[141] 倪德玲．超级推销口才：锻造顶级话术的 101 个要诀 [M]．中国经济出版社，2006.
[142] 张远．北大谈判课 [M]．海天出版社，2013.
[143] 安欣．跟央视名嘴学口才 [M]．金城出版社，2010.
[144] 赵映林．胡适一次令人捧腹的演讲 [J]．南京日报，2013 (5).
[145] 男生与前北大校长许智宏聊天 5 分钟，直接被录取 [J]．现代快报，2009 (2).

好口才是设计出来的

后记

HOUJI

在创作本书的过程中，难免会有一些差错与遗漏的地方，在此还望广大读者朋友们批评、指正。

同时，在创作本书过程中，笔者查阅、参考了与口才智慧及口才技巧有关的大量文献和作品，并从中得到了不少启悟，也借鉴了一些非常有价值的观点。但由于写作本书参考的资料来源广泛，加上时间仓促，部分资料未能（正确）注明来源及联系版权拥有者并支付稿酬，希望相关版权拥有者见到本声明后及时与我们联系，我们都将按相关规定向版权拥有者支付稿酬。在此，深深表示感谢与歉意。

另外，感谢张二荣、林云、吴银英、陈仕文、孙才诗、田安辉、王龙咸、张亮亮等人参与编写此书所付出的辛勤劳动。